Baedeker

Allianz Reiseführer

W0404826

Fuerteventura

www.baedeker.com

Verlag Karl Baedeker

TOP-REISEZIELE ★★

Schöne Sandstrände sind das große Kapital der Wüsteninsel. Doch davon abgesehen, gibt es manch interessante Sehenswürdigkeit zu entdecken. Hübsche Fischerorte, charmante Dorfkirchen, stille Täler, sich im Wind wiegende Palmen in schönen Oasen – wir haben für Sie zusammengefasst, was Sie auf keinen Fall versäumen dürfen!

Strandleben
an der Playa de Sotavento

DIE BESTEN BAEDEKER-TIPPS

Von allen Baedeker-Tipps in diesem Buch haben wir hier die interessantesten für Sie zusammengestellt! Erleben und genießen Sie Fuerteventura von seiner schönsten Seite.

! Zwei Inseln in einem Urlaub

Ideal ist die Inselkombination von Fuerteventura und Lanzarote. Fast im Stundentakt pendeln Fähren zwischen beiden Inseln hin und her und die Überfahrt dauert nur 30 Minuten. ▸ **Seite 58**

Surfen ...
... ideal sind die Bedingungen vor allem im Sommer.

! Nur fliegen ist schöner

Die In-Sportart auf Fuerte ist Kitesurfing. Machen Sie einen Schnupperkurs und sausen Sie, auf einem winzigen Brett stehend, gezogen von einem Drachen, über die Wellen. ▸ **Seite 90**

! Ferien auf dem Land

Warum nicht mal in einem gemütlichen alten Bauernhaus die Ferien verbringen? Davon findet man zwar nicht sehr viele auf Fuerteventura. Doch einige hübsche Häuser wurden zu komfortablen kleinen Hotels oder Ferienwohnungen umgebaut. ▸ **Seite 112**

! Auf Pilgerpfaden

Ein alter Pilgerweg verbindet Antigua mit Betancuria. Er führt durch eine sehr abgeschiedene Berglandschaft und zeigt eine ganz andere Seite der Insel. ▸ **Seite 126**

... und Tauchen
... sind die beliebtesten Sportarten auf Fuerte. Schnupperkurse werden überall angeboten, auch für jüngere Interessenten.

! Golfen mit Meerblick

Wer noch nie einen Golfschläger in die Hand genommen hat, könnte es in Caleta de Fuste ja einmal probieren. Die nötige Ausrüstung kann auf Fuerteventuras ältestem Golfplatz gemietet werden.
► **Seite 135**

! Köstlicher Käse!

Nun gibt es hier schon so viele Ziegen, da sollten Sie auch mal den Käse probieren. Am besten einen mit geschützter Herkunftsbezeichnung. ► **Seite 154**

! Ein Surfbrett vom Profi

wäre ja nicht schlecht! Im Laden der Familie Hönscheid in Lajares gibt es aber auch jede Menge schickes Zubehör zum Surfen und selbstverständlich den richtigen Dress. ► **Seite 157**

! Wem Grün gut steht ...

Aus olivinhaltigem Gestein wird hübscher Schmuck gemacht. Damit können Sie auf zu Hause auf jeden Fall punkten, denn so einen Schmuck hat nicht jede.
► **Seite 164**

! Souvenirs, Souvenirs

In der Casa Marcos in Villaverde ist die Auswahl an nach traditioneller Art hergestellter Keramik und hübschem Kunsthandwerk groß. ► **Seite 175**

! Bootsprozession

Um den 16. Juli herum wird in Morro Jable die Fiesta Nuestra Señora del Carmen gefeiert. Sie wird mit einer farbenprächtigen Bootsprozession geehrt, ein Anblick, den Sie sich nicht entgehen lassen sollten. ► **Seite 180**

! Historienspektakel

Höhepunkt der mehrtägigen Fiesta de San Miguel ist alljährlich die Aufführung eines Historienspiels, das an die Schlacht von Tamacite erinnert. ► **Seite 203**

Fein gemacht
Bei den Inselfesten werfen sich Groß und Klein in Schale ...

Fisch und Meeresfrüchte
stehen praktisch überall auf der Karte – wen wundert's.

Eine grandiose Dünenlandschaft erstreckt sich südlich von Corralejo.
► **Seite 141**

HINTERGRUND

Preiskategorien

Hotels
Luxus: ab 140 €
Komfortabel: ab 90 €
Günstig: unter 90 €
Für ein Doppelzimmer

Restaurants
Fein & teuer: ab 20 €
Erschwinglich: 12 – 20 €
Preiswert: bis 12 €
Für ein Hauptgericht

PRAKTISCHE INFORMATIONEN

Jedes Jahr ein Ereignis: Die Bootsprozession in Morro Jable
▸ **Seite 73 und 180**

TOUREN

REISEZIELE VON A BIS Z

nachdenken • klimabewusst reisen
atmosfair

Hintergrund

SONNE, SAND UND MEER, DAS HAT FUERTE-
VENTURA IM ÜBERFLUSS: DAS INSELINNERE IST
WÜSTENHAFT KARG, NUR VEREINZELT
SORGT EIN WENIG GRÜN –
WIE HIER IN ANTIGUA –
FÜR FARBAKZENTE.

VAMOS A LA PLAYA

Bei der Fahrt vom Flughafen zum Urlaubsdomizil macht sich bei vielen Reisenden, die erstmals nach Fuerteventura kommen, das blanke Entsetzen breit: Wo ist man hier gelandet? Ringsum nichts anderes als öde braune Berge und weite Geröllfelder. Kein Baum, kein Strauch belebt die Szenerie.

Doch schon bei der Ankunft im Hotel oder Appartement bessert sich angesichts üppig blühender Parkareale und architektonisch gelungener Ferienanlagen die Stimmung. Spätestens am nächsten Tag ist man mit der Wüsteninsel ausgesöhnt: Kilometerlange weißgoldene Dünenstrände begeistern jeden Badeurlauber. Sand und Meer ... das hat Fuerteventura im Überfluss zu bieten. Insgesamt laden 55 km feinste Sandstrände zur Entdeckung ein. Man kann stundenlang am Strand entlangwandern, auch FKK-Fans kommen auf ihre Kosten. Und das Schönste ist, dass man sich um das Wetter nicht allzu viele Gedanken machen muss. Die Kanarischen Inseln haben doppelt so viele Sonnenstunden zu verzeichnen wie Hamburg! Das ganzjährig frühlingshafte Klima macht die Inselgruppe im Atlantik – nur vier Flugstunden vom europäischen Kontinent entfernt – auch bzw. gerade im Winter zu einem geeigneten Reiseziel für sonnenhungrige Nord- und Mitteleuropäer.

Ferienwelt
In romantisches Licht getaucht: Barceló Club in Caleta de Fuste

Wind und Wellen

Für sportliche Aktivitäten ist hinlänglich gesorgt. Tennisplätze gehören zu jedem größeren Hotel. Natürlich kommen Jogger und Mountainbiker auf ihre Kosten. Und Gymnastik im feinen weichen Sand ist auch ein Vergnügen. Aber die In-Sportarten sind Tauchen und Surfen. Bessere Wind- und Wasserverhältnisse finden Surfer in ganz Europa nicht. Ablandige Winde bescheren Fuerteventura vor allem im Sommer optimale Surfbedingungen. Die Szene trifft sich dann auf der Halbinsel Jandía, vor deren Küsten werden Spitzengeschwindigkeiten von 80 km/h erreicht, und Freestyler heben mehrere Meter hoch ab und drehen akrobatische Loopings und Pirouetten. Doch muss man nicht unbedingt ein Surf-Crack sein, um seinen Spaß auf

Hotspot für Surfer
Wellenreiter und Surfer nennen die Insel in einem Atemzug mit Hawaii.

Lassen Sie sich verwöhnen
In den Ferienclubs ist man rund um die Uhr um das Wohl der Gäste bemüht.

Sport und Spaß
Gymnastik im feinen Sand und vor derart grandioser Meereskulisse ist ein Hochgenuss.

Entdeckungen
Klassische Sehenswürdigkeiten sind auf Fuerte dünn gesät, doch dann steht man plötzlich vor einer hübschen kleinen Kapelle …

Einzigartig …
ist die Flora. Viele Pflanzen – wie die Kandelaberwolfsmilch – kommen nur auf den Kanaren vor.

Lebensfreude
In einer repräsentativen Umfrage bezeichneten sich über 80 Prozent der Canarios als glückliche Menschen.

Baedeker SPECIAL GUIDE

DAS PLUS ZUM BAEDEKER FUERTEVENTURA

Vamos a la Playa

- → Windsurfen und Kitesurfen wie die Profis
- → Strandbuchten im Licht Afrikas
- → Wattwanderungen in Wind und Sonne

ISBN 978-3-8297-1312-2

€ 15,95 [D]
€ 16,40 [A]

Am Anfang war der Wind

▸ **Seite 3**

Sand, so weit das Auge reicht

▸ **Seite 6**

AM ANFANG WAR DER WIND

1984: Die Zeit hatte soeben George Orwells gleichnamigen Zukunfts-roman eingeholt, Richard von Weizsäcker legte als neuer Bundespräsident seinen Amtseid ab, Frankreich wurde Fußball-Europameister und Wim Wenders erhielt in Cannes für seinen Film »Paris, Texas« die Goldene Palme. Nur im Süden der zweitgrößten Kanareninsel Fuerteventura schien die Zeit auf eigenartige Weise stehen geblieben zu sein.

Im einzigen Hotel vor Ort klapperten die Holzläden im Sturm, rundherum steinige Steppen, weite Ödnis, ein paar Dünen, ein paar Pfade gab es auch – für die Maulesel. Und ab und an erschallte in der Nähe das Echo eines Gewehrschusses, doch viel Wild zum Schießen gab nicht. Die Sommerböen fauchten über die langen Strandflächen vor dem Hotel und nichts wuchs hier – schon gar keine Ferienanlagen. Niemand hätte sich damals träumen lassen, dass der Inselsüden einmal das Strandparadies der Kanaren werden würde. In diesem Jahr 1984 kamen ein paar junge Familien, Hippies, Nacktbader und

Alle Wege führen an den Strand.

Drachensteiger auf die Insel – und ein junger Schweizer mit acht Surfbrettern im Gepäck. Nur mal so auf einen Sprung, mal sehen, was da geht.

Ein Schweizer auf Fuerteventura

Doch dieser spontane Inselbesuch sollte das Gesicht Fuerteventuras bald nachhaltig verändern. Sein Name: **René Egli**, ein junger, sportlicher und durch und durch unternehmenslustiger Typ mit sonnengegerbter Haut. Im Winter arbeitete er bis dato in Davos auf den Skipisten, im Sommer auf griechischen Inseln, und dann verschlug es ihn eher zufällig auf die Insel der starken Winde. Er kam nach Gorriones und erkannte dort schnell den Wert der steifen Brise aus Nordost. Egli eröffnete eine Surfschule und erklärte den Inselgranden, dieser Sport werde bald sehr viele Menschen begeistern – und ein World Cup für noch viel mehr Wind sorgen. Die Lokalpolitiker hatten zwar noch nie auf einem Surfbrett gestanden und fanden den fauchenden Wind eher lästig, mussten selbst aber nicht viel investieren und hatten Weitsicht genug, dem Schweizer die notwendigen Lizenzen zu geben. Der Effekt war atemberaubend.

Nichts für Amateure: der World Cup der Windsurfer

Die größte Surfstation der Welt

Heute führt der inzwischen kräftige Mann mit der schwarzen Sonnenbrille die größte Surfstation der Welt und hat nach eigenen Angaben pro Jahr rund 17 000 Gäste, besitzt eine erfolgreiche Shop-Kette für Sportartikel und organisiert neben dem **World Cup für Surfer** seit 2001 auch den angesagten Grand Prix für Kitesurfer der Insel. Vor allem an den Stränden von Sotavento, weiß Egli, sind für erfahrene Freaks Flüge bis zu 15 m Höhe und sagenhaften 60 bis 80 m Länge möglich, denn gerade im Sommer sind die Passatwinde spektakulär.

Kein Wunder also, dass der Schweizer hier auch die erste Kiteschule eröffnet hat. Und ein gern gesehener Gast ist **Gisela Pulido**, die sechsmalige Weltmeisterin im Kitesurfen aus Katalonien, die schon mit zehn Jahren ihren ersten Titel holte und dadurch einen Eintrag als jüngste Weltmeisterin im Guinness-Buch der Rekorde bekam. Als sie am Strand von La Barca im Sommer 2010 im Freestyle nur Dritte wurde, war sie entsprechend den Tränen nah und erklärte einem Reporter der spanischen Zeitung »AS«: »Der Wind hier in Fuerteventura ist stark, super, aber eben oft auch unberechenbar.«

Das merkten vor Jahrhunderten schon die Piraten, die immer wieder die Insel attackierten. Eines ihrer Ziele war damals der Küstenort Ajuy an der Westküste, den sie allerdings nicht immer überfallen konnten, weil ihre vom Sturm getriebenen Boote an den bizarren, von der Brandung ausgewaschenen Felsformationen dieses Küstenabschnitts zerschellten. Nicht ohne Grund heißt der Strand deshalb »Playa de los Muertos«, »Strand der Toten«.

Flaggensignale

An Fuerteventuras Stränden geben Flaggen wichtige Hinweise für Badende. Eine grüne Flagge zeigt an, dass Baden völlig bedenkenlos möglich ist, Gelb mahnt zur Vorsicht, etwa bei stärkerer Brandung, und Rot bedeutet Badeverbot.

SAND, SO WEIT DAS AUGE REICHT

Vamos a la Playa, das ist in Fuerteventura nun wahrlich kein Problem. Die Zahlen sprechen für sich: 340 km Küste, 150 km Strände, kaum 90 km von der afrikanischen Küste entfernt, Wassertemperaturen zwischen 23 und 25 Grad ganzjährig, 3000 Sonnenstunden pro Jahr.

Das alles sind Argumente, die längst wirken und Gäste auf die (nach Teneriffa) zweitgrößte Kanareninsel locken. Natürlich ist der starke Nordostpassat nicht ohne, aber es gibt geschützte Buchten und – Strandkörbe. Schon **Miguel de Unamuno** (1864–1936), der spanische Dichter, Denker von Weltruhm und »Inselpoet«, war 1924 voll des Lobes über das Eiland, nachdem er vier Monate auf ihm verbracht hatte – keineswegs als Urlauber, sondern als ein von der Regierung Verbannter: »Das Meer! Weit draußen auf Fuerteventura, der Insel, die mir Zuflucht bietet – einem Stück meiner ewigen Seele –, tauchte ich jeden Tag mit meinem Blick in die Unendlichkeit des Meeres ein.«

Sonnenbaden ...

Heute tauchen die Besucher ein in das Wasser ganz unterschiedlicher Strände. Man hat die Wahl zwischen kleinen Buchten, weiten Dünenlandschaften und naturbelasse-

Fuerteventura garantiert paradiesische Zustände für Kitesurfer. →

Zum Zuschauen: Paddeln und Surfen

VERANSTALTUNGEN

Seekajak-Regatta

Jedes Jahr im August und September findet eine Regatta ab Puerto del Rosario rund um Fuerteventura in mehreren Etappen statt.
Anmeldung und Infos:
Consejería de Deportes del Cabildo
(Sportabteilung des Inselrats)
C. Doctor Fleming 1
Puerto del Rosario
Tel. 928 53 20 96
www.cabildofuerteventura.org

Super Grand Slam & Kiteboarding Grand Slam

Von Mitte Juli bis in den August hinein treffen sich die Surfer in der Nähe von Costa Calma an der Playa Barca zum Super Grand Slam, daneben gibt es seit einigen Jahren auch den Kiteboarding Grand Slam.

nen Playas. Das weiß auch Nayra, deren Name »das Mädchen mit den großen Augen« bedeutet. Die junge Frau kam auf Fuerteventura zur Welt, und auch wenn sie längst in Berlin lebt und dort auf der Internationalen Tourismusmesse ITB am Stand von Fuerteventura die Besucher berät, besucht sie selbst fast jedes Jahr ihre Insel. Nayra liebt das **Sonnenbaden am Strand von Los Lobos** genauso wie lange Spaziergänge am Meer und sagt: »Wer Wattwanderungen mag, mag auch die Playas hier, es ist so schön, ich verstehe gar nicht, warum Pedro Almodóvar seinen Film ›Zerrissene Umarmungen‹ auf Lanzarote gedreht hat und nicht bei uns.«

... oder Wattwandern

»Eine der schönsten Wattwanderungen«, erzählt sie dann, »führt entlang der Playa Barca. Wirklich: Es macht Spaß, hier bei Ebbe barfuß durch die Welt der Lagunen zu laufen, unter sich den nassen Schlick und Muschelreste, während die Reiher bei wieder ansteigendem Wasser nach Schnecken suchen.« Nayra weiß natürlich, dass eine Wattwanderung auf Fuerteventura nicht so weitläufig ist wie an der deutschen Nordseeküste, »doch dafür gibt es hier die kanarische Sonne, das ist der Unterschied«. Und welchen Badeort empfiehlt sie uns? Nayra denkt eine Weile nach und sagt dann: »Viele deutsche Familien mit Kindern fahren gerne an die ruhigeren Strände von Jandía, vor allem nach Costa Calma.« Individualisten und Surf-Freaks kommen dagegen lieber nach Corralejo, wo auch das Nachtleben mehr her gibt. Und vor allem Kinder, weiß sie, lieben den Ausflug **mit dem Glasbodenboot zur Isla de los Lobos** sowie die großen Dünen von Risco del Paso zwischen Costa Calma und Jandía, wo sie sich hügelabwärts wunderbar auf der Sandrutsche treiben lassen können. Wer die Wahl hat, hat die Qual.

← *Fortsetzung des Paradieses unter Wasser*

Baden verboten: die Playa de Garcey

Nahe Betancuria liegt die mystisch wirkende Playa de Garcey, die wegen eines gesunkenen Kreuzfahrtschiffs berühmt geworden ist. Die »American Star« war Anfang 1994 hier an der Westküste Fuerteventuras auf Grund gelaufen und zerborsten. Über viele Jahre ragte der Bug aus dem Wasser, bis er schließlich fast ganz in den Fluten versank. Bis dahin hatten einige Waghalsige immer wieder versucht, zu dem Wrack zu schwimmen auf der Suche nach Souvenirs, doch die Strömung riss sieben Menschen in den Tod. Seither ist es streng verboten, an dem dunkelkiesigen Strand ins Meer zu gehen.

Ausgewählte Strände

Playa Barca
Dieser Strand südlich der Costa Calma ist ein echter Surfertreffpunkt. Der Wind ist Schauplatz des Kiteboarding Grand Slam. Hier befindet sich die weltweit größte **Surfschule von René Egli**: nähere Infos unter www.rene-egli.com

Playa de Barlovento
Die Südwestküste bestimmen einsame, abgelegene Strände, wo sich auch die Schildkröten wohlfühlen. Dieser Strand grenzt an die Playa de Cofete. Zum Baden ist er nicht geeignet, wohl aber für ausgiebige Spaziergänge am Wasser.

Playa de la Concha
Auf der kleinen Felsinsel Lobos liegt dieser halbrunde »Strand der Muschel« mit hellem Sand in einer wunderbar geschützten Bucht. Zum Baden ideal!

Playas de Cotillo
Während südlich von El Cotillo erfahrene Surfer die bis zu 6 m hohen Wellen nutzen, ist der Abschnitt im Norden besser zum Baden geeignet.

Playas de Costa Caleta
Die lang gestreckte, goldsandige **Playa del Castillo** (Burgenstrand) ist 800 m lang. Die deutschsprachige Surfschule vor Ort heißt **Fuerte Fun Center** (www.fuerte-surf.com/

castillo). Dahinter, Richtung Süden, liegen einige kleinere Buchten wie die der **Playa de la Guirra**. Wegen der Wellenbrecher ist dieser Strand bei Familien mit Kindern beliebt – unbeschwerter Badespaß.

Playa de Cofete
Eher ruhig und für viele der schönste, weil völlig naturbelassene Strand der Insel ist die Playa de Cofete, an dem lange Strandspaziergänge möglich sind. Baden sollte man wegen der starken Brandung hier nicht.

Playa Costa Calma
3 km langer Sandstrand, gut besucht, denn hier gibt es Möglichkeiten zum Tauchen, Surfen und Jetskifahren. Eine gute Wahl ist die **Windsurfstation Fanatic Fun Center** (www.fanatic-surf.com) mit Materialverleih und Kursen auch für Anfänger.

Playa Esquinzo
Am 3 km langen Strand gibt es mehrere Bars, Sonnenschirmverleih und Tauchmöglichkeiten. Er liegt gleich nordöstlich von Jandía

Caleta de Fuste
Attraktiv ist der für Fuerteventura eher kleine Strand (800 m lang, 40 m breit) wegen der Hafenmole, die ihn vor Winden schützt. Es gibt auch einen kleinen Jachthafen. Hier fühlen sich Familien mit kleinen Kindern wohl.

Playa de Corralejo
Südlich von Corralejo erstreckt sich dieser traumhafte Strandabschnitt mit seinem hellen,

Fuerteventura
Islas Canarias

Touristen und Tortugas

Endlose, ruhige, unberührte Strände – damit wirbt Fuerteventura und präsentiert in Broschüren seine ausgedehnten Playas wie Corralejo, Morro Jable, Costa Calma und Caleta de Fuste. Aber es gibt auch kleinere wie Puerto Lajas, Los Molinos und Las Palayitas. Vor allem im Osten der Insel ist das Baden ein Genuss.

Eine Besonderheit ist die **Playa de Cofete** ganz im Südosten der Insel. Nur eine Bar und ein paar Häuser stehen am kilometerlangen, goldfarbenen Traumstrand, an dem der Wind aus dem Norden für eine starke Brandung sorgt. Zum Baden ist es hier viel zu gefährlich, dafür zeigt sich neben dem Naturschauspiel noch ein weiteres Naturereignis. Jahr für Jahr werden Schildkröteneier in künstlich angelegten Sandnestern vergraben. Die **»Tortuga Boba«** stammt von der Insel Boavista auf den Kapverden und soll hier wieder heimisch werden, nachdem sie gänzlich verschwunden war. Den Anwohnern schmeckte sie einfach zu gut. Allein im Jahr 2010 schlüpften an der Playa de Cofete nun wieder 593 der »Unech-

← *Hoher Besuch: Königin Sofia entlässt eine »Tortuga Boba« in die Freiheit.*

feinen Sand. Dahinter liegt die 24 km² große Wanderdünenlandschaft El Jable. An der Playa gibt es neben Sonnenschirmverleih mehrere Surfschulen.

Playa de Jarugo

Die einsame Playa und die angrenzende, schwer zugängliche **Playa de Mujer** sind zu felsig, um gut baden zu können, aber ein schönes Naturschauspiel und der richtige Platz für ein Picknick ohne jeglichen Rummel.

Playas de Sotavento de Jandía

Der 8 km lange Strand zwischen Costa Calma und Risco del Paso ist sehr beliebt, nach Süden hin aber weniger frequentiert. Fantastisch ist der Blick auf die Dünen und die Lagune.

Playa del Matorral

Dieser 3 km lange, goldgelbe Standstrand ist ebenfalls sehr beliebt und mit der Blauen Flagge ausgezeichnet. Hier gibt es Umkleidekabinen, Strandliegen und Sonnenschirme (gegen Gebühr). Im westlichen Bereich, der belebter ist, stehen Hotel an der Uferpromenade. Die Dünen und die Salzmarsche stehen unter Naturschutz.

Playa de las Playitas

Der 500 m lange Strand am Grand Resort La Playitas ist vor einiger Zeit mit hellem Sand angereichert und verschönert worden. Vorgelagerte Felsklippen halten die Brandung ab.

Playa de Pozo Negro

Dunkler Kiesstrand südlich von Costa Caleta, der vor allem bei den Einheimischen selbst beliebt ist.

Playa de Tarajalejo

Knapp 1,5 km langer, teils dunkler, teils kiesiger und teils aufgeschütteter heller Sandstrand, dessen südlicher Bereich vor der Brandung geschützt ist.

FKK

Für FKK-Fans ist Fuerteventura ein beliebtes Ziel, nur unmittelbar an den Hotelanlagen ist es nicht so gern gesehen. Ein FKK-Apartementhaus gibt es auch: das ***Monte Marina*** *mit 47 gut ausgestatteten Ferienwohnungen auf der Halbinsel Jandía. Monte Marina Naturist Resort, Volcán de Vayuyo Nr. 8, 35626 Jandía / Esquinzo, Tel. 928 54 40 52, www.montemarinaplaya.com; Buchungen in Deutschland: Tel. 07472 / 430 33 06, montemarina@yahoo.de*

Traumhaft: der Strand von Sotavento

ten Karettschildkröten« unter den Augen wachsamer Meeresbiologen und Studenten von der Uni aus Las Palmas. Die Schildkröten wachsen unter großer Anteilnahme auf, und wenn sich mal zwei von ihnen im Fischernetz verheddern, bringt der lokale Radiosender Nachrichten wie: »Hafenpolizei rettet zwei Tortugas aus misslicher Lage.« Gut so, denn dadurch haben sie heute wieder die Chance, 120 Zentimeter lang und 110 Kilo schwer zu werden, und spätestens nach zehn Jahren selbst für Nachwuchs zu sorgen.

Nackte Tatsachen, schwarze Burgen

Natürlich haben neben den vielen Surfern, Kitern und Tauchern auch die Nudisten Fuerteventura entdeckt. Sie besuchen **FKK-Strände** wie die Playa de Butihondo in Morro Jable, Playa del Viejo Rey in Pájara und die Cala de Cotillo in Corralejo. Vor allem im Süden der Insel bauen sie ganz gerne mal eine runde Burg aus schwarzem Stein, um sich vor Blicken und Böen zu schützen. »Für etliche Touristen aus Deutschland werden die Steinburgen während der Ferientage zu einer

Strandwanderer und Schildkröten fühlen sich an der Playa de Cofete wohl.

Art Zweitwohnung«, schrieb einmal die Tageszeitung »Die Welt« amüsiert. Damit andere nur sehen dürfen, was schicklich ist, sind die Burgen mindestens hüfthoch und haben einen Durchmesser von rund 1,5 Metern. Nun gelten die Inselbewohner als tolerant, und keiner stört sich wirklich an den kleinen Bauten der Nackten, doch das Wort Burg scheint den Majoreros dann doch etwas übertrieben. Sie nennen die schwarzen, runden Mauern lieber »Hoyos«: Löcher.

Es gibt aber auch solche, die es bei den Hoyos keineswegs belassen. Von rund 600 000 Deutschen, die pro Jahr Fuerteventura besuchen, leben schon an die 7000 als sogenannte **Residentes** ständig hier.

Bootstour zur »Insel der Wölfe«

Ab Corralejo starten mehrere Ausflugstouren mit dem Glasbodenboot oder Katamaran zur zwei Kilometer entfernten Isla de los Lobos. Die Insel ist übrigens nicht nach Tieren benannt, die den Vollmond anheulen, sondern nach den hier lebenden Mönchsrobben, die auch »lobo marino« heißen: Meerwolf.

Glasbodenbootstouren bietet ein- bis zweimal täglich an:
Grupo Lobos am Hafen von Corralejo, Tel. 616 98 69 82
Erwachsene zahlen rund 18 €, Kinder zwischen vier und neun Jahren rund 9 €, für Kinder bis zu vier Jahren ist die Fahrt gratis.

Sie machen es dem erfolgsverwöhnten Schweizer René Egli einfach nach: Fuerteventura, seine karge Natur und seine naturbelassenen Playas sind offenbar viel zu attraktiv, um wieder abzureisen. Nur Residente Paul aus dem Nordschwarzwald, der seit elf Jahren in einer kleinen Bar am Hafen von Corralejo arbeitet, stöhnt bei der Frage auf, wovon er gerade am meisten träumt: »Dichter, dunkler Nadelwald und kühler, frischer Nieselregen«, sagt der Mann mit sehnsüchtiger Stimme, »das wär's jetzt!«

IMPRESSUM

Beilage zum Baedeker Allianz Reiseführer »Fuerteventura«
Text: Tobias Büscher; Bilder: eyewave / fotolia.com (s. 7), Steffen Haschker / fotolia.com (S. 3), Isleif Heidrikson / Fotolia.com (s. 5), IFA / Marc (S. 2), Abe Mossop / Fotolia.com (Titelbild), Patronato de Turismo de Fuerteventura (S. 4), picture alliance / Arco images GmbH (S. 8), picture alliance / dpa-Report (S. 10), Gerhard R. / fotolia.com (S. 14), Karsten Thiele / fotolia.com (S. 13), Andrea Wurth (S. 12)
Urheberschaft: Karl Baedeker Verlag, Ostfildern; Nutzungsrecht: MairDumont GmbH & Co KG, Ostfildern
Der Name Baedeker ist als Warenzeichen geschützt. Alle Rechte im In- und Ausland sind vorbehalten. Jegliche – auch auszugsweise – Verwertung, Wiedergabe, Vervielfältigung, Übersetzung, Adaption, Mikroverfilmung, Einspeicherung oder Verarbeitung in EDV-Systemen ausnahmslos aller Teile des Werkes bedarf der ausdrücklichen Genehmigung durch den Verlag Karl Baedeker GmbH.
Anzeigenvermarktung: MAIRDUMONT MEDIA, Tel. 0049 711 4502 333, Fax 0049 711 4502 1012, media@mairdumont.com, http://media.mairdumont.com
Printed in China. Gedruckt auf 100 % chlorfrei gebleichtem Papier

FSC www.fsc.org MIX Paper from responsible sources FSC® C002957

Baedeker SPECIAL GUID

DAS PLUS ZUM BAEDEKER FUERTEVENTURA

Vamos a la Playa

→ Windsurfen und Kitesurfen wie die Profis

→ Strandbuchten im Licht Afrikas

→ Wattwanderungen in Wind und Sonne

ISBN 978-3-8297-1312-2

9 783829 713122

€ 15,95 [D]
€ 16,40 [A]

Fuerte zu haben. Es gibt auch harmlose Reviere für Anfänger, wie die Bucht von Caleta de Fuste. Taucher bevorzugen die Meerenge zwischen Corralejo und dem vorgelagerten Inselchen Lobos. Lavaströme sind zu einer bizarren Unterwasserwelt erstarrt, in der sich farbenprächtige Fische tummeln.

Stille Dörfer, kahle Vulkanberge

Doch auch wenn Strand und Wasser noch so locken und die Hotelanimation für ausreichend Unterhaltung sorgt, sollte man sich Zeit für ausgedehnte Inselausflüge nehmen, am besten mit dem Mietwagen – oder noch besser mit dem Jeep. Schon wenige Kilometer landeinwärts, weg von den Touristenzentren, beginnt das »andere« Fuerteventura. Man braucht etwas Zeit, um dieser spröden Landschaft etwas abgewinnen zu können. Großartige Kulturdenkmäler – das sei gleich gesagt – wird man nicht entdecken. Als schönster Ort der Insel gilt die alte Inselhauptstadt Betancuria, die mit ihrem Namen an den normannischen Inseleroberer erinnert. Hier sind immerhin zwei kleine Museen, die bedeutendste Kirche der Insel und einige herrschaftliche Häuser zu besichtigen. Doch Kultururlauber werden mit der Insel nicht glücklich. Ihr Reiz liegt auf einem anderen Sektor. Wildromantische, noch weitgehend einsame Strände an der Westküste oder im Sonnenlicht in unterschiedlichen Farbtönen leuchtende Berghänge faszinieren den Liebhaber extremer Landschaften. In einigen Tälern wiegen sich Palmen im Wind. In manchem Fischerdorf oder auch in einer Siedlung im Landesinnern scheint die Zeit stillzustehen. Hier findet man Ruhe und Entspannung, kann in einem einfachen Restaurant stundenlang sitzen, aufs Meer schauen oder dem Treiben auf der Plaza zusehen.

Afrikanisch *Der Strand ist für alle da …*

Fuerte macht süchtig …

Doch Vorsicht! Es kann leicht passieren, dass man nach dieser kargen urtümlichen Insel süchtig wird und dass man sie wie der Schriftsteller Miguel de Unamuno y Jugo, der 1924 für einige Monate nach Fuerteventura verbannt worden war, als »Oase in der Wüste der Zivilisation« erlebt. Nach Fuerteventura reist man nur einmal und dann nie wieder – oder aber immer wieder!

Fakten

Fuerteventura ist die zweitgrößte Insel des Kanarischen Archipels. Endlos lange weiße Strände stehen in deutlichem Kontrast zum wüstenhaften Inselinnern, zu dunklen Lavageröllfeldern und kargen Berghängen. Nur in wenigen Tälern wachsen vom Wind zerzauste Palmen.

Natur und Umwelt

Kanarische Inseln

Die Wüsteninsel Fuerteventura ist mit einer Fläche von 1662 km² die zweitgrößte Insel des Kanarischen Archipels. Geografisch gehört die weit draußen im Atlantik gelegene Inselgruppe zu Afrika, politisch und auch gesellschaftlich zu Europa.
Die Kanarischen Inseln (span. **Islas Canarias**) sind eine Gruppe von sieben Inseln und sechs kleineren Eilanden, die sich 500 km von Osten nach Westen und 200 km von Norden nach Süden ausdehnen und etwa auf demselben Breitengrad wie Florida liegen.

Entstehung des Archipels

Bis Ende des 20. Jh.s gab es immer wieder neue Theorien um die Entstehung der Kanarischen Inseln. Mal sprach man vom versunkenen Kontinent **Atlantis**, der hier vermutet wurde, mal wurde behauptet, dass die Kanarischen Inseln einst Teile des afrikanischen Kontinents waren. Die heutige Forschung hält die Kanaren für Erhebungen der rund 4000 m tiefen Schollenbruchstücke des Atlantikbodens, der hier zwischen 150 und 180 Mio. Jahre alt ist. Tektonische Kräfte aus dem Zusammenstoß der europäischen und der afrikanischen Platte haben den ostwärts driftenden Ozeanboden gestaucht, zerbrochen und ineinandergeschoben, wobei sich die so entstandenen Schollenbruchstücke wie Keile unterschiedlich nach oben schoben. Entlang den Bruchstellen quoll seit dem mittleren Tertiär (vor ca. 30 – 40 Mio. Jahren) Magma aus dem Erdmantel nach oben. Letzte Zweifel über den vulkanischen Ursprung der Kanaren beseitigte 1999 eine Expedition mit dem Forschungsschiff »Meteor«. Die Wissenschaftler bargen während mehrerer Wochen unzählige Gesteinsproben aus bis zu 2500 m Wassertiefe. Das Ergebnis: Alle Gesteine waren **vulkanischen Ursprungs**. Die Kanarischen Inseln haben sich also tatsächlich in zahlreichen Eruptionen und in mehreren Entstehungsphasen vom Meeresboden her aufgebaut.
Die Landmasse oberhalb der Wasserfläche ist nur das »i-Tüpfelchen« dieser Eruptionen. Fuerteventura tauchte vor ca. 16 – 20 Mio. Jahren aus dem Meeresspiegel auf, Teneriffa und Gomera vermutlich vor 8 – 12 Mio. Jahren, La Palma und Hierro erst vor 2 – 3 Mio. Jahren.

> **? WUSSTEN SIE SCHON ...?**
>
> - ... wie Fuerteventura zu seinem Namen kam? Die Insel verdankt ihren Namen angeblich Jean de Béthencourt. Er soll bei der Eroberung der Insel ausgerufen haben »que fuerte ventura« (»welch großes Abenteuer«). Da sich jedoch bereits auf Landkarten des 14. Jahrhunderts die Bezeichnung »Forte Ventura« für die Insel findet, kann dies nicht der Wahrheit entsprechen. Neben einer Übersetzung des Wortes »ventura« im Sinne von »Glück« oder »Schicksal« ist auch die Herleitung vom lateinischen »ventus« (»Wind«) denkbar.

Vulkanismus

Bis in jüngste Zeit kam es auf den Kanaren immer wieder zu Vulkanausbrüchen. Die Letzten ereigneten sich 1949 und 1971 auf La Palma

Kanarische Inseln Orientierung

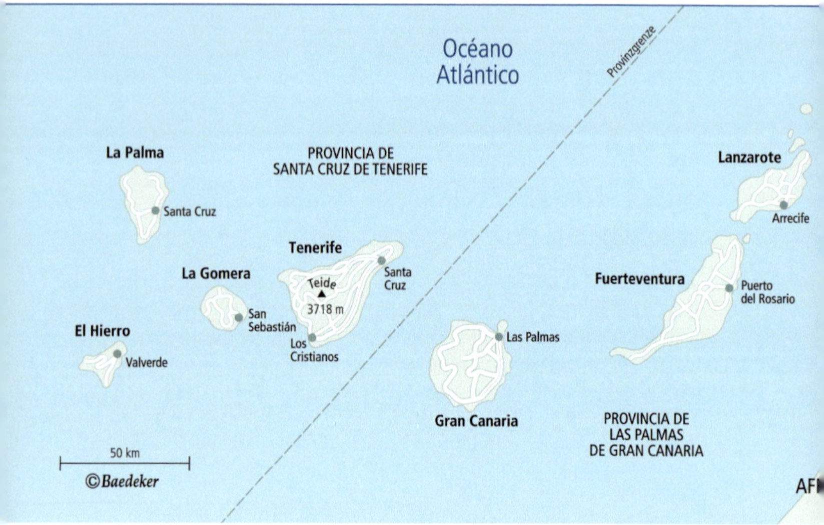

sowie 1909 auf Teneriffa. In den Jahren 1730 – 1736 und 1824 wurden große Teile Lanzarotes bei Vulkanausbrüchen fast völlig verwüstet. Gran Canaria und Fuerteventura blieben in historischer Zeit von Eruptionen verschont; auf Gran Canaria soll der letzte Vulkanausbruch vor ca. 3000 Jahren erfolgt sein, auf Fuerteventura vermutlich schon vor 10 000 Jahren. Dennoch ist auch diese Insel nach wie vor vom Vulkanismus geprägt. Mäßig hohe Vulkankegel bestimmen das Landschaftsbild, manche Gebiete bedecken dunkle Lavaströme. Die Spanier bezeichnen sie als »malpaís« (= »schlechtes Land«), weil eine landwirtschaftliche Nutzung des Bodens nicht möglich ist.

Landesnatur

Fuerteventura bildet gemeinsam mit der nördlich anschließenden Nachbarinsel Lanzarote eine geografische Einheit. Im Altertum erhielten beide den Namen »**Purpurarien**« (hier wuchs die Orchillaflechte, die man in der Antike zur Herstellung von Purpurfarben verwendete). In der nur ca. 30 m tiefen Meerenge zwischen Fuerteventura und Lanzarote liegt das 6 km² große Eiland **Lobos**. Die geringste Entfernung zwischen Fuerteventura und Lobos beträgt 2000 m.

Fuerteventura erstreckt sich von Südwesten nach Nordosten über ca. 110 km, die größte Breite beträgt etwa 30 km. Das Zentrum der lang gestreckten Insel bildet ein durchschnittlich 300 m hohes Plateau, es wird zur Ost- und Westküste hin von kleineren Gebirgszügen begrenzt. Nach Westen hin erreicht das Bergland um Betancuria eine Höhe von 724 m ü. d. M., während es im Osten im Rosa del Taro bis 593 m ü. d. M. ansteigt. Dieser als **Maxorata** (oder Majorata) be-

Zahlen und Fakten Fuerteventura

Inselgruppe
- Kanarische Inseln (span. Islas Canarias)
- Hauptinseln: Teneriffa, La Palma, La Gomera, El Hierro, Gran Canaria, Lanzarote und Fuerteventura

Lage
- 28° 25' nördliche Breite, 14° westliche Länge

Entfernungen
- zum afrikanischen Festland: 100 km
- nach Spanien: 1100 km

Fläche
- 1662 km² (alle Kanaren: 7541 km²)
- Damit ist Fuerteventura nach Teneriffa die zweitgrößte Insel des Archipels.

Ausdehnung
- Länge: 98 km
- Breite: max. 31 km
- Küstenlänge: ca. 325 km
- Höchste Erhebung: Pico de la Zarza mit 807 m

Einwohnerzahl
- 101 000 (Kanaren gesamt: 2 Mio.)
- ca. 30 000 Ausländer leben auf der Insel

Bevölkerungsdichte
- 61 Einw./km² (im Vergleich dazu: Gran Canaria: 522 Einw./km²)

Sprache
- Spanisch (Castellano)

Religion
- 98,3 % Katholiken

Hauptort
- Puerto del Rosario

Verwaltung
- Spanische Provinz Las Palmas de Gran Canaria, Zugehörigkeit zur Autonomen Region Kanarische Inseln (Comunidad Autonóma de Canarias)
- Höchste politische Instanz: Cabildo Insular (Inselrat)
- Sechs Verwaltungsbezirke: Puerto del Rosario, Antigua, Betancuria, La Oliva, Pájara und Tuineje

Wirtschaft
- Wichtigste Einnahmequelle ist der Tourismus.
- Wichtigste Exportprodukte: Ziegenkäse und Tomaten

Tourismus
- ca. 1,7 Mio. ausländische Gäste pro Jahr
- Die Deutschen stellen einen Besucheranteil von etwa 35 %.
- Wichtigste Ferienzentren: Corralejo, Morro Jable/Jandía, Costa Calma und Caleta de Fuste

zeichnete Hauptteil von Fuerteventura ist im Süden durch eine 5 km breite Landenge, den **Istmo de la Pared**, mit der etwa 30 km langen **Halbinsel Jandía** verbunden. Auf ihr liegt die höchste Erhebung der Insel, der Pico de la Zarza oder Jandía (807 m ü. d. M.). Die Halbinsel Jandía soll möglicherweise Teil eines riesigen Kraters sein, dessen nördlicher Kraterrand im Meer versunken ist. Der erste Eindruck, den man von Fuerteventura bekommt, bestätigt sich bei Fahrten durch das Landesinnere. Die hügelige Landschaft macht einen kahlen, geradezu wüstenhaften Eindruck, wirkt durch die diversen Rot- und Brauntöne von Erde und Gestein dennnoch auf viele Besucher anziehend.

Die meisten Feriengäste kommen jedoch wegen der weitläufigen **Sandstrände** nach Fuerteventura. Es sind die schönsten des gesamten Archipels, wenn nicht ganz Europas. Von der insgesamt 325 km langen Küstenlinie entfallen 55 km auf feine Sandstrände (20 km sind Kiesstrände, der Rest wenig attraktive Felsstrände). Kilometerlange, weiße Sandstrände erstrecken sich im Norden und Süden der Insel, während der Mittelteil hauptsächlich kleinere, schwarze Sandstrände aufweist. Für die Strände und Dünen von Fuerteventura werden vielfach Staubstürme aus der Sahara verantwortlich gemacht. Da die Sande jedoch fast ausschließlich aus Karbonaten (und nicht aus Quarzen) bestehen, müssen sie im Flachwasserbereich der Insel selbst entstanden sein.

Pflanzen und Tiere

Eine karge Insel

Fuerteventura ist eine karge Insel. Kaum ein Baum, kaum ein Strauch bieten dem Auge Abwechslung. Die spärlichen Niederschläge ermöglichen nur extrem trockenheitsliebenden bzw. gut an die Trockenheit angepassten Pflanzen das Überleben. Lediglich in Jahren mit ergiebigeren Winterregenfällen verwandelt sich das Land im Februar/März für kurze Zeit in einen Blütenteppich.

Das war nicht immer so. Besucher vergangener Jahrhunderte berichteten von Wäldern, auf alten Gemälden sieht man grüne Täler und die Eroberer Béthencourt und de la Salle mussten sich durch einen grünen Dschungel ins Inselinnere vorkämpfen. Noch vor 400 oder 500 Jahren ähnelte die Vegetation der auf den westlichen Kanaren. Erst rücksichtsloser Raubbau und intensive Ziegenhaltung machten Fuerteventura zu einer Wüsteninsel.

Hoher Prozentsatz endemischer Pflanzen

Insgesamt umfasst die kanarische Flora ca. 3000 Arten. Ein Großteil davon wurde als Nutz- oder Zierpflanzen eingeführt. Es wird geschätzt, dass ca. 1300 Arten bereits in prähistorischer Zeit auf den Inseln wuchsen. Auffallend ist der mit ca. 30 Prozent hohe Anteil endemischer, also nur hier vorkommender Pflanzenarten. Man fand im Mittelmeerraum, im Alpengebiet und in Südrussland zahlreiche Fossilien (Früchte und Blätter), die beweisen, dass Pflanzen, die heute nur auf den Kanaren wachsen, einst auch in diesen Gegenden ver-

Als schönste Palmenoase auf Fuerteventura gilt Vega de Río de las Palmas.

breitet waren. Die Klimakatastrophen des ausgehenden Tertiärs (Beginn der Eiszeit, Austrocknung der Sahara) verdrängten die subtropische Flora aus ihrem Lebensraum. Die isolierte Lage der Kanarischen Inseln und das milde Klima ließen sie hier jedoch überleben.
Von den 670 auf **Fuerteventura** vorkommenden **Pflanzenarten** sind 15 nur auf dieser Insel beheimatet (Lokalendemiten), 32 weitere Arten sind nur auf Fuerteventura und Lanzarote anzutreffen. Ca. 40 Arten gelten als sogenannte Kanarenendemiten. Die weitere Vegetation zeigt vorwiegend nordafrikanische Elemente. Die dem Wind besonders ausgesetzten Flächen und Berghänge sind nahezu vegetationslos. Bewachsen sind vor allem die Hügel östlich von La Oliva, die Gegend um Betancuria und Vega de Río de las Palmas, Tiscamanita und Gran Tarajal. Das reichste Pflanzenleben findet man in den höchsten Bergregionen der Jandía-Halbinsel. In Felsspalten wachsen Farne und viele Blütenpflanzen. Sie können hier überleben, da in diesen Höhen keine Ziegen weiden.

? WUSSTEN SIE SCHON ...?

- Viele der endemisch auf den Kanaren vorkommenden Pflanzen sind heute selten geworden bzw. vom Aussterben bedroht. Man sollte dies auch bei Jeepfahrten quer über die Insel bedenken. Auf dem ausgedörrten, dann verdichteten Boden dauert es Jahrzehnte, bis sich wieder eine Pflanzenwelt ansiedeln kann.

Kanarische Dattelpalme

Zu den wenigen einheimischen Baumarten gehört die Kanarische Dattelpalme (Phoenix canariensis), die sich von den Kanarischen Inseln über den gesamten Mittelmeerraum verbreitet hat. Eng verwandt ist sie mit der nordafrikanisch-arabischen Dattelpalme (Phoenix dactylifera), ihr Stamm ist jedoch gedrungener und sie trägt eine dekorativere und vollere Krone mit größeren üppigeren Wedeln. Die kleinen Früchte dieser Palmenart sind holzig und nicht essbar. Schöne Exemplare der Phoenix canariensis sieht man auf Fuerteventura vor allem in der Umgebung von Betancuria.

Weitere Baumarten Als einheimische Baumarten gelten ferner Phoenix dactylifera (vor allem bei Pájara und Gran Tarajal) sowie zwei **Tamariskenarten**. Sie wachsen in Tälern und Schluchten und säumen die Felder. Da die Wurzeln der Palmen bis zu 30 m tief reichen, kommen sie auch in völlig trockenen Gebieten vor. Vereinzelt zu sehen sind Feigenbaum und Johannisbrotbaum.

Kandelaberwolfsmilch Ein Kanarenendemit ist die auch auf Fuerteventura häufig anzutreffende Kandelaberwolfsmilch (Euphorbia canariensis). Auf den Kanaren bezeichnet man sie als »**cardón**«. Sie wächst bevorzugt an trockenen Berghängen und Felsen. Auf den ersten Blick wie ein Kaktus aussehend, unterscheidet sie sich von diesem u. a. durch den giftigen milchigen Saft in den Pflanzenarmen, Wurzeln und Früchten und durch die unscheinbaren Blüten. Die Kandelaberwolfsmilch wächst langsam. Die riesigen Expemplare, die man mancherorts sieht, dürften einige Hundert Jahre alt sein.

Eng verwandt mit der Kandelaberwolfsmilch ist die natürlicherweise nur noch auf Fuerteventura auf der Jandía-Halbinsel vorkommende **Jandía-Wolfsmilch** (Euphorbia handiensis). Sie wächst auf Geröllwüsten in Höhen bis zu 150 m.

Salzwiesen Eine besondere Vegetation hat sich auf strandnahen, in regelmäßigen Zeitabständen von Meerwasser überfluteten Ebenen entwickelt. Eine solche »Salzwiese« gibt es bei Morro Jable auf der Jandía-Halbinsel und auch auf der Insel Lobos. Sattgründe Salzpflanzen, vor allem Gänsefußgewächse, bedecken die Ebenen.

Feigenkaktus Der Feigenkaktus (Opuntia ficus indica) wurde im 16. Jh. auf den Kanaren eingeführt. Bis in mittlere Höhen hinauf bedeckt er vielfach die Hänge der Insel. Seine Früchte sind essbar und werden zum Verkauf angeboten. Auf den Feigenkakteen wird (auf der Nachbarinsel Lanzarote) die **Cochenille-Schildlaus** gezüchtet, aus der ein roter Farbstoff gewonnen wird, den man zum Färben verschiedener Lebensmittel und von Lippenstiften verwendet.

Zier- und Nutzpflanzen Neben dem Feigenkaktus und einigen Agavenarten brachten die spanischen Eroberer etliche üppig blühende Zierpflanzen auf die Inseln. In den Parkanlagen der Hotels und rund um die Ferienbungalows sieht man heute auf Fuerteventura überall Oleander, Hibiskus und natürlich Bougainvillea. Entscheidend verändert wurden die ursprünglichen Vegetationsverhältnisse aber auch durch den Anbau von Kulturpflanzen (vor allem Kartoffeln und Gemüse).

Artenarme Fauna

Bedeutend artenarmer als die Pflanzenwelt ist die Fauna, allerdings sind ebenfalls verhältnismäßig viele endemische Arten vorhanden. Von den 328 in Spanien geschützten Arten kommen 63 auf den Kanaren vor.

Säugetiere

Größere wild lebende Säugetiere sind bis auf Kaninchen, Igel und Fledermaus auf den Kanaren nicht heimisch. Ein Paar **Nordafrikanischer Streifenhörnchen**, das 1965 auf Fuerteventura ausgesetzt wurde, hat sich derart vermehrt, dass man die possierlichen kleinen Tiere heute überall beobachten kann. Der ungefähr eichhörnchengroße Nager ernährt sich von pflanzlicher Kost.
Als **Haustiere** wurden u. a. Ziegen, Schafe, Esel, Hunde und Katzen auf Fuerteventura eingeführt. Die einst als Reit- und Zugtiere geschätzten Dromedare fungieren heute nur noch als Touristenattraktion. Zu einem Problem hat sich die Ziegenhaltung auf Fuerteventura entwickelt. Die Ziegen nagen sämtlichen Pflanzenwuchs bis auf die Wurzeln ab. Auf der ohnehin vegetationsarmen Insel Fuerteventura verursachen die ca. 117 000 größtenteils frei weidenden Ziegen verheerende Schäden.

Reptilien

Beruhigend ist die Tatsache, dass es weder Skorpione noch giftige Schlangen auf den Kanarischen Inseln gibt. Dagegen sieht man überall Eidechsen. Auf Fuerteventura kommt eine sandbraune Art vor, die fast keine Zeichnung hat. Die Tiere werden nur bis zu 20 cm groß. Eine nur auf Fuerteventura und Lanzarote anzutreffende Art ist der Fuerteventuragecko.

Die ersten Dromedare kamen bereits im 15. Jahrhundert auf die Inseln.

Vögel Recht zahlreich vertreten ist die Vogelwelt: Amsel, Blaumeise, Buchfink, Specht, verschiedene Tauben, Turmfalke, Schmutzgeier, Bussard, Möwenarten und Ibis leben auf den Inseln. Einige haben auf Fuerteventura Unterarten entwickelt. So ist der Turmfalke hier kleiner und rötlicher als auf den anderen Kanaren.

Sehr selten geworden ist die in Wüsten- und Halbwüstenlandschaften lebende **Kragentrappe**, ebenso Rennvogel und Sandflughuhn. Letzteres ist gut an die Trockenheit angepasst: Die Männchen transportieren in ihrem Bauchgefieder Wasser, mit dem sie ihre noch nicht flüggen Jungen versorgen. Nur auf Fuerteventura kommt der sogenannte **Kanarenschmätzer** vor. Von dieser mit dem Schwarz- und Braunkehlchen verwandten Singvogelart gibt es nur noch wenige Hundert Paare. Ferner hört man den Gesang von Brillengrasmücke und Kanarenpieper.

? WUSSTEN SIE SCHON ...?

- Vergeblich wird man in der freien Natur nach dem gelblichen, hübsch trillernden Kanarienvogel Ausschau halten. Der Urahn des als »Harzer Roller« bekannten Kanarienvogels ist ein etwas unscheinbarer Girlitz mit graugrünem Gefieder. Seine Sangeskunst ist bei Weitem nicht so volltönend wie die seiner domestizierten Verwandten. Der meist in großen Schwärmen auftretende Wildvogel bevorzugt die westlichen Kanareninseln als Lebensraum.

Extrem viele endemische Arten hat die **Insektenwelt** ausgebildet. Vor allem im Frühjahr, wenn sich weite Landstriche für kurze Zeit in ein Blütenmeer verwandeln, summt es überall. Wildbienen – Honigbienen gibt es auf Fuerteventura nicht –, verschiedene Wespen- und Fliegenarten durchschwirren die Luft. Liebhaber von Schmetterlingen kommen auf ihre Kosten. Auffallend sind der Kanarische Admiral sowie der Zitronenfalter, der orangerote Vorderflügel hat. Die größte hier lebende Art ist der Monarchfalter, dessen Flügel eine Spannweite von fast 10 cm erreichen.

Heuschrecken ► Ab und an weht der Scirocco vom afrikanischen Festland Insekten herüber. Zur regelrechten Plage haben sich riesige Heuschreckenschwärme entwickelt, die auch auf Fuerteventura immer wieder verheerende Verwüstungen anrichteten. Heute bekämpft man sie möglichst schon über dem Meer mit chemischen Mitteln.

Fische Die Gewässer rund um die Kanarischen Inseln sind ausgesprochen fischreich. Knapp 400 Arten von Fischen und Meerestieren umfasst die Meeresfauna. Salm, Thunfisch, Tintenfisch, Muräne, Barsch, Rochen und Sprotten gehören zu den hier vorkommenden Arten. Rings um die Inseln werden Meeräschen geangelt, und so steht auf vielen Speisekarten »Vieja«, eine nur in dieser Meeresregion vorkommende Meeräschenart. Felsige Küstenzonen sind das bevorzugte Revier des Conger, eines aalähnlichen Fisches. Haie wurden in Küstennähe noch nicht gesehen, dagegen begleiten mitunter ganze Delfinschwärme die Fährschiffe und fast 20 Walarten wurden in kanarischen Gewässern gesichtet.

Sieht aus wie ein Kaktus, ist aber keiner: die Kandelaberwolfsmilch

Fossilien

Vor allem im Dünengebiet von Corralejo liegen auf dem Sandboden vielerorts 2 – 3 cm lange ovale, hohle Gebilde. Es handelt sich um versteinerte Sandkugeln, in denen Pelz- oder Erdbienen ihre Eier ablegten. Diese Bienenart kommt heute auf Fuerteventura nicht mehr vor, denn sie kann nur in einem feuchteren Klima überleben.

Naturschutz

Schutz der Umwelt

Naturschutz war auf der wüstenhaften Insel, der die Bauern nur mit großem Einsatz Erträge abgewinnen können, lange Zeit ein Fremdwort. Doch schließlich setzte sich auch auf Fuerteventura die Einsicht durch, Natur und Umwelt der Insel unter Schutz zu stellen; u.a. werden weniger Baugenehmigungen für touristische Anlagen erteilt (allerdings sind zahlreiche Projekte bereits seit Langem genehmigt, nur noch nicht ausgeführt!), und neue Hotels dürfen nicht mehr als fünf Stockwerke haben. Auch darf nur noch ab 300 m vom Strand entfernt gebaut werden.

◄ Biosphärenreservat

Ein erstes Naturschutzgebiet wurde 1982 bei Corralejo geschaffen. In den folgenden Jahren wurden größere Teile der Westküste zum Schutzgebiet erklärt und das Dünengebiet von Corralejo erhielt zusammen mit der kleinen Insel Lobos von der EU den Status eines besonderen Schutzgebietes. Hier kommen besonders seltene und gefährdete Brutvogelarten vor. Auch die Playa de Sotavento und der Strand bei Morro Jable/Jandía wurden unter Naturschutz gestellt. Schließlich ernannte die Unesco – nach Lanzarote (1993), El Hierro (2000), La Palma (2002) und großen Teilen von Gran Canaria (2005) – im Jahr 2009 die gesamte Insel Fuerteventura zum Biosphärenreservat.

Klima

Meist scheint irgendwo die Sonne

Auf den Kanarischen Inseln herrscht ein warm-gemäßigtes Klima. Es ist milder und angenehmer, als man es in diesen Breiten erwarten würde und wird vor allem beeinflusst durch den **Passat**, das **Azorenhoch** und eine kühle Meeresströmung, den **Kanarenstrom**.
Generell gilt, dass sich die Witterungsverhältnisse auf den Kanaren schnell ändern können. Lang anhaltende Schlechtwetterperioden gibt es nicht. Verdecken wirklich einmal dicke Wolken die Sonne, so braucht man meist nur wenige Kilometer weiterzufahren, um wieder einen strahlend blauen Himmel zu erleben.

Angenehme Temperaturen

Die Temperaturschwankungen sind im Jahresverlauf recht gering. So liegen die Durchschnittstemperaturen in den Wintermonaten um 19 °C, während im Sommer durchschnittlich nicht mehr als 24 °C erreicht werden (► Praktische Informationen, Reisezeit). Mitunter wird der Einfluss der Sahara auf das Klima deutlich spürbar: An den Tagen (v.a. im Juli und August), an denen die **Calima**, ein heißer, trockener Wind, von Nordafrika herüberweht, steigt das Thermometer plötzlich um 10 °C an. Die Sichtweiten betragen dann manchmal nur 100 m, so sehr ist die Luft mit feinem Sand und Staub angefüllt. Nach drei bis vier Tagen ist die Hitzewelle meist wieder vorbei. Frost und Schnee gibt es auf Fuerteventura nicht. Die Wassertemperaturen liegen im Winter bei 19 °C, im Sommer bei 22 °C.

Spärliche Niederschläge

Die Niederschläge sind im Wesentlichen auf das Winterhalbjahr beschränkt. Hervorgerufen werden sie durch die Zyklone aus nördlichen Breiten. Auf Fuerteventura sind die Niederschläge jedoch auch im Winter spärlich; meist nicht mehr als 140 mm. In manchen Jahren bleiben die Regenfälle ganz aus, in anderen kommt es zu tropisch anmutenden Starkregen, innerhalb weniger Stunden fallen dann bis zu 300 mm Niederschlag. Sie verwandeln die Barrancos kurzzeitig in reißende Flüsse. Die Luftfeuchtigkeit liegt bei 15 bis 55 Prozent.

Wolkenlos ist es selten ►

Die geringen Niederschlagsmengen besagen aber nicht, dass Fuerteventura ständig in gleißendes Sonnenlicht getaucht ist. Vor allem im Winter gibt es durchaus Tage, an denen dicke Wolken den Himmel verdunkeln. Dies ist im Norden häufiger der Fall als im Süden.

Der Passat bläst fast das ganze Jahr über

Ebenso wie die anderen Kanarischen Inseln liegt Fuerteventura im Bereich des Nordostpassats. Der fast das ganze Jahr über aus Nordosten – meist mit Stärke 4 – wehende Wind hält Regen bringende Luftmassen ebenso fern wie trockenheiße. Im Gegensatz zu anderen Klimaeinflüssen kennzeichnet Beständigkeit den Passatwind. Die Passatzirkulation nimmt am Äquator, wo die Sonne die Erdoberfläche am stärksten erwärmt (Innertropische Konvergenz, kurz ITC), ihren Ausgang. Die warmen Luftmassen steigen nach oben. Dabei kühlen sie ab und fließen 12–15 km hoch über der Erde polwärts. Nach

weiterer Abkühlung sinken sie etwa in einer Breite von 30° wieder auf die Erdoberfläche hinab und strömen bodennah in Richtung Äquator. Wegen der Erddrehung wird die Strömung jedoch aus ihrer ursprünglichen Richtung abgelenkt. Auf der Nordhalbkugel entsteht eine Nordost-, auf der Südhalbkugel eine Südost-Strömung. Diese Strömungen bezeichnet man als Passate (von span. »pasar« vorbeigehen). Dabei handelt es sich oberhalb ca. 1500 m um warme trockene Winde, unterhalb dieser Grenze um etwas kühlere und feuchte. Solange die Schichtung von Ober- und Grundströmung, die **Passatinversion**, erhalten bleibt, kommt es kaum zu Wolkenbildungen. Trifft die Passatströmung jedoch auf einen genügend hohen Berg, so wird die Passatinversion gestört. Die kühlere, feuchte Passatunterströmung staut sich an den von der Sonne beschienenen Berghängen, wird dadurch erwärmt und steigt nach oben. Dabei kühlt sie ab und kondensiert. Zwischen 600 und 1700 m bilden sich Wolken (dementsprechend gibt es nachts keine Wolkenbildung!). Auf Fuerteventura mit maximalen Berghöhen von 600 bis 800 m kommt es kaum zur Wolkenbildung. Lediglich den Pico de la Zarza umgeben mitunter einige Wolken, die sich gegen Abend wieder auflösen. Sie bringen jedoch kaum Feuchtigkeit.
Im Winter ist der Einfluss des Passats weniger ausgeprägt. Die Sonnenstrahlen treffen erheblich flacher auf die nördliche Erdhalbkugel (am 22.12. steht die Sonne senkrecht über dem Südlichen Wendekreis). So verschiebt sich die Passatzone nach Süden und die Kanaren können in den Einflussbereich atlantischer Tiefausläufer geraten.

Bevölkerung · Wirtschaft

Statistik

Die Autonome Region Kanarische Inseln zählt insgesamt 2 Mio. Einwohner, von ihnen haben ca. 100 000 ihren Wohnsitz auf Fuerteventura. Von allen Kanarischen Inseln ist Fuerteventura am dünnsten besiedelt. Hier leben nur 61 Einw./km² (Gran Canaria 522 Einw./km²). Noch deutlicher wird das Zahlenverhältnis, wenn man bedenkt, dass die zweitgrößte Kanareninsel nur knapp 5 Prozent der Gesamtbevölkerung des Archipels zu verzeichnen hat.
Infolge der ungünstigen Naturgegebenheiten waren in der Vergangenheit viele Einwohner gezwungen, auszuwandern. Jahrhunderte hindurch stagnierten die Bevölkerungszahlen. Wohnten 1787 etwa 10 000 Menschen auf der Insel, so

? WUSSTEN SIE SCHON ...?

- ... dass die Canarios glückliche Menschen sind? Gemäß einer repräsentativen Untersuchung, die in der kanarischen Tageszeitung »La Gaceta de Canarias« veröffentlicht wurde, bewertet die überwiegende Mehrheit aller Insulaner die persönlichen Lebensumstände als äußerst positiv: 81 Prozent bezeichnen sich als »glückliche Menschen« und 59 Prozent beurteilen ihre Lebenssituation als »gut«.

Fiesta in Betancuria: Das Patronatsfest ist eines der wichtigen Ereignisse im Jahreslauf. Groß und Klein sind dabei.

waren es um 1900 lediglich 11 700. Ein größerer Zuwachs ist seit 1950 festzustellen. Von damals 13 500 erhöhte sich die Zahl bis 1960 auf 18 000 und belief sich 1980 auf 27 000. In den letzten 30 Jahren hat sich diese **rasante demografische Entwicklung** fortgesetzt. Rund 30 Prozent der Inselbewohner haben ihren Wohnsitz im Bezirk der Hauptstadt Puerto del Rosario, die ländlichen Gebiete verzeichnen demgegenüber schon seit Jahren einen Bevölkerungsrückgang.

Majoreros

Die Ureinwohner der östlichen Kanareninseln Lanzarote und Fuerteventura bezeichneten sich selbst als »Majos«; nach der spanischen Inbesitznahme der Inseln wurde daraus »Majoreros«. Bei diesem Namen blieb es für die Einwohner von Fuerteventura bis heute.
Wie Anthropologen einwandfrei nachgewiesen haben, unterscheiden sich die Majoreros in mancherlei Hinsicht von den übrigen Spaniern. Viele Merkmale weisen noch auf ihre Abkunft von den Ureinwohnern hin (►Geschichte).

Veraltete patriarchalische Strukturen

In der Familie sind zum Teil noch veraltete patriarchalische Strukturen vorherrschend. Der Mann gilt als Familienoberhaupt, die Frau soll sich um Kinder und Haushalt kümmern. Doch infolge der hohen Arbeitslosenrate und des relativ niedrigen Lohnniveaus (ein Facharbeiter verdient ca. 1300 Euro, ein Zimmermädchen ca. 800 Euro), dem relativ hohe Lebenshaltungskosten gegenüberstehen, ist es notwendig, dass die Frauen das Familienbudget aufbessern. In den Städten ist heute die Kleinfamilie die vorherrschende Lebensform, auf dem Land lebt man vielfach noch in Großfamilien zusammen, allerdings nimmt auch hier die Kinderzahl ab.

Wirtschaft

Hoffnungsträger Tourismus

In wirtschaftlicher Hinsicht stand Fuerteventura lange Zeit im Schatten der anderen Kanaren. Die natürlichen Voraussetzungen ermöglichen nur eine Landwirtschaft in äußerst bescheidenem Rahmen. Da die Insel über keinerlei Rohstoffvorkommen verfügt und sich als Industriestandort kaum eignet, ruhen die ökonomischen Hoffnungen auf dem **Tourismus**. Heute sind mehr als drei Viertel aller Beschäftigten im Dienstleistungssektor tätig.

Landwirtschaft im Rückgang

Die Inselbevölkerung lebte bis weit ins 20. Jh. hinein vorwiegend von Getreideanbau und Viehzucht. Obwohl das milde Klima das ganze Jahr über den Anbau von Kulturpflanzen ermöglicht hätte, ließ Wassermangel keine effektive Landwirtschaft zu. Missernten führten häufig zu verheerenden Hungersnöten, die die Majoreros wiederholt zur Massenflucht zwangen. Besonders dramatisch war die Situation im 18. Jh., als es 52 Dürrejahre gab. Bis heute setzt Wassermangel einer ergiebigen Landwirtschaft Grenzen. Wurden Anfang der 1970er-Jahre noch 3,5 Prozent der Inselgesamtfläche für den Ackerbau genutzt, so sind es heute gerade noch 0,1 Prozent.
Heute werden Mais, Kartoffeln, Gemüse und Getreide nur noch auf kleinen Feldern für den Eigenbedarf angebaut. Wichtigstes Anbauprodukt ist die Tomate. Steigende Produktions- und Transportkosten führten jedoch dazu, dass auch mit deren Anbau kaum noch Gewinne zu erzielen sind.

Viehhaltung

Schweine- und Rinderhaltung ist auf Fuerteventura praktisch nicht von Bedeutung. Aus dem Landschaftsbild nicht wegzudenken sind jedoch die großen **Ziegenherden**. Der Ziegenbestand wird von offizieller Seite mit derzeit ca. 117 000 Tieren angegeben. Da die Ziegen nur selten in Gehegen gehalten werden, sieht man überall auf der Insel kleine Herden durch das Land streifen. Auf der ohnehin vegetationsarmen Insel fressen sie auch noch das letzte Grün ab; Fuerteventura ist daher hoffnungslos überweidet. Die Ziegen spielen bei der Ernährung der einheimischen Bevölkerung natürlich als Fleischlieferanten eine Rolle, zudem produziert man aus der Milch Ziegenkäse. Für viele Ziegenherdenbesitzer ist die Vermarktung der Milch die einzige Einnahmequelle. Das natürliche Futterangebot auf der Insel reicht aber vielfach nicht aus, daher muss mit teuren Importprodukten zugefüttert werden.

Fischerei

Ein traditioneller Erwerbszweig auf der Insel Fuerteventura ist die Fischerei. Die Fischfangflotte umfasst immerhin ca. 300 kleine Boote. In den letzten Jahren sind die Fangquoten allerdings beträchtlich gesunken. Den größten Anteil an der Fangmenge hat Thunfisch. Da der Konsumentengeschmack jedoch erheblich differenzierter geworden ist, muss ein Großteil des auf den Inseln benötigten Fischs importiert werden.

Industrie Fehlende Rohstoffe, hohe Transportkosten für Importprodukte und Energie sorgen dafür, dass der Sektor Industrie auf Fuerteventura nahezu bedeutungslos ist. Nur in Meerwasserentsalzungsanlagen, Elektrizitätswerken und beim Sand- und Kiesabbau sind einige Arbeitnehmer beschäftigt. In kleinen und kleinsten Produktionsstätten werden kunsthandwerkliche Gegenstände wie z. B. feine Stickereiartikel gefertigt.

Handel Seit 1852 sind die Kanarischen Inseln **Freihandelszone**. Der Mangel an Wasser, Rohstoffen und Energie macht die wirtschaftliche Entwicklung dennoch schwierig. So ist die Handelsbilanz seit langem negativ, die Importe steigen. Wichtige Importwaren sind Rohöl, Konsumgüter und Nahrungsmittel – nach Fuerteventura müssen mehr als 90 Prozent aller benötigten Nahrungsmittel importiert werden! – ferner elektrische Geräte sowie Kraftfahrzeuge. Der Export beschränkt sich auf Fuerteventura im Wesentlichen auf Tomaten und Ziegenkäse.

Energie Der ständig steigende Energiebedarf wird bis heute fast ausschließlich durch Erdöl gedeckt. Solarenergie wird vereinzelt zur Meerwasseraufbereitung genutzt. Die auf allen Kanareninseln durch **Windkraft** gewonnene Energie spart 30 000 t Erdöl im Jahr ein. Eine der bedeutendsten Windkraftanlagen auf den Kanaren liegt bei Costa Calma. Hier stehen derzeit 45 Generatoren.

Tourismus

Entwicklung Auch auf dem Sektor Tourismus war Fuerteventura im Vergleich zu den Nachbarinseln lange Zeit Nachzüglerin – erst seit Ende der 1960er-Jahre besuchen Ausländer in größerer Zahl die Wüsteninsel. Vor allem in den 1980er-Jahren waren kräftige Zuwachsraten zu verzeichnen. Von 1989 bis 2010 hat sich die Zahl der deutschen Urlauber von jährlich 200 000 auf knapp 600 000 verdreifacht. Somit stellen die Deutschen mit rund 35 Prozent aller ausländischen Gäste die größte Touristengruppe auf Fuerteventura.

Bettenangebot Das Bettenangebot wurde seit den 1980er-Jahren kontinuierlich ausgebaut. Offiziellen Angaben zufolge gibt es derzeit 50 000 Gästebetten auf Fuerteventura, wobei Betten in Appartementhäusern gegenüber Hotelbetten bei Weitem überwiegen.

Fremdenverkehrsgebiete Die Fremdenverkehrsgebiete konzentrieren sich auf den Norden und Süden der Insel, der Mittelteil hat sein ursprüngliches Gesicht weitgehend wahren können. Hochhäuser gibt es kaum auf der Insel, dafür besetzen in den großen Ferienstädten die Appartement- und Bungalowsiedlungen raumgreifend die Küstenlandschaft. In den Sommerferien sind die Hotels größtenteils mit Gästen vom spanischen Festland ausgelastet.

Ziegen liefern von Oktober bis Mai etwa 3 bis 4 Liter Milch täglich, in den Sommermonaten sind es lediglich 0,5 bis 1 Liter.

Wirtschaftliche Bedeutung

Der Tourismus ist heute der mit Abstand wichtigste Wirtschaftszweig. Zwar hat er auf Fuerteventura ebenso wie auf den anderen Kanareninseln andere Wirtschaftszweige angekurbelt, doch wurde seine weitreichende Bedeutung als Wirtschaftsfaktor durch fehlende Gesetzgebung und unrealistische Planung nicht genügend gewürdigt. Als Handicap erweist sich zudem die Tatsache, dass ausländische Investoren bzw. Investoren vom spanischen Festland in erster Linie an kurzfristigen Gewinnen und nicht an einer langfristigen positiven Tourismusentwicklung interessiert sind. Da die Wirtschaft der Kanareninsel völlig auf den Tourismus ausgerichtet ist, würde sich jeder Rückgang der Besucherzahlen verheerend auf die ökonomischen Gegebenheiten auswirken.

Der Tourismus fordert Tribut

Umweltprobleme sind in erster Linie auf die direkten Auswirkungen des Tourismus zurückzuführen. Infolge ständig steigender Touristenzahlen entstanden in den letzten drei Jahrzehnten zahllose Betonburgen. Vor allem im Norden und Süden der Insel wurden weite Küstenstriche gnadenlos zubetoniert. Noch immer sind viele weitere Hotelbetten geplant. Neben der Zersiedelung der Landschaft bereiten die Touristenmassen Probleme bei der Müllbeseitigung, beim Wasserhaushalt und bei der Klärung des Abwassers. Zudem sind ganze Karawanen von Mietwagen auf der Insel unterwegs, dennoch hält sich die Luftverschmutzung auf Fuerteventura in erfreulichen Grenzen. Dies liegt am geringen Aufwand an Wärmeenergie (mildes Klima!) und am fast ständig wehenden Wind.

WASSER IST RAR

Seit der Kolonialzeit stellt die Wasserversorgung auf den Kanaren ein Hauptproblem dar. Vor allem die östlichen Inseln leiden unter dem Wassermangel, während ihre bergigen westlichen Nachbarn die bis zu vierfache Niederschlagsmenge erhalten.

Auf der westlichen Insel La Palma fällt mit 660 mm pro Quadratmeter die höchste Niederschlagsmenge im Kanarischen Archipel; auf dem vergleichsweise sehr niedrigen Fuerteventura, wo sich die Passatwolken nicht entladen können, dagegen nur 140 mm. Von diesen geringen Niederschlägen fließen etwa achtzig Prozent ungenutzt ins Meer, und von dem bisschen Wasser, das versickert, lassen sich keine ergiebigen Quellen speisen.

Steigender Wasserverbrauch

Historischen Berichten zufolge gab es auf Fuerteventura bis zum 18. Jh. zahlreiche **Quellen** und ganzjährig fließende **Bäche**. Die Inseleroberer mussten sich durch einen reißenden Bach ins Inselinnere vorkämpfen. Heute jedoch verfügt die Insel kaum noch über natürliche Süßwasservorkommen. Lediglich den Barranco de la Madre del Agua und den Barranco de los Molinos durchzieht ständig ein Rinnsal. Doch der Wasserverbrauch auf Fuerteventura nimmt zu: Die Bevölkerung ist stark angewachsen und konsumiert infolge höherer Ansprüche mehr Wasser, Abertausende von Touristen möchten nicht auf ihre tägliche Dusche verzichten und legen Wert auf üppig blühende Grünzonen. Pro Tag verbraucht ein Tourist mehr als doppelt so viel Wasser wie ein Einheimischer. Mit traditionellen Mitteln allein – Ausschöpfen von Grundwasser und Auffangen von Regenwasser – ist das Wasserproblem schon lange nicht mehr zu lösen.

Das älteste Verfahren zur Wassergewinnung sind »pozos«, alte gemauerte, z. T. über 30 m tiefe Brunnen. Von den ehemals rund 1500 Brunnen sind aber nur noch wenige in Betrieb. Die meisten der mehr als 1000 Windmühlen – vor dem Ersten Weltkrieg führte man motorgetriebene Windräder aus Chicago ein – sind ebenfalls nicht mehr intakt. Der **Grundwasserspiegel** liegt mittlerweile so tief, dass Meerwasser in die Brunnen einsickert. Das mitunter sehr brackige und salzhaltige Wasser kann dann oft nicht einmal in der Landwirtschaft genutzt werden, z. B. um Felder zu bewässern und Tiere zu tränken; für Menschen ist es auf keinen Fall als Trinkwasser

Brunnen in Pájara: Einst beförderten Dromedare das kostbare Nass an die Oberfläche.

genießbar. Schuld am abnehmenden Grundwasserspiegel trägt der Mensch, der durch Abholzung der Wälder seit dem 15. Jahrhundert und durch übermäßige Ziegenhaltung die vorhandene natürliche Vegetationsdecke, die das Wasser halten und in das Erdreich leiten könnte, in großem Ausmaß zerstört hat. Und schließlich kommen noch die hohen Temperaturen hinzu, die zu einer starken Verdunstung des Wassers führen. Bei den seltenen starken Regenfällen – meist in den Wintermonaten und fast ausschließlich im zentralen Bergland – verwandeln sich die Barrancos schon einmal für kurze Zeit in reißende Bäche. Mit **»embalses«**, d. h. Stauseen, versuchte man das kostbare Nass am zu raschen Abfließen zu hindern. Allerdings erwiesen sich die drei Talsperren, die von 1941 bis 1946 auf Francos Order hin gebaut wurden, zur Behebung der Wasserknappheit als untauglich. Grund: Sie verlanden. Keiner der Stauseen kann heute noch zur Wasserspeicherung genutzt werden. Effizienter lässt sich das Regenwasser in »aljibes« auffangen. Das sind Becken unterhalb von steinigen oder eigens betonierten Berghängen, über die das Regenwasser bei heftigen Niederschlägen herabfließt. Auch viele Häuser verfügen über »aljibes« in den Innenhöfen unterhalb der geneigten Dächer.

Lösung des Wasserproblems?

Mit dem Bau der ersten **Meerwasserentsalzungsanlage** (»potabilizadora«) in Puerto del Rosario 1969 konnte man endlich das Süßwasserproblem auf Fuerteventura in den Griff bekommen. Weitere Großanlagen sind inzwischen vor allem in den Touristenzentren entstanden, viele Hotels haben ihre eigenen Entsalzungsanlagen. Allerdings ist das entsalzte Wasser wegen seines unangenehmen Geschmacks nur ein kläglicher Ersatz für Grundwasser; und die Entsalzungsanlagen arbeiten teuer und umweltbelastend: Um 100 l Süßwasser zu erhalten, werden 6 l Öl verheizt. Erst zu einem geringen Teil sorgen umweltfreundliche Windräder für die notwendige Energie.

Wasser ist kostbar

Sparsamkeit im Umgang mit Wasser ist für die Einwohner von Fuerteventura seit jeher oberstes Gebot. Selbst gebrauchtes Wasser findet noch Verwendung: Spülwasser zum Pflanzengießen, Waschlaugen zum Aufwischen von Fußböden, aber auch Abwässer von Hotels und Feriensiedlungen werden, nachdem sie eine Kläranlage durchlaufen haben, zur Bewässerung von Parks genutzt. Dieser Methode verdankt beispielsweise die große Grünzone von Costa Calma ihr Entstehen.

Geschichte

Wann erfolgte die erste Besiedlung der Kanaren, woher kamen die sogenannten Guanchen? Was geschah mit ihnen nach der spanischen Eroberung der Inselgruppe? Die Forschung hält zu all diesen Fragen mittlerweile befriedigende Antworten parat.

Mythologie

Glückliche Inseln

Von Anbeginn seiner Geschichte woben sich Mythen um den Kanarischen Archipel wie kaum sonst auf der Erde. Als elysische Gefilde, glückliche Inseln, Inseln der Seligen, Gärten der Hesperiden usw. besangen und beschrieben antike Autoren wie Homer, Hesiod, Platon, Strabon, Vergil, Horaz, Ptolemäus und Plutarch weit entfernte, irgendwo am Westrand der Welt liegende Eilande, wo das Paradies auf Erden herrschen sollte. Auch im Mittelalter schwärmten Weltreisende, Dichter und Gelehrte wie Isidor von Sevilla von blühenden Inseln im fernen Westen.

Altkanarische Bevölkerung

ab 500 v. Chr.	Besiedlung in mehreren Einwanderungswellen
14./15. Jh.	Einfache Hirten- und Bauernkultur

Berber besiedeln die Inseln

Archäologische Funde und deren Datierung lassen den Schluss zu, dass die Kanaren erst nach 500 v. Chr. besiedelt wurden. Ihre Wurzeln hat die altkanarische Bevölkerung – darin sind sich die Wissenschaftler mittlerweile einig – in der berberischen Welt von **Nordafrika**. Als Belege hierfür dienen den Forschern Skelettauswertungen, die eine Verwandtschaft zwischen altkanarischen und nordafrikanischen Völkern nahelegen, ferner Übereinstimmungen mit berberischen Kulturen sowie Ähnlichkeiten von Sprachresten mit nordafrikanischen Sprachen, die in Ortsnamen, alten Dokumenten und Inschriften (Petroglyphen) erhalten geblieben sind. Angenommen wird auch, dass die Übersiedlung von Afrika auf die Kanaren in mehreren Wellen zu unterschiedlichen Zeiten stattfand. Welche Gründe diese Menschen dazu bewog, ihre nordafrikanische Heimat zu verlassen, ist jedoch weiterhin rätselhaft. Als mögliche Ursachen werden die zunehmende Verwüstung des Saharagebiets und der heftige Druck, der von der römischen Besatzung in Nordafrika ausging, angesehen. Spekulation bleibt auch, wie die Ureinwohner auf die In-

? WUSSTEN SIE SCHON ...?

- Der Begriff »Guanchen« bezeichnet häufig die Urbevölkerung der Kanaren. Tatsächlich ist dieser Begriff jedoch auf die Bewohner der Kanareninsel Teneriffa begrenzt, denn das Wort »Guanche« bedeutet so viel wie »Sohn von Teneriffa«. Die Ureinwohner von Fuerteventura hingegen bezeichneten sich selbst als »Majos«.

← Die »American Star« lief 1994 vor Fuertes Westküste auf Grund. Die Wellen haben sie schon deutlich zernagt.

seln gelangten. Reste von Wasserfahrzeugen sind nicht gefunden worden, was die Vermutung zulässt, die Überfahrt sei in Schilfbooten erfolgt, die inzwischen verrottet sind.

Leben und Kultur der Majos

Als die Europäer sich im 14./15. Jahrhundert der Kanaren bemächtigten, trafen sie auf eine einfache **Hirten- und Bauernkultur**, die ohne jegliche Verbindung zur übrigen Welt zu sein schien. Fuerteventura wurde damals von zwei »Königen«, Ajose und Guise, beherrscht. Eine Steinmauer am Istmo de la Pared trennte ihre beiden Reiche, von denen das nördliche als **Maxorata**, das südliche als **Jandía** bezeichnet wurde. Die Erbfolge war an die weibliche Linie geknüpft. Ein Matriarchat bestand jedoch nicht. Die Frau übte die Königswürde nicht selbst aus, sondern ihr Ehemann, den sie durch ihre Wahl dazu legitimierte. In der Praxis hat die mutterrechtliche Erbfolge sicher zu einer hohen Bewertung der Frau geführt. So gibt es auch etliche Belege dafür, dass Frauen im Kultus eine große Rolle spielten. Auf Fuerteventura sollen zwei Frauen über den Rechts- und Kultbereich entschieden haben. Über die Sozialstruktur weiß man nur wenig. Es gab Adlige und Bauern, wobei der Adel nicht erblich war, sondern durch persönliche Tugenden erreicht werden konnte.

Auf kleinen, ohne Pflug gerodeten Feldern bauten die Majos Gerste und Weizen sowie Hülsenfrüchte an. Als Haustiere hielten sie vor allem Ziegen. Hauptnahrungsmittel der Majos war **Gofio**. Dabei handelt es sich um geröstete Gerstenkörner, die gemahlen mit Honig und Wasser zu einer Masse geknetet und anschließend zu Kugeln gerollt wurden. Wichtige Ernährungsbestandteile waren ferner Ziegenfleisch, Milch und Butter. Auch Meerestiere haben bei der Ernährung eine wichtige Rolle gespielt.

Auf die spanischen Eroberer muss die Kleidung der altkanarischen Bevölkerung befremdlich gewirkt haben. Die Majos trugen Ziegenfälle, die sie mit Pflanzenstacheln sorgfältig zusammennähten. Aus Palmfasern und Bast geflochtene Materialien dienten als weitere Bekleidungsstücke. Auch die **Werkzeuge und Waffen** wirkten für die Spanier des 15. Jh.s primitiv. Die Majos konnten sich nur mit Wurfsteinen und mit Holzkeulen verteidigen. Im Nahkampf verwendeten sie untereinander spitze, dünne Steinklingen. Sie waren so scharf, dass man sie auch zum Zerschneiden verschiedener Gegenstände verwenden konnte.

! *Baedeker* TIPP

Auf den Spuren der Majos

Einen guten Eindruck davon, wie die altkanarische Bevölkerung lebte, gibt die Ausgrabungsstätte La Atalayita bei Pozo Negro mit rekonstruierten Steinhütten, deren unterstes Geschoss häufig in die Erde eingelassen war (s. S. 190).

Eine bedeutende Funktion im religiösen Vorstellungskomplex des Inselvolkes hatten, sozusagen als Begegnungsstätte zwischen der göttlichen und der irdischen Welt, heilige Berge. So kamen die Majos beispielsweise auf dem **Tindaya** zu heiligen Handlungen zusammen. Hier brachten sie ihrem Gott – sie glaubten an ein einziges allmächtiges höheres Wesen – Tier- und Trankopfer dar.

Eroberung und Kolonialzeit

23–79 n. Chr.	Erwähnung der Kanaren in der »Naturalis Historia« des Plinius
1312	Lancelotto Malocello landet auf Lanzarote.
1403–1405	Béthencourt nimmt Fuerteventura ein.
1478	Durch Kauf erlangt die spanische Krone die Oberhoheit über die Insel.
1740	Schlacht von Tamacite
um 1770	Infolge von Hungersnöten verstärkte Emigration

Erste Kontakte

Viel ist in der Wissenschaft darüber diskutiert worden, ob die **Phönizier**, die als kühn und tüchtig bekannten Seefahrer, bei ihren Erkundungsfahrten entlang der westafrikanischen Küste im ersten Jahrtausend vor Christus mit dem Kanarischen Archipel in Berührung kamen. Beweise hierfür gibt es nicht. Der erste für die Nachwelt erhaltene Bericht über einen Besuch auf den Kanaren ist bei **Plinius dem Älteren** (23–79 n. Chr.) nachzulesen, der in seiner »Naturalis Historia« über eine Expedition schrieb, die der König von Mauretanien, Juba II. (gest. 23 n. Chr.), zu den Kanarischen Inseln entsandt hatte. Ob diese Expedition erfolgreich verlaufen ist, ist nicht belegt, doch taucht in Plinius' Bericht zum ersten Mal der Name »Canaria« auf. Den ersten eindeutigen Beweis für die Landung römischer Seefahrer auf den Kanaren liefern Gefäße aus dem 3./4. Jh., die auf Lanzarote und La Graciosa gefunden wurden. Bis zu Beginn des 14. Jh.s dürften ab und an Seefahrer und Abenteurer den Kanarischen Archipel angesteuert haben. In zahlreichen europäischen, byzantinischen und arabischen Quellen werden die Inseln am Westrand der damals bekannten Welt erwähnt, doch ein Eroberungsinteresse an den Kanaren, die keine Reichtümer zu versprechen schienen und einfach zu weit entfernt waren, zeigten die Seefahrermächte des Abendlands und Vorderen Orients nicht.

Eroberung der Kanaren

Erst im 14. Jh. wurden die europäischen Seefahrermächte auf die Kanaren aufmerksam. Ausschlaggebend hierfür waren u. a. die Berichte von der Seereise des Genuesen Lancelotto Malocello, der 1312 auf der später nach ihm benannten Insel Lanzarote gelandet war, wo es ihm so gut gefiel, dass er sich hier einige Jahre niederließ. In der Folgezeit suchten viele Seefahrer, Kaufleute und Piraten die Kanarischen Inseln auf. Durch die Versklavung der Bevölkerung erhofften sie sich schnellen Reichtum. In mehreren Dokumenten aus der zweiten Hälfte des 14. Jahrhunderts wird gern auf den Reichtum des Archipels an »menschlicher Ware« hingewiesen.

Als Oberhaupt »aller noch zu entdeckender Länder« ernannte Papst Clemens VI. 1344 den aus der spanischen Königsfamilie stammenden Luís de la Cerda zum **König der Kanarischen Inseln**. Mit diesem Titel war ein tatsächlicher Besitzanspruch jedoch nicht verbunden. Nachfolger von Luís de la Cerda wurde Roberto de Bracamonte, der sich allerdings ebenfalls mit der rein theoretischen Königswürde begnügte und keinen Eroberungsversuch unternahm. Diesen überließ er vielmehr seinem Vetter **Jean de Béthencourt** (1359 – 1425; ► Berühmte Persönlichkeiten). Gemeinsam mit dem spanischen Edelmann **Gadifer de la Salle** (ca. 1340 – 1422) unternahm der Normanne Jean de Béthencourt den ersten Versuch, die Kanarische Inselwelt für die spanische Krone einzunehmen. Nach der 1402 erfolgten Besetzung von Lanzarote wurde Béthencourt der Titel »König der Kanarischen Inseln« zugesprochen. In den folgenden Jahren gelang es Béthencourt sich auch der Insel Fuerteventura zu bemächtigen. Er gründete im Inselinnern als Hauptort das nach ihm benannte **Betancuria**. Um die Besitzverhältnisse zu festigen, besiedelte er das neu eingenommene Land mit 200 spanischen und normannischen Bauern. Béthencourt, dessen Eroberungsversuche auf Gran Canaria und La Palma scheiterten, kehrte 1406 auf das europäische Festland zurück. Er ernannte seinen Neffen Maciot de Béthencourt zum Vizekönig der Inseln. Auf Intervention des spanischen Königs musste dieser das Amt 1415 wegen schlechter Ausübung jedoch wieder aufgeben. Aus der entstandenen Situation schlug Maciot de Béthencourt mehrfach Kapital: Er verkaufte das Amt nacheinander an den königlichen Gesandten Diego de Herrera, an den Prinzen Heinrich von Portugal und schließlich an den spanischen Grafen Hernán Peraza den Älteren. Die Besitzverhältnisse auf den Kanaren waren somit völlig ungeklärt. Sowohl Spanier als auch Portugiesen schickten in den

? WUSSTEN SIE SCHON ...?

- ... wie der Kanarische Archipel zu seinem Namen kam? Auf einer spanischen Seekarte erschien erstmals 1339 die Bezeichnung »Isla Canaria«. Plinius d. Ä. (23 – 79 n. Chr.) bezeichnete eine der Inseln als »Canaria«, angeblich wegen der großen Hunde (lat. canis = Hund), die dort lebten. Die Römer brachten die Inseln immer mit dem Totenreich im Westen in Verbindung. Denkbar wäre, dass diese Tatsache bei der Namensgebung eine Rolle spielte. Ist der Hund doch gemäß alter mythologischer Vorstellungen der Führer in die Totenwelt. Eine andere Erklärungsvariante weist darauf hin, dass es auf den Inseln den Vogel Canora (von lat. »canere« = »singen«) gegeben haben soll. Möglicherweise rührt der Name auch von dem an der afrikanischen Küste gelegenen Cabo Caunaria (vermutlich das heutige Cap Bojador) her.

folgenden Jahrzehnten Schiffe zur Eroberung der Inseln aus. Die spanische Krone erlangte 1478 durch Kauf die Oberhoheit über Fuerteventura zurück – ebenso wie über Lanzarote, Gomera und Hierro. Der ein Jahr später geschlossene **Vertrag von Alcáçovas** klärte die Besitzansprüche von Spanien und Portugal: Die Kanarischen Inseln gingen an Spanien, Portugal erhielt dafür ganz Westafrika samt sonstiger vorgelagerter Inseln.
Erst 1496 war mit der Eroberung von Teneriffa durch Alonso Fernández de Lugo die **Eroberung der Kanarischen Inseln** abgeschlossen. Ein großer Teil der Altkanarier wurde nach der Inbesitznahme der Insel versklavt und ins Ausland gebracht. Die überlebenden Majos hispanisierten sich erstaunlich schnell. Viele vermischten sich durch Heirat mit den Eroberern, sie nahmen die Sprache, Religion, die Sitten und Gebräuche der Spanier an und passten sich den neuen wirtschaftlichen Gegebenheiten an. Anthropologischen Forschungsergebnissen zufolge soll die Mehrheit der heutigen kanarischen Bevölkerung von den Altkanariern abstammen.

Señorío-Status

Nach der spanischen Eroberung bestanden auf den Kanaren zwei unterschiedliche Verwaltungssysteme: Während Gran Canaria, La Palma und Teneriffa direkt der spanischen Krone unterstellt wurden, galt für Fuerteventura ebenso wie für Gomera, Hierro und Lanzarote der Señorío-Status. Diese Inseln waren als feudalherrschaftliche »señoríos« (**Grafenherrschaften**) im Besitz der Adligen, die die Inseln erobert hatten. Die Bevölkerung musste Abgabepflichten an den jeweiligen Herrscher und zudem auch an das spanische Reich erfüllen.

Zwischenspiel: Kolumbus

Christoph Kolumbus (span. Cristóbal Colón, 1451 – 1506) lief auf seiner ersten Entdeckungsfahrt 1492 zunächst Gran Canaria und danach Gomera an. Auch bei seinen späteren Fahrten (1493, 1498 und 1502) legte er wiederholt auf diesen beiden Inseln und einmal auch auf Hierro an.

Piratenangriffe

In den folgenden Jahrhunderten waren die Kanaren wiederholt das Ziel von Piratenangriffen. Für Fuerteventura galt das weniger als für die westlichen Kanaren, die mit dem Anbau von Zuckerrohr und später mit Wein schnell wirtschaftliche Bedeutung erlangten. Wegen ständigen Wassermangels blieb Fuerteventura von dem neuen Reichtum weitgehend ausgeschlossen – und war daher seltener das Ziel von Seeräubern.
1740 ankerte jedoch ein englisches Schiff vor der Küste des heutigen Gran Tarajal im Süden Fuerteventuras und entsandte eine 50 Mann starke, gut ausgerüstete Truppe zur Einnahme der Insel. Obgleich die eiligst zusammengerufenen Einwohner nur über wenige Gewehre verfügten, konnten sie die englischen Eindringlinge erfolgreich abwehren. Dieses Ereignis ist als **Schlacht von Tamacite** in die Inselannalen eingegangen (vgl. S. 203).

◂ weiter auf S. 40

EIN »STARKES« ABENTEUER

Im Jahr 1344 ernannte der in Avignon residierende Gegenpapst Clemens VI. als Oberhaupt »aller noch zu entdeckender Länder« den Enkel des kastilischen Königs Alfons X., Luís de la Cerda, zum König der Kanarischen Inseln. Ein Titel, mit dem nicht allzu viel anzufangen war: Die Kanaren waren noch nicht erobert, ja man wusste nicht einmal genau, wie es auf allen Inseln des Archipels aussah.

Einen Eroberungsversuch unternahm erst zu Beginn des 15. Jahrhunderts **Jean de Béthencourt** (1359 – 1425), Graf von Granville aus der Normandie, der in Frankreich in Ungnade gefallen war. Der normannische Adlige konnte dabei auf den spanischen Edelmann **Gadifer de la Salle** (1340 – 1422) zurückgreifen, den er bereits seit 1390 kannte, als sie gemeinsam an einem »Kreuzzug« gegen Tunis teilgenommen hatten. Vom Charakter her waren beide recht unterschiedlich. De la Salle entsprach dem Abenteurertyp: ruhelos, unüberlegt, ritterlich-romantisch verklärt. Béthencourt dagegen war praktisch veranlagt: Ihn interessierte die Expedition auf die Kanaren mehr aus materiellen Gründen und weniger wegen des damit einhergehenden Ruhms.

Nachdem Béthencourt und de la Salle eine 63-köpfige Mannschaft zusammengestellt hatten, segelten sie am 1. Mai 1402 von La Rochelle aus los. Lanzarote war schnell eingenommen, die altkanarische Bevölkerung arrangierte sich mit den spanischen Eroberern. So setzte Béthencourt schon bald nach Fuerteventura über; allerdings scheiterte dieses Unternehmen. Nun, da wenigstens eine kanarische Insel Eigentum der kastilischen Krone war, und um Verstärkung und Lebensmittel zu holen, kehrte Béthencourt nach Spanien zurück; Gadifer de la Salle ließ er als Statthalter auf Lanzarote zurück.

Herrscher der Kanaren

In Sevilla verlieh Heinrich III. von Kastilien Béthencourt den Titel »Señor de las Islas Canarias«. Er erhielt das Anrecht auf den »quinto«, d. h. das Fünftel vom Wert aller Waren, die in Zukunft von den Kanaren exportiert werden sollten. Zur weiteren Eroberung des Archipels bekam Béthencourt ein mit Lebensmitteln und Waffen gut ausgerüstetes Schiff.

Jean de Béthencourt gründete 1405 die nach ihm benannte Hauptstadt von Fuerteventura. Die Lage im Inselinneren sollte Piraten die Einnahme erschweren.

Machtkampf

Gadifer de la Salle begab sich zwischenzeitlich von Lanzarote aus auf Entdeckungstour. Mit einem Trupp von 20 Männern erkundete er Fuerteventuras Westküste. Beim heutigen Puerto de la Peña, starteten die Männer eine erste Expedition durchs Tal des Río de Palmas hinauf in Richtung des heutigen Betancuria. Wie die Chronisten später berichteten, sei es dabei zum ersten »Feindkontakt« gekommen. Man habe vier Insulaner gejagt und vier Frauen gefangen genommen.

Am 19. April 1404 kehrte Béthencourt nach Lanzarote zurück. Eilig ließ er de la Salle wissen, dass nun er unumschränkter Herrscher der Kanaren sei. Es kam zur offenen Feindschaft zwischen den einstigen Partnern. Beide starteten von Lanzarote aus Überfälle auf die Nachbarinsel Fuerteventura, um sie auszubeuten. Schließlich verließ de la Salle verbittert die Inseln.

Unter spanischer Herrschaft

Die altkanarische Bevölkerung von Fuerteventura setzte sich inzwischen vehementer gegen die Eindringlinge zur Wehr. Im Januar 1405 allerdings kapitulierten die beiden Könige; sie ließen sich taufen und erhielten die Namen Alfonce und Louys. Auch die übrige Urbevölkerung wurde nun rigoros zum Christentum bekehrt.

Übrigens sollen die Priester, die Béthencourt bei der Eroberung begleiteten, der Insel Fuerteventura ihren Namen gegeben haben: »**Isle de forte aventure**« (Insel des starken Abenteuers). Einer anderen Version zufolge gilt Béthencourt als der Namensschöpfer – bei den Eroberungskämpfen soll er einmal ausgerufen haben: »que fuerte ventura« (welch großes Abenteuer). Beide Erklärungsvarianten entsprechen aber wohl nicht der Wahrheit (vgl. S. 15).

Hauptstadt unter Palmen

In einem fruchtbaren, von hohen Bergzügen umgebenen Tal, das somit einen relativ guten Schutz vor Piratenüberfällen bot, gründete Béthencourt 1405 das nach ihm benannte **Betancuria** als »villa real« (königliche Stadt).

Nachdem die Macht- und Besitzverhältnisse geregelt waren, konnte sich Béthencourt weiteren Eroberungsversuchen zuwenden. Ihm glückte die Einnahme von Hierro, nicht aber die von Gran Canaria und La Palma. Daraufhin segelte er in die Normandie und kam mit 200 Bauern und Handwerkern zurück, die sich auf Fuerteventura und Lanzarote niederließen. Im Jahr 1406 überließ er seinem Neffen Maciot de Béthencourt die Herrschaft über die Inseln und kehrte nach Frankreich zurück.

Wirtschaftliche Probleme

Schon im 17. und zu Beginn des 18. Jh.s war es wiederholt zu verheerenden Hungersnöten auf Fuerteventura gekommen. Nach Jahren extremer **Dürre und Missernten** spitzte sich die Situation um 1770 zu. Viele der Bewohner mussten nach Gran Canaria oder nach Mittel- und Südamerika emigrieren bzw. starben an Hunger. Von den 11 000 Einwohnern, die noch 1768 auf Fuerteventura lebten, waren 1772 nur 4400 übrig geblieben.

19./20. Jahrhundert

1812	Offizielle Abschaffung der Señoríos
1852	Die Kanaren werden Freihandelszone.
1912	Die Inseln erhalten eine örtliche Selbstverwaltung.
1927	Aufteilung des Archipels in eine West- und Ostprovinz
1936 – 1939	Spanischer Bürgerkrieg
1982	Bildung der Kanarischen Autonomen Region

Kaziken-System

Im Jahr 1812 beschloss das spanische Parlament die Abschaffung der **Señoríos**. Tatsächlich aufgehoben wurde er auf Fuerteventura jedoch erst 1836. Von der Abschaffung der Feudalherrschaft profitierten bürgerliche Großgrundbesitzer, sogenannte caciques. Sie hatten zwar nicht mehr so viele Privilegien wie ihre adligen Vorgänger, besaßen aber die besten Ländereien und hielten die politische Macht auf der Insel in ihren Händen. Für die kleinen Landpächter und Tagelöhner änderte sich unter diesem Kaziken-System wenig – sie blieben von ihrem jeweiligen Herrn abhängig. Selbst nach Ausrufung der Zweiten Spanischen Republik 1931 bestand das Kaziken-System weiterhin.

Freihandelszone

Das 19. Jh. hindurch blieb Fuerteventura am Rande des kanarischen Wirtschaftsgeschehens. Viele Majoreros versuchten auf den wirtschaftlich prosperierenden Nachbarinseln als Tagelöhner ein Auskommen zu finden. Viele emigrierten jedoch auch nach Südamerika. Um die Wirtschaftskraft der Kanaren zu erhöhen, erklärte die spanische Königin Isabella II. die Inselgruppe 1852 zur Freihandelszone.

Selbstverwaltung

Im Jahr 1912 wurden auf den Kanarischen Inseln die sogenannten »cabildos insulares« eingerichtet, jede Insel hatte damit eine örtliche Selbstverwaltung. 1927 wurde der Kanarische Archipel in eine West- und eine Ostprovinz aufgeteilt. Seither gehört Fuerteventura zusammen mit Gran Canaria und Lanzarote zur Provinz Las Palmas de Gran Canaria. Die beiden kanarischen Provinzen wurden 1982 zur »Kanarischen Autonomen Region« zusammengefasst. Wie die übrigen 16 Autonomen Regionen Spaniens erhielten die Kanarischen Inseln eine Regionalverfassung (Autonomiestatut) sowie gewählte Vertretungskörperschaften. Das Inselparlament tagt seither abwechselnd in Santa Cruz de Tenerife und Las Palmas de Gran Canaria.

Unamuno auf Fuerteventura

Das kahle Eiland diente bis in die Gegenwart hinein als beliebter Verbannungsort für Regimekritiker. Auch der spanische Dichter und Philosoph Miguel de Unamuno (► Berühmte Persönlichkeiten) musste 1924 in dieser »Oase in der Wüste der Zivilisation«, wie er Fuerteventura betitelte, einige Monate verbringen.

Spanischer Bürgerkrieg

Im Juli 1936 putschten spanische Militärs, darunter General Francisco Franco (1892 – 1975), der damalige Befehlshaber des Militärbereichs Kanarische Inseln, gegen die demokratisch gewählte republikanische Regierung. Der Aufstand weitete sich schließlich zum Spanischen Bürgerkrieg (1936 – 1939) aus. Die Einwohner von Fuerteventura verhielten sich gegenüber General Franco loyal. Daher unterstellte er die Insel ab 1940 seinem besonderen Schutz. Diese Maßnahme brachte der Inselbevölkerung jedoch keine Verbesserung ihrer wirtschaftlichen Lage.

Nach dem Tod von Diktator Franco 1975 wurde Spanien konstituelle Monarchie. König Juan Carlos leitete einen umfassenden Demokratisierungsprozess (span. Transición) ein und machte den Weg zu einer neuen Verfassung und demokratischen Wahlen frei. Die erste frei gewählte Regierung 1982 stellten die Sozialdemokraten (PSOE) unter Felipe González.

Nach dem Tod Francos gab Spanien 1975 auch seinen Anspruch auf die Kolonie Spanisch-Marokko auf. Die dort stationierte 3000 Mann starke **Fremdenlegion** wurde kurzerhand nach Fuerteventura verlegt und bezog eine Kaserne in Puerto del Rosario. Die einheimische Bevölkerung reagierte vor allem im Hinblick auf die beachtlich steigende Kriminalitätsrate zunächst nicht allzu erfreut auf die Verlegung, arrangierte sich dann aber mit den Legionären. Schließlich halfen diese bei Unwetterkatastrophen, fungierten als Feuerwehr, wenn es brannte, und außer-

Die Legion rekrutiert sich nur aus Freiwilligen. Sie ist eine hoch spezialisierte Elitetruppe.

dem verdienten Etliche ganz gut an den Soldaten – nicht nur im Amüsierviertel von Puerto del Rosario. So sahen es die Majoreros im Dezember 1995 mit Bedauern, dass die Legionäre (seit der Militärreform 1984 nahm die Legion keine Ausländer mehr auf) ein letztes Mal durch Puerto del Rosario marschierten, bevor ihre Einheit nach Almería (Südspanien) verlegt wurde.

Autonomiebestrebungen

In den 1970-Jahren war eine weitreichende Autonomie der Kanaren vom spanischen Mutterland ein Hauptthema der lokalen Politik. Für die kanarischen Separatisten waren die Festlandspanier (und die Ausländer) die Sündenböcke wirtschaftlicher Schwierigkeiten. An Mauern und Felswänden wurde gefordert »Fuera Godos« (= »Goten raus«; ursprünglich wurden mit »Godos« Angehörige der spanischen Adelsschicht bezeichnet, die ihre Abkunft auf westgotische Adelsfamilien zurückführen konnten, später betitelte man damit alle Nichtkanarier). Ihren Höhepunkt erlebten die **Separatismusbestrebungen** in den Jahren 1976 – 1978, als man sogar mit Bombenterror versuchte, die Parole »Fuera Godos« durchzusetzen. Bei den Aktionen, die von der Regierung Algeriens unterstützt wurden, kam jedoch niemand ernstlich zu Schaden.
Die Situation entspannte sich, als die Kanaren 1982 im Rahmen der spanischen Dezentralisierungspolitik eine gewisse Autonomie erhielten. Doch ist eine größere Unabhängigkeit – beispielsweise eine weitreichende Autonomie innerhalb eines spanischen Bundesstaats – immer mal wieder ein Thema in der Inselpolitik.

Wirtschaftsanbindung an die EU

Mit dem EG-Beitritt Spaniens (1986) ergaben sich für Fuerteventura zunächst keine wirtschaftlichen Konsequenzen, da die Kanarischen Inseln zur Sicherung ihres Status als Freihandelszone die Mitgliedschaft verweigerten. Aufgrund der spezifischen Insellage wurde für die Kanaren ein Sonderabkommen geschlossen. 1989 entschied sich das kanarische Parlament dann doch zum Beitritt in die EG, um vor allem von deren Subventionen und Strukturhilfen zu profitieren und den kanarischen Exportprodukten einen freien Zugang zum europäischen Binnenmarkt zu ermöglichen. Seit 1993 sind die Kanarischen Inseln voll in die EU (Europäische Union) integriert.

Entwicklung der letzten Jahre

2002	Der Tod von Eduardo Chillida führt zu erneuten Diskussionen über sein Kunstprojekt am Tindaya.
2009	UNESCO ernennt Fuerteventura zum Biospährenreservat.

Gewaltiges Kunstprojekt

Der Tod des spanischen Bildhauers und Künstlers Eduardo Chillida am 19. August 2002 belebte auf Fuerteventura die Diskussion erneut, ob das von ihm 1997 initiierte »**Tindaya-Projekt**« verwirklicht werden soll. Mit der Aushöhlung des Bergs wollte Chillida seine Idee des »leeren Raumes« verwirklichen. Bisher steht nicht fest, ob Chillidas »Monument der Toleranz, Leere und Bescheidenheit« jemals Realität wird. Die Inselregierung investierte bereits Millionen für Untersuchungen über die technische Durchführbarkeit. Immer wieder werden Beschlüsse gefasst, doch bis darüber endgültig entschieden wird, vergehen vermutlich noch Jahre.

Illegale Einwanderer

Seit 2002 erleben die Kanarischen Inseln einen beispiellosen Zustrom illegaler Einwanderer, vornehmlich aus Nord- und Westafrika. Allein im Rekordjahr 2006 suchten etwa 31 000 **Migranten** Zuflucht auf den Inseln. Fuerteventuera ist durch die Nähe zum afrikanischen Kontinent besonders stark betroffen, sodass mehrere Auffanglager eingerichtet werden mussten. Immer wieder kommt es bei der Überfahrt mit den vielfach nicht hochseetüchtigen Booten zu folgenschweren Unfällen mit tödlichem Ausgang – mehrere Tausend Menschen sind bereits ertrunken. Mit vor der Küste patrouillierenden Schiffen wird neuerdings verstärkt versucht, des Problems Herr zu werden, bislang allerdings nicht mit durchschlagendem Erfolg.

Politische Machtverhältnisse

Aus den Kommunalwahlen und den **Wahlen** zum Kanarischen Parlament im Mai 2007 gingen die Sozialdemokraten (PSOE) zwar klar als stärkste Kraft hervor, konnten jedoch eine Koalition der konservativen Partida Popular (PP) mit der nationalistischen Regierungspartei Coalición Canaria (CC) nicht verhindern. Diese Parteienbündnis stellt bereits seit 1999 die Regierung.

Biosphärenreserval

Nach Lanzarote (1993), El Hierro (2000), La Palma (2002) und großen Teilen von Gran Canaria (2005) wird im Mai 2009 Fuerteventura von der UNESCO zum Biosphärenreservat ernannt (►S. 23).

Kunst und Kultur

Der Kultururlauber wird auf Fuerteventura nicht glücklich. Doch gibt es einige interessante Hinterlassenschaften aus altkanarischer Zeit und manche hübsche Dorfkirche zu entdecken.

Altkanarische Kunst

Erhalten sind einige schöne Keramikgegenstände aus vorspanischer Zeit. Sie wurden freihändig und nicht mit Hilfe der Töpferscheibe geformt. Vielfach sind die Gefäße mit Hohlgriffen versehen, die zugleich als Ausgusstüllen dienen konnten. Vorherrschend sind einfache glatte Gegenstände, daneben gibt es aber auch welche, die mit ornamentalen Kerben dekoriert sind. Je nach Insel weicht die Gestaltung voneinander ab. Im Zusammenhang mit altkanarischer Keramik ist auf die »**Pintaderas**« hinzuweisen. Dabei handelt es sich um Stempel mit vielfältig ornamentierten Siegelflächen. Sie wurden meist aus Keramik und nur selten aus Holz hergestellt. Vermutlich verwendete man sie dazu, Gegenstände mit einer unverwechselbaren Signatur zu versehen. Noch nie wurden zwei Pintaderas gefunden, deren Abdrücke einander völlig gleichen. Die **Idolfiguren** waren wohl Elemente bestimmter Riten und Kulte. Sie sind fast ausnahmslos nur bruchstückhaft erhalten. Einen künstlerischen Rang besitzt lediglich das »Idol von Tara«. Dieses vermutlich berühmteste altkanarische Fundstück wurde auf Gran Canaria entdeckt (heute im Museo Canario in Las Palmas). Die Tonstatue wirkt mit ihren grotesk verdickten Gliedmaßen weiblich, obwohl Andeutungen der Brüste fehlen. Höhlenmalereien fand man nur auf Gran Canaria, in der Cueva Pintada bei Gáldar. Die Innenwände der Höhle sind mit farbigen geometrischen Mustern verziert. Insgesamt sind die Zeugnisse auf dem Gebiet der Kunst spärlich. Das Erhaltene wirkt schlicht.

Architektur

Nach der spanischen Eroberung der Insel entstanden im Lauf der Jahrhunderte in enger Anlehnung an europäische und vor allem spanische Traditionen Kirchen und bescheidene Repräsentationsbauten. Die verschiedenen architektonischen Stilrichtungen erreichten die Kanaren teilweise erst mit erheblicher Verzögerung und wurden hier häufig viel länger als auf dem europäischen Kontinent angewandt.

Auf Fuerteventura, wo die Bevölkerung jahrhundertelang ums Überleben kämpfen musste, war naturgemäß nicht genügend Geld vorhanden, um grandiose Bauwerke entstehen zu lassen. Zu verweisen ist lediglich auf einige schöne Beispiele für den **Mudéjarstil**. Er wurde in Spanien von den »Mudéjaren«, d. h. den »zum Bleiben ermächtigten Mauren«, aber auch von maurisch beeinflussten christlichen Baumeistern entwickelt und stellt eine Vermischung von maurischen mit gotischen bzw. Renaissanceformen dar. Seine wichtigsten Kennzeichen sind Hufeisenbögen, Stalaktitengewölbe und Stuckornamentik. Viele Holzdecken in sakralen und profanen Bauwerken sind im Mudéjarstil üppig verziert.

← Barocke Pracht am Hochaltar in der Iglesia de Santa Maria von Betancuria

Umgeben von einer zinnenbewehrten Mauer: Iglesia de San Pedro in La Ampuyenta

Von den ca. 30 **Kirchen** und Kapellen auf Fuerteventura sind neben der Kathedrale in Betancuria vor allem die Kirche von Vega de Río de las Palmas und die Kirche in Pájara mit ihrem ausgefallenen Portal sehenswert. Unter den wenigen Herrenhäusern der Insel sei besonders auf die Casa de los Coroneles in La Oliva verwiesen.

Bauernhäuser und Windmühlen

Einen Eindruck von der traditionellen bäuerlichen Bauweise bekommt man noch heute bei Fahrten in das Landesinnere. Beispielsweise in der Umgebung von Tesejerague im Süden der Insel sieht man viele halbzerfallene lehmfarbene Gehöfte. Sie unterscheiden sich farblich mitunter kaum von der Umgebung – und waren daher bei Piratenüberfällen aus der Ferne fast nicht zu entdecken. Bei Tefía wurden einige traditionelle Bauerngehöfte restauriert, die heute als Freilichtmuseum zugänglich sind. Erst seit dem 18. Jh. ging man verschiedentlich dazu über, die Häuser Hitze abweisend weiß zu kalken.

Prägend für das Landschaftsbild von Fuerteventura sind daneben die vielen **Windmühlen**, etliche von ihnen wurden in letzter Zeit restauriert. Einige besonders schöne Expemplare verbindet eine »Windmühlenstraße«. Die Mühlen besaßen vier oder sechs Flügel auf einem gemauerten Unterbau. Ob-

? WUSSTEN SIE SCHON ...?

- ... was der Unterschied zwischen einem Molino und einer Molina ist? Bei der männlichen Mühlenvariante, dem »Molino«, handelt es sich um einen runden Steinbau mit einem Dachaufsatz aus Holz oder Blech. An diesem sind die vier bis sechs Mühlenflügel befestigt. Bei der »Molina« sind die Flügel an einem Holzgestell befestigt, das auf einem flachen Gebäude steht. Erst seit dem 19. Jh. wurde dieser Mühlentyp verwendet, dessen Mahlleistung höher und dessen Handhabung einfacher ist.

gleich der Wind fast immer aus Nordosten weht, besitzen die Mühlen ein drehbares Obergestell, um den Wind bestmöglich ausnutzen zu können. In diesen gemauerten Mühlen wurde Getreide gemahlen.

Holzschnitzkunst

Durch alle Epochen hindurch entstanden auf den Kanaren kunstvolle Holzschnitzereien. Auf die reich verzierten Holzdecken wurde bereits hingewiesen. Das wohl typischste Kennzeichen kanarischer Architektur sind aber die prächtigen **Holzbalkone**. Auf Fuerteventura sieht man vor allem in Betancuria und Pájara schön verzierte Balkone.

Folklore

Aus dem Leben der Kanarier nicht wegzudenken sind die **Fiestas**. Sie haben einen religiösen Ursprung und sind einem der Inselheiligen gewidmet. In der Regel beginnen sie mit einer Prozession, der sich weltliche Vergnügungen anschließen. Eine große Rolle spielt bei derartigen Feierlichkeiten die Musik. Rhythmus und Melodie der Lieder sind leidenschaftlich. Bevorzugt begleitet werden sie von der Timple, einem kleinen Saiteninstrument. Die **Trachten** und Festgewänder, die man bei derartigen Feierlichkeiten sieht, sind meist moderne Schöpfungen. Lediglich der breitkrempige Hut und die mehrfach übereinander getragenen Röcke sind traditionelle Elemente einer kanarischen Volkstracht.

Zentrum für moderne Kunst: Casa Mané in La Oliva

Lucha Canaria In fast jeder größeren Ortschaft gibt es Kampfplätze, auf denen der »lucha canaria« ausgetragen wird. Seine Blüte erlebte der Kanarische **Ringkampf** zu Beginn des 20. Jh.s; zuvor übte man ihn bei Festen meist spontan aus. Auf einer kreisförmigen Kampffläche mit 9 bis 10 m Durchmesser stehen sich zwei Kämpfer gegenüber, die jeweils einer zwölfköpfigen Mannschaft angehören. Gekämpft wird maximal drei Runden, von denen jede drei Minuten dauert. Sieger ist, wer in dieser Zeit den Gegner zweimal zu Fall gebracht hat.

! *Baedeker* TIPP

Unbedingt zuschauen!

Eine Besonderheit der Kanaren ist »lucha canaria« (Kanarischer Ringkampf). Heute finden Kämpfe vor allem im Rahmen von Fiestas statt. Wenn sich die Gelegenheit bietet: unbedingt zuschauen!

Juego del Palo Außergewöhnliche körperliche Geschicklichkeit erfordert das »juego del palo« (**Stockspiel**). Nach festen Regeln greift man den Gegner mit zwei Stöcken an bzw. versucht, den gegnerischen Schlägen auszuweichen. Der Körper soll dabei so wenig wie möglich bewegt werden.

Auf den Kanaren Volkssport: lucha canaria

Kunsthandwerk

Zu den traditionellen Handwerken auf Fuerteventura gehören die Korbflechterei, **Stickereien** und Spitzenherstellung sowie die Töpferei. Bekannt auf der Insel als Kunsthandwerkszentrum ist die kleine Ortschaft Lajares im Norden. Hier werden die Stickereien nicht nur verkauft, sondern auch Nachwuchskräfte in der Kunst der Hohlsaumstickereien (Calado) oder Reliefstickereien (Bordado) ausgebildet.

Moderne Kunst

Wer sich für die moderne Kunstszene interessiert, sollte der **Casa Mané** in La Oliva einen Besuch abstatten. Hier sind die führenden zeitgenössischen kanarischen Künstler mit Plastiken und Malerei vertreten. Als Zentrum des Brauchtums gilt der Kulturverein Mafasca in Antigua, der neben Folklore- und anderen Veranstaltungen regelmäßig einen Markt und eine Kunsthandwerksmesse organisiert. Ansonsten ist Puerto del Rosario Zentrum des bescheidenen Kulturlebens. Hier werden vorwiegend für die einheimische Bevölkerung Konzert- und Theaterabende organisiert.

Berühmte Persönlichkeiten

Wer war der Mann, der die Insel für die spanische Krone erobert hat? Was hat der hl. Diego de Alcalá mit der Wüsteninsel zu tun? Warum verbrachte der spanische Philosoph Miguel de Unamuno einige Monate seines Lebens auf Fuerteventura – und was hat es schließlich mit dem mysteriösen Gustav Winter auf sich?

San Diego de Alcalá (um 1400 – 1463)

Der einzige Heilige der Kanaren

Rund 88 Jahre vor seiner Heiligsprechung wurde er schon von dem berühmten (und anonymen) Kölner Meister von St. Severin als Franziskaner dargestellt, mit einem Kruzifix in der Hand und auf einen Krückstock gestützt – San Diego de Alcalá. Angenommen wird, dass er um 1400 in San Nicolás (Andalusien; weswegen er auch Diego de San Nicolás genannt wird) das Licht der Welt erblickte. Schon in frühester Jugend führte Diego (bzw. Didacus auf lateinisch) ein Eremitendasein bei der Kirche San Nicolás in seinem Heimatort. Um sich Gott noch mehr hingeben zu können und vielleicht auch um dem wachsenden Ruhm, den er im Volk genoss, zu entfliehen, trat er als Laienbruder in das Franziskanerkloster von Arrizafa in der Nähe von Córdoba ein. 1441 wurde er gemeinsam mit einem anderen Priester als **Missionar** auf die Kanarischen Inseln gesandt. In der Bekehrung der Eingeborenen zum christlichen Glauben bewies er einen unermüdlichen Eifer; doch verteidigte er diese auch gegen die Raffgier der spanischen Eroberer, was ihm enorme Schwierigkeiten einbrachte. Obwohl er nur Laienbruder war, wurde er 1445 zum »Guardian« des Klosters von Fuerteventura ernannt. Im Jahr 1449 kehrte er nach Spanien zurück, wo er in verschiedenen Konventen seinem Orden diente. Er starb am 12. November 1463 an einer Infektion in Alcalá de Henares.

Vor allem nach seinem Tod wurden dem Heiligen, der für seine fanatische Bußstrenge und große Hilfsbereitschaft bekannt war, viele Wunder nachgesagt. Auch das Auffinden der nur 23 cm hohen Alabasterstatue der **Virgen de la Peña**, der Schutzheiligen von Fuerteventura, unterhalb von Vega de Río de las Palmas wird Diego nachgesagt. In einer kleinen Höhle in der Nähe des Inselklosters, wohin er sich gern allein zurückzog, soll er beim Gebet immer derart in Extase geraten sein, dass sein Antlitz zu leuchten begann und die Leute herbeieilten, in der Annahme, in der Höhle sei Feuer ausgebrochen. Bis vor gar nicht so langer Zeit galt die Erde aus der Höhle als gesegnet: Bauern streuten sie über die Felder, in der Hoffnung auf eine gute Ernte, auch Schwangeren wurde sie verabreicht, um eine gute »Frucht« zu garantieren. Auf Betreiben König Philipps II. von Spanien (1527 – 1598) wurde Diego am 2. Juli 1588 von Papst Sixtus V. heilig gesprochen.

Jean de Béthencourt (1359 – 1425)

Eroberer von Fuerteventura

Der Normanne Jean de Béthencourt genießt den Ruf, Eroberer von Hierro, Lanzarote und Fuerteventura zu sein. Was Hierro betrifft, mag das vollkommen zutreffen; im Hinblick auf die Eroberung von Lanzarote und Fuerteventura jedoch gebührt dem spanischen Edel-

← *Erinnerung an den berühmten Schriftsteller und Philosophen in der Casa Museo Unamuno in Puerto del Rosario*

mann Gadifer de la Salle die gleiche Ehre. Doch Béthencourt verstand es, seinen Partner de la Salle, mit dem er in königlichem Auftrag den Kanarischen Archipel der kastilischen Krone untertan machen sollte, geschickt auszubooten. Hinter dem Rücken von de la Salle sicherte er sich die Herrschaftsrechte über die Kanarischen Inseln – erleichtert wurde ihm dies durch seine guten Beziehungen zum königlichen Hof. Dieser ernannte ihn zum **Señor de las Islas Canarias**. Dazu trug nicht zuletzt die Chronik bei, die Béthencourt während seiner Expeditionen von zwei ihn begleitenden Geistlichen niederschreiben ließ. (Überhaupt sind die zeitgenössischen – aber auch spätere – Quellen sehr »Béthencourt-freundlich« verfasst und infolgedessen nicht ganz frei von Fehlern und Widersprüchen.) Nach der Eroberung Fuerteventuras betrieb Béthencourt eine kluge Siedlungspolitik: Die von ihm zur Kolonisierung der Insel herbeigerufenen Europäer befreite er eine Zeit lang von Steuerlasten; dadurch sicherte er sich ihre Ergebenheit. Zudem soll er durch verschiedene Maßnahmen eine friedliche Koexistenz zwischen den Eingeborenen und den Neuankömmlingen ermöglicht haben.

Nachdem er seinem Neffen **Maciot de Béthencourt** die Herrschaft über die Inseln übertragen hatte, bestieg Jean de Béthencourt am 15. Dezember 1406 ein Schiff, um die Kanaren für immer zu verlassen. Die Inselbewohner bereiteten ihm, wie die Chronik berichtet, einen überaus bewegenden Abschied. Béthencourt kehrte nach Frankreich zurück und starb dort 1425 auf seiner Burg in Granville.

César Manrique (1920 – 1992)

Mit dem Namen des auf der Nachbarinsel Lanzarote geborenen **Architekten, Malers und Bildhauers** César Manrique wird man auch auf Fuerteventura konfrontiert. Nach seinen Plänen entstanden hier ein Restaurant sowie ein Mirador bei Betancuria.

Nach ersten eigenen Ausstellungen auf den Kanaren siedelte Manrique 1945 nach Madrid über, wo er an der Hochschule der Schönen Künste sein Studium aufnahm. In den folgenden Jahren zeichneten sich auf dem Gebiet der abstrakten Malerei Erfolge ab. Seine Ausstellungen blieben nicht auf den spanischen Raum beschränkt, in vielen großen Städten Europas, Japans und der USA waren seine Werke zu sehen. Im Jahr 1965 zog der nunmehr international bekannte Künstler nach New York, wo er eine Berufung an das Internationale Institut für Kunsterziehung erhielt. Sein letzter Wohnortwechsel erfolgte 1968: Manrique ließ sich auf seiner **Heimatinsel Lanzarote** nieder. Dort gründete er noch im selben Jahr das Museum für Zeitgenössische

Kunst. In den folgenden Jahren arbeitete Manrique an vielen Bauvorhaben auf den Kanarischen Inseln. Vor allem auf Lanzarote und Teneriffa verwirklichte er seine Vorstellungen. Anknüpfend an einheimische Bautraditionen, bemühte er sich darum, die Landschaft so zu erhalten, wie sie ist. Als seine Hauptaufgabe sah es Manrique an, seine Heimatinsel Lanzarote gegen eine Verbauung zu schützen.
Ein Autounfall setzte dem Leben des engagierten Künstlers im September 1992 ein jähes Ende, begraben wurde Manrique in Haría auf Lanzarote.

Gadifer de la Salle (1340 – 1422)

Partner von Jean de Béthencourt

Gadifer de la Salle hatte bei der Eroberung von Fuerteventura das Nachsehen: Zwar hatte er die Expedition zur Eroberung der Kanarischen Inseln zum größten Teil organisiert, gehörte ihm das Schiff, mit dem er und sein Partner Jean de Béthencourt in königlichem Auftrag von La Rochelle aus losgesegelt waren, war er **der eigentliche Eroberer von Lanzarote und Fuerteventura** – doch das alles brachte ihm nichts ein. Während sich Béthencourt hinter seinem Rücken am kastilischen Hof die Herrschaftsrechte über die Kanarischen Inseln sicherte, musste er auf Lanzarote ums Überleben kämpfen – gegen Hunger, gegen Ureinwohner und gegen meuternde Soldaten aus den eigenen Reihen. Sein Protest gegen die Ernennung Béthencourts zum »Señor de las Islas Canarias« zeigte am Königshof keine Wirkung. Heinrich III. blieb bei seiner Entscheidung: Der Normanne galt als Eroberer der Kanarischen Inseln und somit als Herrscher über den Archipel. Verbittert und ohne materiellen Gewinn verließ de la Salle daraufhin die atlantische Inselgruppe für immer.

Miguel de Unamuno y Jugo (1864 – 1936)

Inselpoet

Er gilt als der Inselpoet. Dabei lebte er nur vier Monate auf Fuerteventura – und das nicht einmal freiwillig. Der spanische Dichter, **Schriftsteller und Philosoph** Miguel de Unamuno y Jugo ist der bekannteste unter den zahlreichen Exilierten, die – bis in die 1960er-Jahre hinein – von den verschiedensten spanischen Regierungen hierher abgeschoben wurden.
Geboren wurde er am 29. 9. 1864 im Baskenland, in der Hafenstadt Bilbao. In seinen jungen Jahren gehörte er zu den Wortführern der literarischen und kulturphilosophischen Schule der Generation von 1898. Seine Romane, Essays und philosophischen Schriften, in denen er sich in undogmatischer, oft auch in widersprüchlicher und paradoxer Form zu Fragen der Religion, der Geschichte und der modernen Zivilisation, ihrer Perspektiven und ihrer Mängel, äußerte, waren weit über die Grenzen Spaniens hinaus bekannt. Von 1901 bis 1914 war er Rektor der traditionsreichen Universität von Salamanca, wo er als Professor griechische und spanische Sprache und Literatur lehrte. Wegen seiner Gegnerschaft zur Militärdiktatur unter Primo

de Rivera (konkret: wegen »Beleidigung« des gleichnamigen Generals und des spanischen Königs Alfons XIII.) wurde er 1924 nach Fuerteventura verbannt. Er begab sich allein, ohne seine Familie, in die Verbannung, weil er, wie er schrieb, die Einsamkeit brauche. Am 10. März 1924 kam er auf Fuerteventura an. Im **Hotel Fuerteventura**, einem einfachen Gasthaus, in Puerto de Cabras (im heutigen Puerto del Rosario) quartierte er sich gemeinsam mit einem anderen Deportierten, dem Abgeordneten und Journalisten Rodrigo Soriano, ein. Auf der Dachterrasse des Hotels, das mittlerweile in ein Unamuno-Museum, die Casa Museo Unamuno, umgewandelt wurde, habe er sich »nackt gesonnt und dabei geschrieben«, wie in seinem Werk »De Fuerteventura a Paris« zu lesen ist. Nach anfänglicher Verzweiflung entwickelte er rasch Sympathie für die Insel. Die außergewöhnlichen landschaftlichen Gegebenheiten müssen eine starke Wirkung auf ihn als Lyriker ausgeübt haben. Als **Oase in der Wüste der Zivilisation** beschrieb er den Ort seines aufgezwungenen Exils. Die Einsamkeit, der der Dichter auf Fuerteventura ausgesetzt war, förderte seine Verinnerlichung, verstärkte aber andererseits, wie sein Werk zeigt, auch seine religiösen Zweifel. Neben schwermütigen Gedichten schrieb er auch Abhandlungen über das »alte« Fuerteventura, über Traditionen, über die Bevölkerung und auch über die »aulaga«, den weitverbreiteten Ginster, der an manchen Stellen der Insel praktisch ohne Wasser auskommt (in seinem Prosagedicht »Der Ginster von Fuerteventura«).

Am 9. Juli 1924 gelang Unamuno die von seinem ältesten Sohn und dem Direktor des »Quotidien de Paris« organisierte Flucht. Bei Playa Blanca schiffte er sich ein und floh nach Paris. Obwohl er auf Drängen Frankreichs kurze Zeit später von der spanischen Regierung rehabilitiert wurde, zog er es vor, weiterhin in seinem nunmehr freiwilligen Exil in Paris zu bleiben. Hier schrieb er »**De Fuerteventura a Paris**«, einen autobiografischen Roman über seinen Zwangsaufenthalt auf Fuerteventura. Erst 1930, nach dem Sturz des Diktators Primo de Rivera, kehrte er in sein Heimatland zurück und lehrte ab 1931 wieder an der Universität von Salamanca. Am 31. 12. 1936 starb er an einem Schlaganfall.

Gustav Winter (1892 – 1971)

Ingenieur mit dubiosem Hintergrund

Die Gerüchte um den Deutschen Gustav Winter werden wohl nie verstummen (► Baedeker Special, S. 138). Der Ingenieur Gustav Winter kam in den 1930er-Jahren nach Fuerteventura, nachdem er schon etwa 20 Jahre auf dem spanischen Festland gelebt hatte. In Morro Jable, auf der Halbinsel Jandía, versuchte er sich an der Errichtung einer Fisch- und einer Zementfabrik. Kurz nach Ausbruch des Zweiten Weltkriegs ging er nach Frankreich und baute in der

Bretagne U-Boot-Bunker. Im Jahr 1947 kehrte er mit seiner Familie nach Morro Jable zurück, wo er sich der Landwirtschaft widmete. Gustav Winter starb 1971.

Bis heute wird gerätselt, welche Funktion er in der Anfangsphase des Zweiten Weltkriegs tatsächlich ausübte. Eine Rolle spielt dabei sein Wohnsitz, der von ihm mitten in der Einöde erbauten »**Villa Winter**«. Es heißt, das Anwesen habe über unterirdische Bunker verfügt, die – mit dem Einverständnis des Generalísimo Franco – u. a. als Nachschubbasis für deutsche U-Boote gedient hätten. Es wurden schon viele Versuche unternommen, das Geheimnis zu lüften – bisher ohne Erfolg. Der Mythos um die Person von Gustav Winter kann also weiterleben. Es wäre ja auch zu langweilig, sollte sich herausstellen, dass Winter mit militärischen Geheimprojekten auf Fuerteventura überhaupt nichts zu tun hatte und er nur deshalb mit ihnen in Verbindung gebracht wurde, weil er eben Deutscher war!

Praktische Informationen

WELCHES IST DIE BESTE REISEZEIT, WO LIEGEN DIE SCHÖNSTEN STRÄNDE, WO KANN MAN AM BESTEN SURFEN, WIE SCHMECKEN KANARISCHE SPEISEN, BEI WELCHEN FESTEN MÜSSEN SIE DABEI SEIN? LESEN SIE ES NACH – AM BESTEN SCHON VOR DER REISE!

Anreise · Vor der Reise

Anreisemöglichkeiten

Mit dem Flugzeug

Fuerteventura wird von den meisten europäischen Flughäfen aus angeflogen, u. a. auch von verschiedenen Billigfliegern und Charterfluglinien. Die Flugzeit von Deutschland nach Puerto del Rosario beträgt etwa vier Stunden. Fuerteventuras Flughafen »El Matorral« liegt ca. 5 km südlich der Inselhauptstadt Puerto del Rosario. Recht günstig sind in der Regel Pauschalangebote, bei denen man zusammen mit dem Flug ein Apartment oder ein Hotelzimmer buchen kann.
Die spanische Fluggesellschaft **Iberia** fliegt von Frankfurt am Main, Zürich und weiteren großen europäischen Flughäfen täglich mit Zwischenstopp in Madrid oder Barcelona nach Fuerteventura.

Mit dem Schiff

Einmal wöchentlich verkehren Fährschiffe der spanischen Schifffahrtsgesellschaft **Acciona Trasmediterránea** auf der Route Cádiz – Santa Cruz de Tenerife – Las Palmas de Gran Canaria. Von dort aus hat man Anschluss nach Puerto del Rosario (Fuerteventura). Die Fahrt dauert etwa 2,5 Tage. Die Schiffspassage kann auch über deutsche Reisebüros gebucht werden.

Ein- und Ausreisebestimmungen

Personalpapiere

Reisende aus Deutschland, aus Österreich und der Schweiz benötigen für die Einreise einen gültigen Personalausweis oder einen Reisepass. Kinder unter 16 Jahren müssen einen Kinderausweis besitzen oder im Pass der Eltern eingetragen sein.

Fahrzeugpapiere

Nationaler Führerschein und Kraftfahrzeugschein werden anerkannt und sind mitzuführen; bei Schadensfällen wird die Internationale Grüne Versicherungskarte verlangt. Die Kraftfahrzeuge müssen das ovale Nationalitätskennzeichen tragen, sofernsie kein Euro-Kennzeichen haben.

! *Baedeker* TIPP

Zwei Inseln in einem Urlaub

Warum nicht einmal zwei Inseln in einem Urlaub besuchen? Geradezu ideal ist die Inselkombination von Fuerteventura und Lanzarote. Beinahe im Stundentakt pendelt eine Fähre zwischen den beiden östlichen Kanaren hin und her. Aber auch ein Flug auf jede der anderen Kanarischen Inseln ist preisgünstig und nimmt nicht viel Zeit in Anspruch. In jedem Reisebüro können derartige »Kombi-Urlaube« gebucht werden.

Nach der EU-Regelung benötigen Hunde und Katzen bei Reisen innerhalb der EU-Länder einen veterinäramtlichen **Heimtierausweis**. Er enthält u. a. ein amtstierärztliches Gesundheitszeugnis, das höchstens 30 Tage alt sein darf, ein mindestens 20 Tage und höchstens elf Monate vor der Einreise ausgestelltes Tollwut-Impfzeugnis sowie ein Passbild. Außerdem muss das

Tier einen Mikrochip oder eine Tätowierung tragen. Maulkorb und Leine sind bei Hunden mitzuführen.

Einreise auf die Kanaren

Spanien gehört ebenso wie Deutschland und Österreich zur Europäischen Union. Der Warenverkehr für private Zwecke ist weitgehend zollfrei. Es gelten (dies trifft auch für die Einreise auf die Kanarischen Inseln zu) lediglich noch gewisse obere Richtmengen (z. B. für Reisende über 17 Jahre 800 Zigaretten, 10 l Spirituosen und 90 l Wein).

Wiedereinreise nach Deutschland und Österreich

Da die Kanarischen Inseln nach wie vor innerhalb der EU einen gewissen **Sonderstatus** einnehmen und hier verschiedene Zölle und Steuern nicht bestehen, gelten bei der Wiedereinreise nach Deutschland und Österreich die Höchstmengen für den Warenverkehr mit Nicht-EU-Ländern: Zollfrei sind für Personen über 15 Jahre 500 g Kaffee und 100 g Tee, 50 g Parfüm und 0,25 l Toilettenwasser sowie für Personen über 17 Jahre 1 l Spirituosen über 22 % oder 2 l Spirituosen unter 22 % oder 2 l Schaumwein und 2 l Wein sowie 200 Zigaretten oder 50 Zigarren oder 250 g Tabak. Waren dürfen bis zur Höchstgrenze von 430 Euro eingeführt werden.

Wiedereinreise in die Schweiz

Für die Schweiz gelten folgende Freimengengrenzen: 250 g Kaffee, 100 g Tee, 200 Zigaretten oder 50 Zigarren oder 250 g Tabak, 2 l Wein oder andere Getränke bis 22 % Alkoholgehalt sowie 1 l Spirituosen mit mehr als 22 % Alkoholgehalt. Souvenirs dürfen in die Schweiz bis zu einem Wert von 300 sfr zollfrei eingeführt werden.

Krankenversicherung

Gesetzliche Krankenkassen

Auch im EU-Ausland müssen die gesetzlichen Krankenkassen die Kosten für ärztliche Leistungen erstatten. Voraussetzung ist, dass dem behandelnden Arzt die **Europäische Krankenversicherungskarte** vorgelegt wird. Ist man nicht im Besitz einer solchen Karte, muss eine Ersatzbescheinigung ausgestellt werden.
Auch mit dieser Karte sind in vielen Fällen ein Teil der Behandlungskosten bzw. Ausgaben für spezielle Medikamente selbst zu bezahlen.

ADRESSEN

FLUGVERKEHR

▸ **Iberia**
Westendstr. 12
60325 Frankfurt am Main
Reservierungszentrale:
Tel. 01805/44 29 00
www.iberia.com

FÄHRVERKEHR

▸ **Acciona Trasmediterránea**
Calle León y Castillo 58
Puerto del Rosario
Fuerteventura
Tel. 902 45 46 45
www.trasmediterranea.es

Gegen Vorlage der Quittungen übernimmt die Krankenkasse im Heimatland dann ggf. die Erstattung der Kosten.

Private Reisekrankenversicherung Da die Kosten für ärztliche Behandlung und Medikamente in der Regel teilweise vom Patienten zu tragen sind und die Kosten für einen evtl. Rücktransport von den Krankenkassen grundsätzlich nicht übernommen werden, empfiehlt sich der Abschluss einer zusätzlichen Reisekrankenversicherung.

Ausflüge

Mit dem Bus Die verschiedenen Reiseveranstalter bieten ausgehend von den Touristenzentren Inselrundfahrten mit dem Bus an. Wer einen Busausflug selbst organisieren möchte, braucht etwas Zeit und Geduld, doch sind alle größeren Orte an das öffentliche Busnetz angeschlossen (►Verkehr).

Mit dem Auto Problemlos lässt sich Fuerteventura mit dem **Mietwagen** (►Touren) erkunden. Alle Ortschaften erreicht man auf gut ausgebauten Straßen. Einige abgelegene Buchten und Landschaften können jedoch nur auf holprigen Pisten mit dem Jeep angesteuert werden, reizvoll ist beispielsweise die Fahrt nach Cofete auf der Jandía-Halbinsel.

In besonders schöne und abgelegene Gegenden der Insel führen organisierte **Jeep-Safaris**. Ob man Spaß daran hat, ist Geschmackssache: Bedenken sollte man, dass der vorausfahrende Wagen zum Ärgernis der nachfolgenden Safariteilnehmer meist eine riesige Staubwolke aufwirbelt. Wegen des Naturschutzes verzichtet man selbstverständlich darauf, querfeldein im Geländewagen über die Insel zu düsen. Werden bei derartigen Fahrten Pflanzen zerstört, so dauert es Jahre, bis sich auf dem dann verdichteten, ausgedörrten Boden wieder Vegetation ansiedeln kann.

! *Baedeker* TIPP

Wandern

Die wenigsten Feriengäste wissen, dass man auf Fuerteventura auch ganz gut wandern kann. Abseits der umtriebigen Strände überrascht das nur dünn besiedelte Hinterland mit etlichen lohnenden Wanderzielen. Baedeker-Autor Rolf Goetz stellt in seinem Wanderbuch »Fuerteventura« (München 2008, Bergverlag Rother) 30 detailliert beschriebene Touren vor. Die ideale Ergänzung dazu: der Kompass-GPS-Routenplaner »Fuerteventura« und die GPS-taugliche Wanderkarte »Fuerteventura« (1:50 000).

Mit dem Schiff Von Corralejo, Morro Jable und Caleta de Fuste aus werden kurze Bootsfahrten und Tagesausflüge entlang der Küste angeboten. Nicht versäumen sollte man den Besuch der Nachbarinsel **Lanzarote**. Die Reiseveranstalter bieten kombinierte Schiff-Bus-Ausflüge an. Man kann die Tour aber auch problemlos selbst organisieren: Zwischen

Vom Hafen in Caleta de Fuste starten viele Ausflugsboote ...

Corralejo (Fuerteventura) und Playa Blanca (Lanzarote) verkehren mehrmals täglich Fährschiffe. Ungetrübte Badefreuden verspricht von Corralejo aus ein Bootstrip nach **Lobos**.

Mit dem Flugzeug

Da jede der Kanarischen Inseln einen ganz eigenen Charakter hat, sind Tagestrips auf eine der anderen Inseln ein abwechslungsreiches Urlaubsvergnügen (► Verkehr). Bei den Reisebüros können meist kombinierte Flug- und Bustouren gebucht werden. Zum festen Programm der Reiseveranstalter gehören ferner Kurz-Flugreisen nach Gambia oder nach Marrakesch in Marokko.

Auskunft

INFOADRESSEN

SPANISCHE FREMDENVERKEHRSÄMTER

- **Auskunft in Deutschland**
  Prospektbestellung:
  Tel. 061 23/991 34

  Kurfürstendamm 63
  10707 Berlin
  Tel. 0180/300 26 47
  Fax 030/882 66 61
  berlin@tourspain.es

  Grafenberger Allee 100
  40237 Düsseldorf
  Tel. 0180/300 26 47
  Fax 02 11/680 39 85
  dusseldorf@tourspain.es

  Myliusstr. 14
  60323 Frankfurt
  Tel. 0180/300 26 47
  Fax 069/72 53 13
  frankfurt@tourspain.es

Schubertstr. 10
80336 München
Tel. 0180/300 26 47
Fax 089/530 74 620
munich@tourspain.es

▸ **Auskunft in Österreich**
Walfischgasse 8
1010 Wien
Tel. 01/512 95 80
Fax 01/512 95 81
www.viena@tourspain.es

▸ **Auskunft in der Schweiz**
Seefeldstr. 19
8008 Zürich
Tel. 044/253 60 50
Fax 044/252 62 04
zurich@tourspain.es

▸ **Auskunft auf Fuerteventura**
Patronato de Turismo
Calle Almirante Lallermand 1
Puerto del Rosario
Tel. 928 53 08 44
Fax 928 85 16 95
www.fuerteventuraturismo.com

Die Adressen der Fremdenverkehrsämter in den Touristikzentren sind bei den Reisezielen von A bis Z unter dem jeweiligen Stichwort aufgeführt.

KONSULATE

▸ **Bundesrepublik Deutschland**
Calle Albareda 3
35007 Las Palmas
Tel. 928 49 18 80
Fax 928 26 27 31
www.las-palmas.diplo.de

▸ **Republik Österreich**
Hotel Eugenia Victoria
Avda. de Gran Canaria 26
35100 Playa del Inglés
Gran Canaria
Tel. 928 76 25 00, Fax 928 76 22 60

▸ **Schweizerische Eidgenossenschaft**
Urbanicación Bahía Feliz
Edificio de Oficinas, Local 1
Playa de Tarajalillo
Gran Canaria
Tel. 928 15 79 79, Fax 928 15 79 00

INTERNET

▸ **www.spain.info**
Unter der Internetadresse der spanischen Fremdenverkehrsbehörde erhält man auch Infos zu den Kanarischen Inseln.

▸ **www.info-center-fuerteventura.com**
Aktuelle Inselnachrichten, viele praktische Informationen von den »Machern« des »Fuerte Fan Magazins«.

▸ **www.fuerteventura turismo.com**
Informative Website – auch in deutscher Sprache – des Inselrats und der Fremdenverkehrsbehörde. Vorgestellt werden die einzelnen Gemeinden, die schönsten Strände und wichtigsten Kulturdenkmäler.

▸ **www.majorero.com**
Links zu den Websites der einzelnen Gemeindeämter auf Fuerteventura, aber auch zu verschiedenen anderen Organisationen.

▸ **www.kanarenexpress.com**
Nachrichten in deutscher Sprache zu kanarischer Politik, Wirtschaft, Umwelt und Kultur.

▸ **www.abcanarias.com**
Sehr allgemeine Informationen zu allen Kanarischen Inseln. Eine Suchmaschine steht für die Vermittlung von Hotel- und Appartementadressen zur Verfügung.

▸ **www.gobiernodecanarias.org**
Offizielle Internetseite der kanarischen Regierung mit vielen Informationen und Tipps zu den einzelnen Inseln. Bisher sind die Infos nur in Spanisch abrufbar.

▸ **www.wochenblatt.es**
Online-Auftritt der kan Inselzeitung »Wochenb auf Teneriffa herausgegeben wird und nur wenige Artikel über den östlichen Teil des Archipels bringt.

Badeurlaub

Europas schönste Strände

Das Schönste an Fuerteventura sind die kilometerlangen, hellen Feinsandstrände, die die Insel auch für einen reinen Badeurlaub geeignet machen. Und diese Badestrände im Norden und Süden der Ostküste, an denen man relativ gefahrlos baden kann und wo sich auch abgeschiedene Plätzchen finden lassen, sind nicht nur traumhaft, d. h. die schönsten und größten Europas: Anders als an den Stränden tropischer Breitengrade muss hier nicht mit Gesundheitsrisiken gerechnet werden, z. B. mit Infektionskrankheiten, gefährlichen bzw. giftigen Tieren; und es herrschen immer angenehme Temperaturen, man kann also das ganze Jahr hindurch den Badefreuden frönen. Die Küste Fuerteventuras ist 325 km lang; die Hälfte davon besteht aus Steilufern, die vor allem die Westküste säumen. Etwa 20 km sind Kiesstrand, rund 55 km feiner Sandstrand.
Im Folgenden werden **die besten Sandstrande** der Insel beschrieben – gewarnt sei vorm Baden an der Westküste: Ablandige Winde und starke Strömungen haben hier schon manches Opfer gefordert.

Caleta de Fuste

Da eine Landzunge vor heftiger Brandung schützt, ist auch für Kinder an dem rund 800 m langen weißen Sandstrand bei der Urbanización Caleta de Fuste gefahrloses Baden möglich. Zahlreiche Surfer starten hier ihre ersten Versuche. Mit den paradiesischen Stränden im Norden und Süden von Fuerteventura lässt sich diese Badebucht jedoch nicht vergleichen.

Playa de Corralejo

Südlich des Fischerortes Corralejo erstrecken sich fast bis zur Montaña Roja auf einer Länge von 10 km ein herrlicher weißer Sandstrand und eine **ausgedehnte Wanderdünenlandschaft**, die seit 1982 unter Naturschutz steht. Einen besonderen Reiz erlangt dieser Küstenstrich durch die wunderschöne Fernsicht auf die Inseln Lobos und Lanzarote. Nachdem man Corralejo hinter sich gelassen hat, wird man hier immer ein abgeschiedenes Plätzchen finden können. Liegenverleih und andere touristische Einrichtungen gibt es nur in unmittelbarer Ortsnähe, wo es allerdings etwas voller ist als im Süden der Insel. Bei starkem Wind werden die Badefreuden durch Flugsand getrübt. Die Wellen sind ein wenig höher als weiter südlich.

Lädt ein zu endlos langen Strandspaziergängen: Playa de Jandía

Costa Calma, Playa de Sotavento

In Costa Calma am Nordende der Jandía-Halbinsel beginnt eine **einzigartige Strandlandschaft**, die sich mit wenigen Unterbrechungen bis nach Morro Jable zieht. Dieser Küstensaum gilt als das Herzstück aller kanarischen Strände. Es gibt unzählige einsame Buchten, lediglich in Ortsnähe oder nahe der vereinzelten Appartementkomplexe ist es etwas voller. Der ca. 2 km südwestlich von Costa Calma gelegene Strandabschnitt wird als **Playa Barca** bezeichnet. Eine riesige Lagune ist dem Sandstrand vorgelagert, die gefahrloses Schwimmen erlaubt und die man je nach Ebbe und Flut durchwaten oder durchschwimmen kann. Hier werden Anfängerkurse im Surfen abgehalten. Fortgeschrittene Surfer haben ihr Revier außerhalb der Lagune, wo alljährlich Windsurf-Weltmeisterschaften stattfinden.

i Die schönsten Strände

- Playa de Corralejo: der Traumstrand im Inselnorden
- Playa de Sotavento: Hier findet jeder sein kleines Strandparadies.
- Playa de Jandía: Feiner weißer Sand, so weit das Auge reicht

Noch verhältnismäßig wenig erschlossen sind die Sandstrände, die sich nördlich und südlich des ehemaligen Fischerortes **El Cotillo** an der Nordwestküste Fuerteventuras ausdehnen. Am nördlichen Ortsrand gibt es einige kleinere geschützte Buchten, am südlichen Ortsrand findet man an der Playa del Aljibe de la Cueva – vor der Steilküste – die höchsten Wellen. Zum Baden eignen sich diese Strandabschnitte mit ihrem gelben Sand daher nur bedingt; unter Schwimmprofis gelten sie gleichwohl als Geheimtipp. Dieser Küstenstrich ist wegen des meist heftig wehenden Windes ein Dorado für Surfer.

Playa de Jandía

Sand und Meer, so weit das Auge reicht: Von Morro Jable bzw. Jandía zieht sich nordostwärts ein einzigartiger Sandstrand. Hier werden Liegen und Sonnenschirme vermietet, es gibt einige Strandcafés, aber auch noch viel Platz für endlos lange Strandspaziergänge.

Playa de Cofete, Playa de Barlovento

Die Playa de Cofete und die Playa de Barlovento im Südwesten von Fuerteventura sind noch weitgehend unberührte, wunderschöne Küstenlandschaften. Man erreicht die etwa 10 km langen, hellsandigen Strände nur mit einem geländegängigen Fahrzeug bzw. nach einer recht anstrengenden Fahrt mit dem Pkw (Entfernung von Morro Jable ca. 20 km). Die Brandung ist hier sehr stark, das Baden daher lebensgefährlich. Zudem lässt der fast immer sehr stark wehende Wind das Sonnenbaden mitunter zur Strapaze werden. Aber für **Strandwanderer** ist die Küstenzone ideal. Eine schöne Badebucht ist auch die Playa de Ojos an der Westküste der Jandía-Halbinsel (sehr komplizierter Abstieg!).

Wer der hellen Sandstrände überdrüssig ist, findet kleine dunkelsandige bis grobkieselige, z. T. steinige Strände bei **Pozo Negro**, Gran Tarajal und Tarajalejo. Am 600 m langen (hellen) Sandstrand von Playa Blanca (bei Puerto del Rosario) ist mit Fluglärm zu rechnen.

? WUSSTEN SIE SCHON ...?

- An den Stränden aller großen Touristenzentren werden Liegen und Sonnenschirme vermietet. Billig ist das nicht. Für zwei Liegen und einen Schirm zahlt man derzeit rund 10 Euro pro Tag.

Strände auf Lobos

Wer nur einen schönen Tag am Strand verbringen möchte, für den lohnt sich die Überfahrt von Fuerteventura nach Lobos ganz sicher nicht. Die **Playa de la Concha**, ca. 1 km westlich der Schiffsanlegestelle, kann sich mit den Traumstränden Fuerteventuras nicht messen. Doch ist der Strand wie die Strände von El Cotillo ein Geheimtipp für Individualisten, die das Gewimmel der gut besuchten Strände vermeiden möchten.

FKK-Strände

In den Touristikzentren der Inseln ist es absolut üblich, sich »oben ohne« zu sonnen. Nur an Stränden, die überwiegend von Einheimischen besucht werden, zieht man dabei unfreiwillig die Aufmerksamkeit auf sich. Auch das Nacktbaden wird an den meisten abgelegenen Stränden toleriert.

Elektrizität

Das Stromnetz führt 220 Volt. In den großen Hotels sind Europanorm-Gerätestecker verwendbar. Ansonsten werden vielfach Zwischenstecker benötigt, die man im Fachhandel auf der Insel erhält (span. »adaptador« oder »ladron«).

Essen und Trinken

Keine kulinarischen Höhenflüge ...

In den großen Hotels und auch den meisten Restaurants der Insel wird eine **internationale Küche** serviert, allenfalls kommen hier einmal »papas arrugadas con mojo«, jene kleinen Runzelkartöffelchen mit pikanter Sauce, auf den Tisch. Abseits der Touristenzentren hat die kanarische Küche eine gewisse Renaissance erlebt. Allzu hoch darf man seine Erwartungen jedoch auch hier nicht stellen, raffiniert zubereitete Gerichte fehlen. Hegt man diesbezüglich keine falschen Erwartungen, so wird man immer wieder überrascht sein, wie gut die ganz frisch zubereiteten Meeresfrüchte oder auch die deftigen Fleischgerichte schmecken. Deutlich beeinflusst ist die kanarische Kochweise von der auf dem spanischen Festland üblichen. Es wird mit viel Olivenöl, Knoblauch und zahlreichen Gewürzen gekocht.

Kanarische Speisen

Suppen

Gerade in den Küstenorten empfiehlt es sich, die Fischsuppe (sopa de pescado) zu kosten; die besseren Varianten enthalten neben den unterschiedlichsten Fischarten, Muscheln, andere Schalentiere und Gemüse. Bei »escaldón« handelt es sich um eine breiige Suppe mit Gofio und bei »potaje de verduras« um eine dickliche Gemüsesuppe. Wer gerne Knoblauch mag, kann eine »sopa de ajos«, eine Knoblauchsuppe, zu sich nehmen.

Im Mittelpunkt der einheimischen Küche steht **Fisch** (pescado), er wird meist gegrillt oder gebraten. Ein karpfenähnlicher sehr wohlschmeckender Fisch ist »vieja« (Papageienfisch). Man bereitet ihn frisch oder auch luftgetrocknet zu. Auch »dorada« (Goldbrasse) oder »mero« (Zackenbarsch) findet sich häufig im Angebot. Grundsätzlich ist der fangfrische Tagesfisch auch

? WUSSTEN SIE SCHON ...?

- Den Canarios reicht zum Frühstück meist ein café con leche, also ein Milchkaffee, üppiger fällt dann natürlich das Mittagessen aus. Es beginnt meist zwischen 13.00 und 14.00 Uhr und kann sich insbesondere am Wochenende weit in den Nachmittag hineinziehen. Entsprechend spät wird dann wiederum abends gegessen. Vor 20.00 Uhr sieht man Canarios nur selten im Restaurant. In den Hotels und Restaurants hat man sich auf die Gäste aus Deutschland und Großbritannien eingestellt und serviert das Abendessen ab 18.00 Uhr.

Der Inbegriff kanarischer Küche: papas arrugadas mit Gemüse und mojos

in den einfachsten Restaurants (oder gerade dort) eine gute, aber häufig nicht ganz billige Wahl.

Fleischgerichte

Wer Fleisch (carne) bevorzugt, findet auf den Speisekarten vor allem Schwein (cerdo), Lamm (cordero), Ziege (cabrito) sowie Kaninchen (conejo). Wie auch Fisch wird Fleisch vielfach gegrillt oder gebraten serviert. Daneben gibt es aber noch typische Fleischgerichte mit einer ungewöhnlichen Zusammenstellung. Hierzu gehört »puchero«. Für dieses Eintopfgericht verwendet man je nach Saison die unterschiedlichsten Gemüse und möglichst viele Fleischsorten. Gewürzt wird mit Salz, Pfeffer, Lorbeer und Kräutern. Ein weiteres beliebtes Eintopfgericht ist »rancho canario«. Es besteht aus Kichererbsen, Kartoffeln, Nudeln, Rind- und Hühnerfleisch, meist kommen noch Speckwürfel dazu.

Kartoffeln

Die Beilage schlechthin sind **papas arrugadas**, in stark gesalzenem Wasser mit Schale gekochte Kartoffeln. Man isst sie samt der Schale, an der sich das Salz als weiße Kruste abgesetzt hat.

Mojo

»Papas arrugadas« werden meist mit einer roten und grünen Tunke (»mojo«) serviert. Die sehr pikanten **Saucen** bestehen aus einheimischen Kräutern, Gewürzen, Knoblauch, Essig und Öl. Werden darüber hinaus Safran und rote Chilischoten verwendet, entsteht »mojo rojo«, die grüne Variante »mojo verde« enthält stattdessen Petersilie und Korianderkraut.

Gofio Das Hauptnahrungsmittel der Ureinwohner ist auch heute noch fester Ernährungsbestandteil der Bevölkerung, obgleich man es auf Speisekarten kaum findet. Gofio wird aus geröstetem Weizen-, Mais- oder Gerstenmehl hergestellt und anstelle von Brot zu verschiedenen Gerichten gereicht. Er kann süß oder salzig zubereitet werden.

Ziegenkäse Eine **Spezialität von Fuerteventura** ist der Ziegenkäse (queso blanco), er schmeckt meist recht mild und wird mitunter zu papas arrugadas gereicht.

Desserts Da die kanarische Bevölkerung süße Speisen liebt, gehören Desserts zum festen Bestandteil der Hauptmahlzeiten. Ebenso verführerisch wie kalorienreich sind »bienmesabe« (geschlagene Mandelcreme mit Ei und Honig), »turrones« (Mandelkuchen), »flan« (Karamelpudding), »frangollo« (Süßspeise aus Milch und Mais) und natürlich »helados« (Eis) sowie frische Früchte.

Getränke Von ausgezeichneter Qualität ist das aus kanarischen Quellen stammende **Mineralwasser** (agua mineral). Man erhält es mit (con gas) oder ohne (sin gas) Kohlensäure. Bekannt für sein Mineralwasser ist Firgas (Gran Canaria); es wird auch auf Fuerteventura vertrieben.

Zum Essen wird vielfach **Bier** (cerveza) getrunken. Es sind zahlreiche importierte Biersorten erhältlich, in vielen Restaurants wird deutsches oder dänisches Bier vom Fass gezapft. Daneben sind jedoch auch die auf den Kanaren gebrauten Biere von guter Qualität. Die Brauerei »Tropical« hat ihren Sitz auf Gran Canaria, die Brauerei »Dorada« produziert auf Teneriffa.

Bei den Kanariern steht **Wein** erst an zweiter Stelle der Beliebtheitsliste von alkolholischen Getränken. Auf Fuerteventura wird kein Wein angebaut. In den Restaurants werden in der Regel Weine vom Festland angeboten, darunter sehr gute Rioja-Weine. Ab und an finden sich Weine von Lanzarote und Teneriffa auf der Karte. Ein geschütztes Herkunftszeichen (denominación de origen) garantiert, dass es sich dabei tatsächlich im Weine von den Nachbarinseln handelt.

Den Abschluss einer Mahlzeit bildet häufig ein **Kaffee**. Er wird als »café solo« (schwarzer Kaffee), »café cortado« (mit wenig Milch) oder als »café con leche« (Milchkaffee) getrunken. Eine weitere Variante ist »carajillo« (schwarzer Kaffee mit einem Schuss Weinbrand oder Rum).

! *Baedeker* TIPP

Appetithäppchen

Was die Spanier auf dem Festland gerne mögen, hat schließlich auch auf den Kanaren Anklang gefunden: Tapas, kleine Appetithäppchen, die als Vorspeise oder Zwischenmahlzeit gegessen werden. In regelrechten Tapas-Bars gibt es eine große Auswahl dieser Häppchen in den unterschiedlichsten Variationen, mal ist es nur ein bisschen luftgetrockneter Schinken, etwas Salami oder ein Löffelchen Kartoffelsalat, mal ein äußerst feiner Meeresfrüchtecocktail oder ein mariniertes Fischstück.

Köche unter sich: im Robinson Club Jandía Playa

Restaurants

Restaurante, Bar oder Bar-Restaurante?

Wer auf Fuerteventura essen gehen möchte, hat in den Touristikzentren eine große Auswahl an Restaurants, besondere Empfehlungen werden bei den Reisezielen von A bis Z unter dem jeweiligen Stichwort gegeben.
Die Restaurants in Spanien sind nicht nach Sternen, sondern nach Gabeln (1 – 3) kategorisiert. Über die Qualität der Speisen sagen diese Gabeln aber nichts aus – Kriterien für die **Klassifikation** sind die Breite des Angebots, die Art der Restauranteinrichtung etc. Man isst unter Umständen in einem einfacheren Lokal mit nur einer Gabel genauso gut oder sogar besser als in einem Restaurant mit drei Gabeln. Im Übrigen schmücken sich nur wenige Restaurants mit den Amtsgabeln.

Für den kleinen Hunger

Neben den Restaurants (span. restaurantes), die fein, aber auch teuer sein können (vor allem in den Touristenzentren), gibt es noch andere Möglichkeiten, seinen Hunger zu stillen. In der Bar – nichts anderes als eine heimische Kneipe – kann man etwas für den kleinen Hunger tun. Meist findet man hier eine große Auswahl an **Tapas**. Diese appetitlichen Häppchen nimmt man im Stehen am Tresen zu sich oder an einem der kleinen Tische, wenn es davon welche gibt. Ein »Bar-Restaurante« verfügt schon über mehr Tische und ein größeres kulinarisches Angebot – am Tresen werden Getränke und Tapas serviert, an den Tischen Gerichte und Menüs.

Speisekarte, Rechnung Die Bestellung bereitet kaum Probleme: Die Speisekarten sind fast immer zwei- oder dreisprachig. Einzelabrechnungen, auch wenn es sich um eine Gruppe handelt, sind unüblich. Entweder man weist das Personal schon bei der Bestellung darauf hin, dass man getrennt zu zahlen wünscht, oder man dividiert den Rechnungsbetrag anschließend auseinander (►Knigge).

Trinkgeld ► Im Gesamtpreis sind zwar Bedienung, Gedeck und Steuern inbegriffen, doch sollte man aufmerksamen Service mit 5 bis 10 Prozent des Rechnungsbetrages honorieren.

Feste und Events

Auf Fuerte wird gern gefeiert Höhepunkte im jährlichen Festkalender sind der Karneval, die Wallfahrten und die Dorffeste in den Sommermonaten. Jeder Ort hat seine eigene Fiesta, ein Fest zu Ehren des oder der jeweiligen Schutzheiligen. (Laut Gesetz stehen jedem Dorf zwei lokale Festtage zu.) Die **Feste der Schutzheiligen** finden in der Regel auf dem Dorfplatz vor der Kirche statt. Eine Prozession, bei der das Bildnis des bzw. der Heiligen feierlich durch die oft mit (künstlichen) Blumen geschmückten Straßen des Ortes getragen wird, gefolgt von Dorfbewohnern in prachtvollen Trachten, bildet meist den Anfang. Im Anschluss daran treten Folkloregruppen mit Tänzen und Gesängen auf, begleitet von kleinen Orchestern.

Feiertagskalender Der Feiertagskalender wird Jahr für Jahr von den einzelnen autonomen Regionen Spaniens neu festgelegt, er kann daher geringfügige Abweichungen aufweisen.

Bei den Patronatsfesten ist der Haupttag, der Tag des bzw. der Heiligen, jedes Jahr gleich. Dann bleiben die ortsansässigen Geschäfte, Banken, Post und Tankstellen geschlossen. Gefeiert wird die jeweilige Fiesta in der Regel am vorausgehenden und nachfolgenden Wochenende. In einigen Fällen beginnt man die Feiern bis zu zwei Wochen vor dem eigentlichen Festtag.

Tänze Typisch für Fuerteventura ist die **Seguidilla**, ein schwungvoller Kreistanz. Der **Sorondongo**, ein Reigentanz für junge Mädchen, der früher sehr verbreitet war, wird nur noch in La Oliva gepflegt. Darüber hinaus gibt es Kinderfeste (in größeren Orten mit Karussells), Lotterien, Sportveranstaltungen (wie **lucha canaria**, den kanarischen Ringkampf), Imbiss- und Getränkebuden etc. Höhepunkt der Fiesta ist die **verbena** (der nächtliche Tanzball mit einer Liveband), bei der es erst um Mitternacht richtig losgeht. In größeren Ortschaften beendet man das Fest oft mit einem nächtlichen Feuerwerk.

VERANSTALTUNGSKALENDER

JANUAR

► Cabalgada de los Reyes
Die Heiligen Drei Könige ziehen am Abend des 5. Januar durch die bedeutenderen Inselorte (u. a. Puerto del Rosario, Betancuria, Corralejo, Morro Jable und Tindaya) und werfen Bonbons unter die Zuschauer. Noch am Abend oder am Dreikönigstag ist für die Kinder dann Bescherung, nicht wie bei uns am Heiligabend.

FEBRUAR

► Fiesta del Agua
In Agua de Bueyes begeht man am 28. Februar die Fiesta del Agua zur Erinnerung an das dortige »Regenwunder« (►Reiseziele von A bis Z, Tuineje).

FEBRUAR/MÄRZ

► Carnaval
Vielerorts wird Karneval gefeiert. Am meisten los ist in der Inselhauptstadt Puerto del Rosario, wo der Karneval drei Wochen dauert. Höhepunkt ist die »Verbena de las Sábanas«, ein Maskenball, bei dem sich Männer als weibliche Schönheiten verkleiden. Am Samstag oder Sonntag vor Karnevalsmontag findet gegen Abend ein sehenswerter Karnevalsumzug statt.

MÄRZ/APRIL

► Semana Santa
In der Osterwoche finden in vielen Orten Prozessionen und andere religiöse sowie weltliche Feierlichkeiten statt.

APRIL

► FEAGA
Auf dem staatlichen Versuchsgut der Inselregierung bei Pozo Negro findet im April eine Landwirtschaftsmesse statt. Begleitprogramm mit viel Folklore und Wettbewerbe im Ziegenmelken.

MAI

► Fiesta de San Isidro Labrador
Als eines der volkstümlichsten Feste auf der Insel gilt die Fiesta zu Ehren des Schutzheiligen der Landwirtschaft am 15. Mai in Triquivijate. Mit einer weiteren Fiesta wird San Isidro Labrador am 2. Sonntag im August geehrt.

► Fería Insular de Artesanía
Bei der Kunst- und Handwerksmesse in Antigua Ende Mai stellen sich alle Kanarischen Inseln mit ihren Handwerkstraditionen vor. Auch hier im Rahmenprogramm viel Folklore.

JUNI

► Corpus Christi
Prozessionen – die größte findet in Puerto del Rosario statt – über prachtvolle Blumenteppiche aus synthetisch gefärbten Materialien, mit denen man in Ermangelung an frischen Blumen in dieser schon vorgerückten Jahreszeit die Straßen und Plätze schmückt.

JULI

► Fiesta de San Buenaventura
Zu einem der bedeutendsten Inselfeste kommen viele Majoreros am 14. Juli nach Betancuria. Am Jahrestag der Inseleroberung durch die kastilische Krone wird der Rest der ursprünglichen Fahne von Béthencourt, eingearbeitet in eine Nachbildung, durch die ehemalige Hauptstadt getragen.

▶ **Fiesta Nuestra Señora del Carmen**
In Corralejo, Morro del Jable, Puerto del Rosario, Costa Caleta und Giniginámar begeht man am 16. Juli das Fest zu Ehren der Schutzheiligen der Fischer und Seeleute. Nach dem Gottesdienst findet eine Prozession statt, bei der ein blumengeschmücktes Standbild der Schutzpatronin durch den Ort getragen wird. In Corralajo und Morro del Jable erfolgen die Prozessionen per Boot. Die achttägigen Veranstaltungen enden jeden Abend mit einem Tanzfest.

▶ **Internationales Jazz-Festival**
Ab Mitte des Monats gibt's auf der Insel drei Wochen lang Jazz.

▶ **Windsurf + Kiteboarding Worldcup**
Jedes Jahr findet in der 2. Julihälfte an der Playa de Sotavento ein Worldcup im Windsurfen statt. Um die 350 Surfer gehen an den Start und alle Großen dieses Sports sind schon dabeigewesen. Am Strand wird eine Holztribüne für die Zuschauer aufgebaut und gefeiert wird abends im großen Zelt gleich nebenan.

AUGUST

▶ **Moja la Lapa**
Im gesamten Gemeindegebiet von Pájara werden zwei Wochen lang diverse Veranstaltungen (Konzerte, Shows, Lesungen, Ausstellungen, Unterricht in verschiedenen Sportarten, Kunsthandwerkskurse u. a.) organisiert.

SEPTEMBER

▶ **Fiesta de Nuestra Señora de Antigua**
Der Tag der Schutzheiligen von Antigua ist der 8. September. Am Abend davor beginnen die Feierlichkeiten mit einem Konzert moderner Musik, einem Feuerwerk und einem großen Volksfest, das bis zum Morgen dauert. Am 8. September wird um 13.00 Uhr eine Messe abgehalten, am Nachmittag findet die Prozession statt.

▶ **Romería de la Peña**
Am Vorabend des 3. Samstags im September pilgern Tausende (die meisten starten in Antigua) nach Vega del Río de Palma, in dessen Kapelle die Figur der Inselschutzheiligen steht. Die größte Wallfahrt (romería) der Insel, an der auch viele junge Leute teilnehmen und Prunkwagen der verschiedenen Orte auffahren, dauert ohne Pause etwa 40 Stunden. Geboten werden u. a. Stockkampf und lucha canaria, Folklore, abends Tanz mit Live-Musik und Feuerwerk.

OKTOBER

▶ **Fiesta de Nuestra Señora del Rosario**
Das größte Patronatsfest der Insel findet am 7. Oktober in Puerto del Rosario mit Trachten und viel Musik statt.

▶ **Fiesta Jurada de Tamacite**
Die Insel feiert am 13. Oktober in Tuineje den Sieg ihrer wehrhaften Bauern über die englischen Freibeuter in der Schlacht von Tamacite (13. Oktober 1740), bei der nicht nur der Erzengel Michael (Miguel) »Hilfe« leistete, sondern auch 40 Dromedare, die den Majoreros beim Vorrücken gegen die Piraten Deckung boten. In der Ebene, 2 km südlich von Tuineje, wird der Sieg seit 1974 alljährlich in einem aufwendigen Historien-

Jedes Jahr ein besonderes Ereignis: die Bootsprozession in Morro Jable

schauspiel (inklusive Dromedare) nachgestellt (► S. 203).

NOVEMBER

► **Fiesta de San Diego de Alcalá**
Das Fest des wundertätigen Franziskanermönchs, der für Regen gesorgt haben soll (►Berühmte Persönlichkeiten) wird am 13. November in Gran Tarajal begangen.

► **Fiesta de San Andrés**
Bei der Prozession am 30. November wird der Heilige aus der Kirche von Tetir auf die Anhöhe La Cruz hinaufgetragen. Wenn es bis zu diesem Tag noch nicht geregnet hat, dann berät man in einer »Diskussion«, ob man den für Regen zuständigen San Andrés in den Barranco stürzen soll. Doch im letzten Moment bekommt er noch einmal eine Frist gesetzt, damit er seiner Funktion als »Regenbringer« gerecht werden kann.

► **Fiesta Internacional de Cometas**
Das Drachenfestival findet in de rregel in der ersten Novemberhälfte statt. In den Dünen von Corralejo steigen dann teils skurrile Lenkdrachen in den Himmel.

DEZEMBER

► **Navidad**
Am 24./25. Dezember und auch schon in der Vorweihnachtszeit werden v. a. in Antigua, Tiscamanita und Pájara schöne Krippenspiele (ranchos) aufgeführt.

FEIERTAGE

► **1. Januar**
Año Nuevo (Neujahr)

- **6. Januar**
  Los Reyes
  (Dreikönigstag)
- **19. März**
  San José (Josephstag)
- **1. Mai**
  Día del Trabajo
  (Tag der Arbeit)
- **30. Mai**
  Día de las Islas Canarias
  (Tag der Kanaren)
- **25. Juli**
  Santiago Apóstol
  (Apostel Jakobus)
- **15. August**
  Asunción
  (Mariä Himmelfahrt)
- **12. Oktober**
  Día de la Hispanidad (Entdeckung Amerikas; Nationalfeiertag)
- **1. November**
  Todos los Santos (Allerheiligen)
- **6. Dezember**
  Día de la Constitución
  (Tag der Verfassung)
- **8. Dezember**
  Inmaculada Concepción
  (Mariä Empfängnis)
- **25. Dezember**
  Navidad (Weihnachten)
- **Bewegliche Feiertage**
  Viernes Santo (Karfreitag)
  Día del Corpus
  (Fronleichnam)

Geld

Euro Der Euro ist in Spanien ebenso wie in Deutschland, Österreich und weiteren Staaten der Europäischen Union das offizielle Zahlungsmittel (1 sfr = 0,77 Euro, 1 Euro = 1,30 sfr).

Bankomaten ▸ Bankomaten gibt es in allen größeren Orten. Sie sind mit mehrsprachigen Bedienungshinweisen ausgestattet. An ihnen kann man mit der jeweiligen Bankkarte bzw. mit Kreditkarten jeweils in Verbindung mit der Geheimnummer Geld abheben.

Die **Banken** sind Mo. – Fr. 9.00 bis 14.00, Sa. 9.00 – 13.00 Uhr geöffnet (in den Monaten Juni bis September sind die meisten Banken samstags geschlossen).

? WUSSTEN SIE SCHON …?

- In Deutschland gibt es eine einheitliche Notrufnummer zur Sperrung von Bank- und Kreditkarten: Tel 116 116 (aus dem Ausland 0049/116 116). Die Aufnahme erfolgt durch einen Sprachcomputer: Bankleitzahl und Kontonummer bereithalten.

Kreditkarten Banken, größere Hotels, Restaurants, Autovermieter sowie recht viele Einzelhändler akzeptieren die meisten internationalen Kreditkarten wie Visa, Eurocard oder American Express.

Gesundheit

Ärztliche Hilfe

Eine ausreichende medizinische Versorgung ist auf Fuerteventura durchaus gewährleistet. Die meisten Ärzte sprechen zumindest eine Fremdsprache. Im Notfall wendet man sich an eines der unten aufgeführten **Krankenhäuser** oder an eines der **Gesundheitszentren** (Centro de Salud), die es in fast jedem Ort gibt.

Krankenversicherung

Versicherte deutscher Krankenkassen haben im Krankheitsfall in Spanien Anspruch auf eine Behandlung nach den in Spanien gültigen Vorschriften (►Anreise · Vor der Reise).

Apotheken

Apotheken (span. »farmacias«) gibt es auf Fuerteventura in allen größeren Ortschaften und natürlich in den Touristenzentren. Die Apotheken – man erkennt sie an einem grünen oder roten Malteserkreuz – sind Mo. – Fr. 9.00 – 13.00 und 16.00 – 20.00 sowie Sa. 9.00 bis 13.00 Uhr geöffnet. Zu allen anderen Zeiten versieht eine Apotheke durchgängig den Notdienst. Die Anschrift der jeweils Dienst habenden Apotheke ist dem Anschlag »Farmacia de Guardia«, der in jeder Apotheke aushängt, zu entnehmen. Nach 22.00 Uhr werden Arzneimittel allerdings nur noch auf Rezept ausgehändigt, weshalb man dann vorher einen Arzt konsultieren muss.

Leitungswasser

Zum Waschen und zum Zähneputzen kann man Leitungswasser unbedenklich benutzen. Da das Süßwasser auf Fuerteventura durch Meerwasserentsalzung gewonnen wird und oft noch geringfügig Salz enthält, ist es ratsam, als Trinkwasser, zum Kochen und zur Kaffee- oder Teezubereitung Mineralwasser zu verwenden, das in 5- und 10-Liter-Plastikflaschen erhältlich ist.

KRANKENHÄUSER UND AMBULANZEN

PUERTO DEL ROSARIO

► **Hospital General de Fuerteventura**
Carretera del Aeropuerto, km 1
Tel. 928 86 20 00

CALETA DE FUSTE

► **Policlinica El Castillo**
Tel. 928 47 33 55

COSTA CALMA

► **Centro Medico**
C. C. Canada del Rio
Tel. 928 87 53 00

LA OLIVA

► **Centro de Salud**
Calle Emilio Martinez Castelló
Tel. 928 86 85 02

MORRO JABLE/JANDIA

► **Centro Médico de Jandía**
Jandia Beach Center
Tel. 928 54 04 20

► **Clinica Dental Jandía**
Avenida del Saladar
(beim Hotel Faro)
Tel. 928541799

Mit Kindern unterwegs

Sonne, Sand und Wasser können Fuerteventura zu einem **Paradies für Kinder** machen. Viele Reiseveranstalter und Hoteliers haben sich besonders auf die Kunden von morgen eingestellt. Nach der Ankunft sollte man die Kleinen vor Sonnenbrand und Erkältung schützen; in den Wintermonaten ist der Wind trotz starker Sonnenstrahlung manchmal sehr kühl. Auch der Wind vom Land her kann für badende Kinder eine Gefahr darstellen. Geeignete Badeplätze sind vor allem die langen Sandstrände bei Jandía und Morro Jable bzw. die kleine Sandbucht bei Caleta de Fuste. Hier fällt der Sandstrand sacht zum Meer hin ab. Und will man ganz sicher gehen, so weicht man auf die Planschbecken aus, die fast alle größeren Hotels haben. Kinderanimation bieten heute ebenfalls viele Ferienanlagen. Als ausgesprochener Familienclub gilt der Robinson Club Esquinzo Playa in der Urbanisation Esquinzo.

Freizeitpark Auf Fuerteventura gibt es nur einen Freizeitpark für Kinder, den **Oasis Park** (► S. 159) bei La Lajita. Hier kann man nicht nur Affen, Krokodile und viele Vögel anschauen, es gibt auch eine tolle Papageienshow und die Möglichkeit zum Ausritt auf einem Dromedar.

Macht den meisten Kindern Spaß: ein Ritt auf einem Dromedar – hier im Oasis Park

Freilichtmuseen

Auch für Kinder interessant ist die Besichtigung des Freilichtmuseums in Tefía (**Ecomuseo de la Alcogida**, ► S. 198). Traditionelle Bauerngehöfte wurden hier restauriert und geben nun – komplett eingerichtet – einen Eindruck vom Leben auf dem Lande in vergangener Zeit. Wie ehemals werden hier Ziegen, Hühner und Dromedare gehalten. Auch im kleinen landwirtschaftlichen Museum **La Rosita** (► S. 176) nahe La Oliva darf man Hühner, Ziegen und Schafe aus nächster Nähe anschauen und vielleicht auch einmal streicheln. Zu sehen, wie eine Mühle arbeitet – das ist auch für kleinere Kinder ein Erlebnis. In Tiscamanita wurde eine Mühle restauriert und kann nun samt dem Haus des Müllers besichtigt werden.

Wanderung

Ein kleiner Abenteuerausflug führt von Ajuy über einen schmalen Pfad zu den Höhlen **Caleta Negra**, in denen sich einst Schmuggler und Piraten versteckten.

Bootsausflüge

Ein Ausflug mit dem Boot macht Kindern fast immer Spaß. Fahrten mit dem **Glasbodenboot**, Katamaran, auf einer Motor- oder Segelyacht werden von Morro Jable, Corralejo und Caleta de Fuste angeboten. Toll ist von Corralejo aus auch der Ausflug zum kleinen vorgelagerten Inselchen Lobos, vielleicht mit Picknick am Strand? Oder warum nicht einmal nach Lanzarote übersetzen (ebenfalls von Corralejo aus). Angekommen in Playa Blanca fährt man weiter zum Parque Nacional de Timanfaya, schaut zu, wie ein bisschen Reisig in einer Erdspalte nur durch die Hitze im Erdboden Feuer fängt oder wie auf einem Grill nur mit Erdwärme Steaks brutzeln. Anschließend noch ein Ritt durch den Nationalpark auf dem Rücken eines Dromedars und das Urlaubserlebnis ist perfekt.

i Top-Tipps für Kinder

- Oasis Park: eine tolle Papageienshow und ein Ritt auf einem Dromedar
- Freilichtmuseum La Alcogida: Leben auf dem Land wie anno dazumal
- Wanderung auf Entdeckerpfaden zu den Höhlen von Caleta Negra
- Blick im Glasbodenboot auf den Meeresgrund
- Ausflug zur Insel Lobos und ein Picknick am Strand

Knigge

Höfliche Spanier

Spanier sind in der Regel höfliche Menschen und diese Höflichkeit durchzieht auch ihr alltägliches Handeln. Sie diskutieren gerne und ausgiebig, hören sich geduldig andere Meinungen an und versuchen natürlich auch zu überzeugen. Wort- und gestenreich, aber nie besserwisserisch. Wenn beispielsweise im Büro jemand behauptet: »Unser neuer Kollege heißt Pedro.« Dann würde niemand direkt widersprechen und sagen: »Nein, nein, er heißt José.« Die spanisch-elegan-

Spanier sind höfliche Menschen – ein entschiedenes »Nein« kommt ihnen nur schwer über die Lippen.

tere Antwort wäre: »José? oder Pedro?« Wenn einer Bitte, einem Wunsch oder einer Forderung widersprochen werden muss, wird es für den höflichen Spanier schwierig. Ein schroffen »Nein!« wird man auch dann niemals hören. Ein Beispiel: Ein Fremder fragt in irgendeinem kleinen Ort seinen Pensionswirt nach der nächsten Autovermietung. Dieser weiß natürlich, dass weit und breit keine existiert, wird das aber niemals so sagen, stattdessen äußert er: »Das wird schwierig werden.« Im Klartext heißt das allerdings: »Das kannst Du vergessen!«

Die Bar als Wohnzimmer

Einladungen werden schnell und gerne mal ausgesprochen, aber man lädt nur ganz selten nach Hause ein. Als Ersatz fungiert die Bar oder das Restaurant. Meist bleibt man jedoch nie allzu lange, sondern zieht lieber rasch ein Haus weiter.

Spanier gehen nicht gerne allein aus, lieber in kleinen oder auch größeren Gruppen. Bringt jemand einen Freund zum abendlichen Treff mit, so wird dieser schnell integriert und gehört sofort dazu. Das gilt auch für Ausländer, da gibt es kaum Berührungsängste. Aber eine tiefere Freundschaft darf niemand erwarten, der mit einem lockeren »Ruf mich doch mal an« verabschiedet wird. Man muss der Aufforderung auch nicht gleich am nächsten Tag nachkommen.

Einer für alle

Ganz anders geht man in Spanien mit dem Bezahlen der Rechnung in einer Bar oder Restaurant um. Hier zahlt immer einer für alle. Zieht eine Gruppe durch mehrere Lokale, ist jeder einmal dran. Penibel auseinandergerechnet wird nicht, **Großzügigkeit** ist gefragt.

Im Restaurant gilt noch eine andere Regel: sich niemals zu Fremden an einen Tisch setzen. Eine Frage wie »Ist hier noch frei?« wird nicht gestellt. Aber auch an einen freien Tisch setzt man sich nie einfach so (auf Fuerteventura mit seinen überwiegend deutschen Gästen gilt diese Regel in einfacheren Restaurants nicht unbedingt). Grundsätzlich bleibt man zunächst im Eingangsbereich des Restaurants stehen. Binnen Sekunden kommt der Oberkellner, fragt nach der Personenzahl und unterbreitet Tischvorschläge. Dann werden die Gäste zum gewählten Platz geleitet und die Speisekarte gereicht. **Besetzt**

So ganz nebenbei wird im Restaurant nach der **Rechnung** gefragt. Die kommt auf einem kleinen Tellerchen platziert, der Kellner entfernt sich wieder. Irgendwer greift beiläufig zur Rechnung, wirft einen kurzen Blick darauf und legt Kreditkarte oder ein paar Scheine auf den Teller. Genauso beiläufig wird der Kellner zurückkommen und mit einem gemurmelten »Gracias« das Tellerchen mitnehmen. Nach einiger Zeit kommt er erneut, schiebt mit einem abermaligen »Gracias« das Tellerchen samt Wechselgeld zum Bezahler. Der ignoriert dieses noch für einige Sekunden, steckt dann das Wechselgeld ein und lässt eine bestimmte Summe als Trinkgeld auf dem Teller liegen. Erst wenn die gesamte Tischrunde das Lokal verlassen hat, holt der Kellner das Trinkgeld-Tellerchen ein letztes Mal. **Rituale auch beim Bezahlen**

? WUSSTEN SIE SCHON ...?

- Am 1. Januar 2006 ist ein neues Antitabakgesetz in Spanien in Kraft getreten. In kleineren Lokalen entscheiden die Inhaber, ob geraucht werden darf oder nicht. In größeren Restaurants oder Bars kann eine Raucherzone eingerichtet werden. Ein entsprechendes Schild am Eingang weist darauf hin.

Literatur

Bildband

DuMont Bildatlas Nr. 65, Kanarische Inseln, 1. Aufl., DuMont Reiseverlag, Ostfildern 2010. Der Bildatlas stellt die schönsten Plätze auf allen sieben Kanarischen Inseln vor.

Unterhaltungsliteratur

Gerhard Nebel, Phäakische Inseln, Eine Reise zum Kanarischen Archipel, Stuttgart 1998. Humorvolle Schilderung von Eindrücken einer Reise in den 1950er-Jahren auf den Kanarischen Archipel.

Miguel de Unamuno, De Fuerteventura a París, Paris 1925. Leider gibt es die Erinnerungen von Unamuno über seine unfreiwillig auf Fuerteventura verbrachte Zeit nur auf Spanisch oder Französisch.

Sachbücher

Carlos Calvet, Geschichte und Mythen der Kanaren, Leipzig 2007. Viele interessante Hintergrundinformationen zu den vorspanischen Ureinwohnern.

Gabriele Heßmann, Die Kanarische Küche. Münster 2005. Rezepte rund um Gofio, Schrumpelkartoffeln, Mojo und Palmhonig.

Leonardo Torriani, Die Kanarischen Inseln und ihre Urbewohner, 1590 (neu herausgegeben von D. J. Wölfel, Leipzig 1940). Beobachtungen des italienischen Ingenieurs und Festungsbaumeisters Leonardo Torriani (1560 – 1628), der 1582 – 1597 auf den Kanaren war.

Horst Uden, Unter dem Drachenbaum, Teneriffa 2007. Eine Sammlung von Sagen und Legenden der Kanarischen Inseln.

Natur- und Wanderführer

Rolf Goetz, Fuerteventura. Die schönsten Tal- und Höhenwanderungen. Rother Wanderführer, 2. Auf., München 2008. 30 von Baedeker-Autor Rolf Goetz ausgewählte Wanderungen erschließen alle Teile der Wüsteninsel.

Richard Pott u. a., Die Kanarischen Inseln, Stuttgart 2003. Standardwerk zu den Natur- und Kulturlandschaften der Kanaren.

Manfred Rogner, Kanarische Inseln, Münster 2002.
In diesem Naturreiseführer wird besonders der kanarischen Fauna breiter Raum gewidmet.

Restauriertes Bauernhaus im Ecomuseo La Alcogida

Peter und Ingrid Schönfelder, Die Kosmos-Kanarenflora, 2. Aufl. Stuttgart 2006. Das umfassende Bestimmungsbuch bietet Informationen zu über 850 Arten.

Medien

Zeitungen und Zeitschriften

Die führenden deutschen Tageszeitungen und Magazine sowie deutschsprachige Zeitschriften aus der Schweiz und aus Österreich sind auf den Inseln spätestens einen Tag nach Erscheinen erhältlich.

Lokale Zeitungen

Das deutschsprachige Wochenmagazin **»Canarias7«** und die 14-tägig auf Deutsch erscheinende **»Fuerteventura-Zeitung«**, die gratis verteilt wird, berichten umfassend über die Kanarischen Inseln.

Fernsehen

Auf Fuerteventura können fünf spanische TV-Programme empfangen werden sowie, je nach Standort, einige Satellitensender, darunter auch deutschsprachige.

Museen

ALLE MUSEEN AUF EINEN BLICK

FREILICHTMUSEEN

► **Ecomuseo de la Alcogida**
Sieben gut restaurierte Bauerngehöfte geben einen Einblick in das Leben vergangener Tage. Verschiedenen Kunsthandwerkern kann man bei der Arbeit zusehen (►Reiseziele von A bis Z, Tefía).

► **La Rosita**
Finca mit kleinem landwirtschaftlichen Museum (►Reiseziele von A bis Z, La Oliva, Umgebung).

► **Molino de Antigua**
Rund um eine restaurierte Mühle entstand ein kleines Museum mit Kunsthandwerkszentrum und einem gepflegten Garten (►Reiseziele von A bis Z, Antigua).

► **Ruinas La Atalayita**
Bedeutendste Ausgrabungsstätte aus altkanarischer Zeit. Einige Wohnhütten wurden rekonstruiert (►Reiseziele von A bis Z, Pozo Negro).

i Interessante Museen

- Ecomuseo: vom Geisterdorf zum schmucken Freilichtmuseum
- Casa Museo Unamuno: Hier lebte der streitbare Schriftsteller und Philosoph während seiner Verbannungszeit.
- Casa Mané: »das« Zentrum für Moderne Kunst auf Fuerteventura
- Ruinas La Atalayita: Zu sehen ist nicht viel, doch es ist die bedeutendste altkanarische Ausgrabungsstätte der Insel.

► **Museo de la Sal**
Salzmuseum in der ehemaligen Saline von Las Salinas (►Reiseziele von A bis Z, Caleta de Fuste)

ARCHÄOLOGIE

► **Casa Museo**
Heimatmuseum mit archäologischer Sammlung (►Reiseziele von A bis Z, Betancuria).

KUNST

► **Casa Mané**
Plastiken und Gemälde zeitgenössischer kanarischer Künstler (► Reiseziele von A bis Z, La Oliva).

Salzmuseum in Caleta de Fuste

► **Museo de Arte Sacro**
Sakrale Kunst (►Reiseziele von A bis Z, Betancuria).

LANDWIRTSCHAFT

► **Casa de la Cilla**
Kleines Museum für Getreide und Ackergeräte (►Reiseziele von A bis Z, La Oliva).

► **Centro de Interpretación Los Molinos**
Eine alte Mühle und das Haus des Müllers wurden restauriert und zum Mühlenzentrum erklärt (►Reiseziele von A bis Z, Tuineje).

SONSTIGE

► **Casa Museo de Unamuno**
Hier wohnte Unamuno während seines Aufenthalts auf Fuerteventura (►Reiseziele von A bis Z, Puerto del Rosario).

► **Casa Museo Dr. Mena**
So lebte die wohlhabende Landbevölkerung im 19. Jh. (►Reiseziele von A bis Z, La Ampuyenta).

► **Cueva del Llano**
Begehbare unterirdische Vulkanröhre (►Reiseziele von A bis Z, La Oliva).

Notrufe

WICHTIGE TELEFONNUMMERN

ZENTRALER NOTRUF

► **Feuerwehr, Polizei, Arzt**
Tel. 112

NOTRUFE IN DEUTSCHLAND

► **ACE-Notrufzentrale Stuttgart**
Tel. 0049/1802/34 35 36

▸ **ADAC-Notrufzentrale München**
Tel. 0049/89/76 76 76 (Ambulanzdienst und Telefonarzt)

Tel. 0049/89/22 22 22 (Beratung nach Unfällen o. Ä.)

▸ **DRK-Flugdienst Bonn**
Tel. 0049/228/23 00 23

▸ **Deutsche Rettungsflugwacht Stuttgart**
Tel. 0049/711/70 10 70

Post · Telekommunikation

Postsendungen

Postkarten und Briefe werden automatisch per **Luftpost** befördert und sind nach Mitteleuropa normalerweise ca. fünf Tage unterwegs. Das Porto beträgt für Karten (postales) und Briefe (cartas) bis 20 Gramm innerhalb Europas 0,64 Euro. Postkarten mit Übergröße kosten 1,07 Euro. Briefmarken (sellos) erhält man beim Kartenkauf in Andenkenläden oder bei der Post. Die Briefkästen sind gelb.

Postämter

In den Postämtern (correos) kam man Faxe verschicken, außerdem erhält man hier **Telefonkarten** für Kartentelefone, kann jedoch nicht telefonieren. Geöffnet sind die Postämter in der Regel Mo. – Fr. 8.00/ 9.00 – 12.00/14.00, Sa. 9.00/10.00 – 12.00/13.00 Uhr.

Telefon

Telefongespräche ins Ausland können von den meist offenen Telefonzellen aus mit Münzen oder Telefonkarten (tarjeta telefónica) geführt werden. Man erhält die Telefonkarten in Tabakläden, an Kiosken und bei der Post. Telefonate aus Hotels und aus dem eigenen Ferienappartement können mitunter um das Dreifache teurer sein als Gespräche von öffentlichen Fernsprechern. Samstagnachmittags, sonntags und nachts sind die Telefontarife deutlich billiger.

◂ Mobiltelefon

Jeder, der ein Handy mit deutschem Kartenvertrag besitzt, ist damit auf den Kanaren erreichbar. Trotz der 2008 in Kraft getretenen EU-

VORWAHLEN

NACH SPANIEN

▸ **Von Deutschland, Österreich und der Schweiz**
00 34 (+ 9-stellige Rufnummer)

VON SPANIEN

▸ **nach Deutschland**
00 49

▸ **nach Österreich**
00 43

▸ **in die Schweiz**
00 41

Die Null der nachfolgenden Ortsnetzkennzahl entfällt.

Regulierung ist mobiles Telefonieren immer noch deutlich teurer als Gespräche über das Festnetz.

Telefonnummern Die Telefonnummern in Spanien sind neunstellig. Sie beginnen mit der Regionalvorwahl (für Lanzarote, Gran Canaria und Fuerteventura: 928), die auch bei Ortsgesprächen mitgewählt werden muss. Die spanischen Mobilfunknummern beginnen immer mit einer 6.

Preise

WAS KOSTET WIE VIEL?

Drei-Gänge-Tagesmenü
ab 10 €

Einfache Mahlzeit
ab 6 Euro

Eine Tasse Kaffee
1,50 Euro

Busfahrt Kurzstrecke
1 Euro

Einfaches Doppelzimmer
ab 50 Euro

Ein Glas Bier
2 Euro

Trinkgeld Im Allgemeinen ist in den Rechnungen ein Bedienungsgeld inbegriffen (Inklusivpreise); dennoch erwarten Hotelangestellte, Kellner, Taxifahrer u. a. ein zusätzliches Trinkgeld von etwa 5 bis 10 Prozent des Rechnungsbetrags. Es ist empfehlenswert, Zimmermädchen das erste Trinkgeld einen Tag nach Ankunft und in der Folgezeit eins pro Woche zu geben; sie erhalten 3 bis 5 Euro pro Woche.

Reisezeit

Inseln des Ewigen Frühlings Von den Kanaren wird oft als den »Inseln des Ewigen Frühlings« gesprochen. Das verdanken sie ihrem jahreszeitlich weitgehend ausgeglichenen Klima (►Hintergrund, Klima). Die Unterschiede zwischen dem kältesten und wärmsten Monat betragen nur knapp 6 °C; baden kann man das ganze Jahr hindurch. Das macht die Inseln im Winter zum beliebten Ziel für sonnenhungrige Mittel- und Nordeuropäer.

Hinsichtlich der Vegetation sind der Februar bzw. der März die besten Monate für eine Reise nach Fuerteventura, denn nach ergiebigen Winterregenfällen überzieht eine Blumendecke für kurze Zeit die sonst ausgedörrten Lavaböden und das Land wirkt bunt und frisch. Im Winter, vor allem über die Weihnachtstage, ist nur bei rechtzeitiger Reservierung ein Zimmer auf der Wüsteninsel zu bekommen. Lohnend ist der Aufenthalt auf den Kanarischen Inseln jedoch auch im Sommer: Schwül-heiße Tage sind ausgesprochen selten. Im Herbst hingegen sind die Luft- und Wassertemperaturen am angenehmsten.

Ein Ganzjahresreiseziel

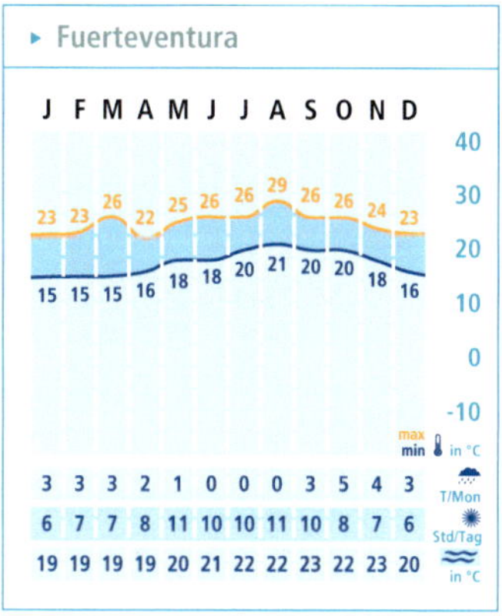

Shopping

In Supermärkten und kleinen Läden erhält man auf Fuerteventura alles Lebensnotwendige und auch manch hübsches Mitbringsel. Am größten ist die Auswahl in Corralejo und Morro Jable bzw. Jandía. Das Angebot im Inselhauptort Puerto del Rosario ist sehr auf die einheimischen Käufer zugeschnitten. Edle Boutiquen gibt es hier nicht. Die Preise entsprechen weitgehend den in Deutschland üblichen bzw. liegen noch etwas darüber. Preiswerter als im Heimatland sind lediglich **Tabakwaren** und **Spirituosen**. Die überall angebotenen Parfümerieartikel sind nur geringfügig (wenn überhaupt) billiger als daheim.

Öffnungszeiten

Die meisten Geschäfte sind Mo. – Fr. 9.00 – 13.00 und 16.00 – 20.00, Sa. 9.00 – 13.00 Uhr geöffnet. In den Touristikzentren haben Supermärkte und Läden häufig durchgehend bis weit in den Abend hinein und meist auch am Sonntag geöffnet.

Märkte

Frische Lebensmittel erhält man in der kleinen Markthalle von Puerto del Rosario sowie im neuen Marktgebäude von Corralejo. Ein großer Markt mit ca. 150 Verkaufsständen findet jeden Montag und Freitag zwischen 9.00 und 14.00 Uhr am Ortseingang von Corralejo statt. Jeden Samstag 8.00 – 14.00 Uhr ist Markt in Costa Caleta, jeden Donnerstag 8.00 – 14.00 Uhr in Jandía, und sonntags werden zwischen 10.00 und 14.00 Uhr Kunsthandwerk, aber auch landwirt-

In der Casa Santa María (Betancuria) kann man zuschauen, wie Hohlsaumstickereien entstehen.

schaftliche Erzeugnisse auf dem Markt von Costa Calma verkauft. Ein wirkliches »Schnäppchen« macht man jedoch auch hier selten, das Angebot auf allen Märkten ähnelt sich sehr!

Deutschsprachige Literatur Deutschsprachige Unterhaltungsliteratur erhält man auf Fuerteventura an Zeitschriftenständen und in Supermärkten. Allerdings sind die Bücher durch den langen Transport erheblich teurer als in Deutschland.

Souvenirs Beliebt als Souvenirs sind handgefertigte Stickarbeiten: Tischdecken, Servietten, Taschentücher, Blusen, Schürzen. Am bekanntesten sind die Arbeiten aus der Stickereischule in Lajares. Typisch für Fuerteventura ist die **Hohlsaumstickerei** (»calado«). Die hübschen unbemalten **Töpfer-** und **Keramikwaren** werden teilweise noch auf althergebrachte Weise ohne Töpferscheibe geformt. Inseltypisch ist der »purrón«, ein rundbauchiger, geschlossener Tonkrug, in dem Wasser durch Verdunstungskälte frisch gehalten wird. Wirklich schöne Keramikprodukte kann man allerdings nur in den Werkstätten der Kunsthandwerker, nicht in Souvenirläden kaufen. Überall sieht man aus Palmblättern, Rohr und Weiden gefertigte **Korbwaren**. Samen und Setzlinge einheimischer Pflanzen erinnern zu Hause noch lange an die kanarische Flora. Als Mitbringsel eignen sich auch der auf der Insel vergleichsweise preiswertere Safran (grundsätzlich eine Geruchsprobe nehmen!) und der »curado«, ein Laib Ziegenkäse aus der Käserei von Maxorata.

Sicherheit

Fuerteventura ist eine relativ **sichere Urlaubsregion**, doch mit Diebstählen, vor allem in den Touristikzentren, muss gerechnet werden. Die Bauweise vieler Hotels und Ferienanlagen erlaubt es Fassadenkletterern, durch geöffnete Balkontüren und Fenster auch in höherstöckige Appartements einzudringen. Es ist daher sinnvoll, Wertsachen und Ausweispapiere im Hotelsafe aufzubewahren (Mietpreis pro Woche ca. 15 – 20 Euro). Im Mietwagen sollte man grundsätzlich keinerlei Gegenstände zurücklassen. Autoeinbrüchen kann man vorbeugen, indem man u. a. durch demonstratives Öffnen des Handschuhfachs Automardern zu erkennen gibt, dass hier nichts zu holen ist. Auch wenn die Chance gering ist, gestohlene Gegenstände wiederzubekommen, sollte man bei der Guardia Civil Anzeige erstatten bzw. sich an die Reiseleitung oder an die Rezeption wenden, um die nötigen Schritte zu veranlassen.

Sport und Fun

Fit for Fun

»Fit for Fun« ist absolut angesagt auf Fuerteventura. Nicht nur Wassersportler kommen hier auf ihre Kosten. Wer nahezu rund um die Uhr ein großes Sportangebot haben möchte, bucht sich am besten in einem der Clubs ein (z. B. Robinson Club in Jandía und Esquinzo oder Club Aldiana). Hier kann der Tag mit Strandgymnastik beginnen, setzt sich mit Beachvolleyball oder Mountainbiketouren fort, gefolgt vom Tauch-, Surf- oder Segelkurs. Wenn dann noch Zeit bleibt, kann man Tennis spielen, reiten, Indoor Cycling betreiben – oder in der Sauna relaxen.

Fahrrad fahren

Rad fahren wird auch auf Fuerteventura immer beliebter. Mieten kann man Fahrräder in einigen Hotels und Autovermietungen sowie in Fahrradverleihgeschäften. Ein Mountainbike kostet pro Tag ca. 15 Euro, ein Tourenrad etwa 7 Euro. Wer sein eigenes Rad mitnehmen möchte, muss es der Fluggesellschaft nur rechtzeitig mitteilen.

Bei **Radtouren** auf der Insel sollte man aber bedenken: Es gibt keine Radwege; auf den Pisten können spitze Lavasteine leicht die Reifen zerschneiden; bei starkem Wind und auf bergigen Straßen ist oft

Überanstrengung die Folge; bei kaltem Wind droht Erkältungsgefahr, bei großer Hitze Sonnenstich. Die **Gegend um Corralejo** ist zum Radfahren bestens geeignet: Ohne große Höhenunterschiede meistern zu müssen, kann man das Dünengebiet per Rad erforschen und Ausflüge zu den benachbarten Vulkanen unternehmen.

Golf

Binnen weniger Jahre sind auf Fuerteventura vier Golfplätze entstanden. Den Anfang machte 2002 der 18-Loch-Platz des Fuerteventura Golf Clubs in Caleta de Fuste. In unmittelbarer Nachbarschaft liegt der 18-Loch-Platz des Golf Clubs Salinas. 2007 eröffnete der Golf Club Jandía im Barranco Vinamar einen Platz, der allerdings derzeit nicht bespielt wird, und 2009 ein zum Playitas Grand Resort gehöriger 18-Loch-Platz. Und in La Pared gibt es eine **Golf-Akademie**.

Hochseeangeln

Für Hochseeangler sind die Gewässer um die Kanarischen Inseln ein wahres Paradies. Von Morro Jable, Corralejo und Caleta de Fuste starten regelmäßig Yachten zum Hochseeangeln.

Reiten

In Tarajalejo gibt es beim Club Hotel Tofio einen Reitstall, der Pferde für Ausritte vermietet und Anfängerkurse anbietet (► Reiseziele von A bis Z, Tarajalejo).

Segeln

Segelmöglichkeiten bestehen in den Yachthäfen von Corralejo, Morro Jable und Caleta de Fuste. Segelkursewerden vom Club Aldiana in Playa Jandía und von den Robinson Clubs in Jandía und Esquinzo angeboten.

Surfen/ Wellenreiten

Surfer – Anfänger wie Fortgeschrittene – finden an Fuerteventuras Stränden ein wahres Paradies vor. Für Anfänger eignet sich die riesige Lagune an der **Playa Barca** (nahe Costa Calma) sowie die Bucht von Caleta de Fuste. Surfer, die sich vom Wind gern über flaches Wasser bzw. kleine Wellen treiben lassen, finden ideale Voraussetzungen an der **Playa del Matorral** bei Morro Jable und den sich weiter östlich erstreckenden Strandabschnitten sowie an der bereits erwähnten Playa Barca (außerhalb der Lagune). Hier kommen auch Geschwindigkeitsfanatiker auf ihre Kosten und können Spitzengeschwindigkeiten von bis zu 80 km/h erreichen. Freestyler heben mehrere Meter hoch ab und drehen akrobatische Loopings und Pirouetten. Ebenfalls etwas für Profis sind die **Küsten im Norden** der Insel, insbesondere die Meerenge zwischen Corralejo und der Insel Lobos. Bei Cotillo an der **Westküste** haben Brandungssurfer und absolute »Spezialisten« ihr Revier. Die Wellen erreichen hier Höhen von sechs und mehr Metern. Dass auf den Nordostpassat Verlass ist, wusste bereits Kolumbus, der mit dem beständigen Wind bis nach Amerika segelte. Vor allem im Sommer beschert der Nordostpassat

◄ Windverhältnisse

← *Fuerteventura ist ein ausgezeichnetes Surfrevier, vor allem im Sommer bläst der Nordostpassat beständig mit Windstärke 5 bis 8.*

optimale Surfbedingungen. Meist baut sich dann der Wind im Lauf des Tages auf, um mittags in voller Kraft aufzulaufen. Im Herbst, Winter und Frühjahr gibt es auch schon mal Ost- bzw. Südwinde. Die Windstärke liegt zwischen 3 und 8 Beaufort (Playa de Jandía: 3 – 6 Beaufort, Playa de Corralejo: 5 – 6 Beaufort, Playa de Sotavento: 5 – 8 Beaufort). Surfschulen und Verleihstationen gibt es in allen Touristikzentren. Die Mietpreise für eine komplette Ausrüstung liegen bei 200 bis 250 Euro pro Woche. Für einen Anfängerkurs mit ca. 10 Std. Unterricht muss man ca. 180 bis 200 Euro bezahlen.

! *Baedeker* TIPP

Nur Fliegen ist schöner

Die In-Sportart auf Fuerte ist Kitesurfing. Dabei saust man mit einem Drachen auf einem vergleichsweise winzigen Brett über die Wellen. Ausüben kann man die spektakuläre Sportart an der Playa Barca bei Costa Calma (Surfcenter René Egli) oder bei Corralejo (Flag Beach Windsurf Centre). Ein zehnstündiger Einführungskurs kostet 250 bis 300 Euro.

Fuerteventuras Küsten bieten aufgrund der schönen und abwechslungsreichen Unterwasserflora und -fauna hervorragende Voraussetzungen zum **Tauchen**. Als schönstes Tauchrevier gelten die nur rund 10 bis 15 m tiefen Gewässer mit ihrer bizarren, fischreichen Unterwasserwelt aus erstarrter Lava zwischen Corralejo und der Insel Lobos. Aber auch bei Morro del Jable, auf der Halbinsel Jandía, lädt das Meer zum Tauchen und zum Schnorcheln ein. Tauchschulen gibt es in Corralejo, Caleta de Fuste, Costa Calma, Esquinzo Playa, Playa de Butihondo und Jandía Playa.

Tennis

Zu vielen der großen Hotelanlagen gehören ausgezeichnete Tennisplätze, einige sind mit Flutlicht ausgestattet. Wegen des ständig wehenden Windes sind viele Plätze überdacht. Tennislehrer stehen meist zur Verfügung. In den Robinson Clubs von Jandía und Esquinzo sind Platzreservierung und Kurse auch für Nichtmitglieder möglich.

Wandertouren

Nirgendwo sonst auf den Kanaren lassen sich so schöne und lange **Strand-** und **Küstenwanderungen** unternehmen wie auf Fuerteventura. Die Paradestrecke verläuft vom Leuchtturm Jandía über fast 20 km bis nach Costa Calma. Das Inselinnere hält ebenfalls etliche Touren bereit, wenn auch Fuerteventura mit klassischen Wanderinseln wie Teneriffa, La Palma oder La Gomera sicherlich nicht mithalten kann. Man muss die karge Landschaft ohne viel Grün mögen, doch haben die in verschiedenen Grau-, Ocker- und Brauntönen schimmernden Bergketten durchaus ihren Reiz. Zu den Wanderhighlights gehören die Touren durch den **Barranco de las Peñitas** (► S. 209), der von der Inselregierung angelegte Wanderpfad von Lajares zum Vulkankrater des Calderón Hondo sowie die Umwanderung der Insel Lobos. Gipfelstürmer können sich am **Pico de la Zarza** (► S. 184) oder der **Montaña Tindaya** (► S. 201; Genehmigung erforderlich) versuchen. Alle genannten Touren sind bei den Reisezielen beschrieben.

ADRESSEN

GOLF

► Academia de Golf
La Pared, Tel. 928 54 91 00
9-Loch-Kurzanlage auf Kunstrasen mit 230 m langer Driving Range

► Fuerteventura Golf Club
Carretera de Jandía, Km 11
Caleta de Fuste
Tel. 928 16 00 34
www.fuerteventuragolfclub.com
18-Loch-Golfplatz in Meernähe

► Golf Club Salinas de Antigua
Carretera de Jandía, Km 12
Caleta de Fuste
Tel. 928 87 72 72
www.salinasgolf.com
18-Loch-Platz mit Golfschule

RAD FAHREN

► Vulcano Biking
Calle Acorazado España 10
Corralejo, Tel. 928 53 57 06
www.vulcano-biking.com
Verleih von Mountainbikes, Kinderrädern und Inlineskates

SURFEN

► Flag Beach Windsurf & Kitesurf Centre
Apto. de Correos 285, Corralejo
Tel. 928 86 63 89
www.flagbeach.com
Schnupper-, Anfänger- und Kurse für Könner im Kiten und Surfen

► Ventura Surf Center
Avenida Maritima 42
Corralejo, Tel. 928 86 62 95
www.ventura-surf.com

► Pro Center René Egli
im Hotel Meliã Gorriones
Playa Sotavento
Tel. 928 54 74 83
www.rene-egli.com
Leihboards, diverse Kurse

► Waveguru Surfcamp
Avenida del Istmo 17
La Pared, Tel. 928 54 91 22
www.waveguru.de
Wellenreitschule direkt an einem der besten Spots

TAUCHEN

► Dive Center Corralejo
Calle N. S. del Pino 22
Corralejo, Tel. 928 53 59 06
www.divecentercorralejo.com

► Tauchschule Felix
Avda. del Saladar, Tel. 928 54 14 18
www.tauchen-fuerteventura.com

TENNIS

► Academia de Tenis
Avenida Islas Canarias 11
Corralejo, Tel./Fax 928 53 57 15

► Tennisschule Matchpoint
Hotel Jandía Princess
Calle Gran Canaria 11
Urb. Butihondo
Tel. (mobil) 0034/639 31 36 64
www.tennis-matchpoint.de
Die Tennisschule unterrichtet in Hotels auf Jandía.

Immer gegen den Wind ...

Ausrüstung ► Längere Wanderungen sollte man nur mit einer guten Ausrüstung durchführen. Das mitunter lockere, scharfkantige Gestein erfordert festes, am besten knöchelhohes Schuhwerk. Wegen der intensiven Sonneneinstrahlung sind eine Kopfbedeckung und ein Sonnenschutzmittel wichtig. Mit einem Wetterumschwung muss man rechnen, daher empfiehlt es sich, einen Regenschutz und im Winter auch dickere Kleidung mitzunehmen.

Sprache

Das Personal in den größeren Hotels und Restaurants spricht meist relativ gut Deutsch oder auch Englisch. Nur in kleineren Orten im Landesinnern könnte es Verständigungsprobleme geben.

Aussprache des Spanischen Die Vokale a, e, i, o, u, werden im Spanischen kurz und offen ausgesprochen. Langvokale (Boot, lieb) existieren nicht, ebensowenig geschlossenes e und o (Weg, groß).

SPRACHFÜHRER SPANISCH

Auf einen Blick

Ja./Nein.	Sí./No.
Vielleicht.	Quizás./Tal vez.
In Ordnung./Einverstanden!	¡De acuerdo!/¡Está bien!
Bitte./Danke.	Por favor./Gracias.
Vielen Dank!	Muchas gracias.
Gern geschehen.	No hay de qué./De nada.
Entschuldigung!	¡Perdón!
Wie bitte?	¿Cómo dice/dices?
Ich verstehe Sie/dich nicht.	No le/la/te entiendo.
Ich spreche nur wenig …	Hablo sólo un poco de …
Können Sie mir bitte helfen?	¿Puede usted ayudarme, por favor?
Ich möchte …	Quiero …/Quisiera …
Das gefällt mir (nicht).	(No) me gusta.
Haben Sie …?	¿Tiene usted …?
Wie viel kostet es?	¿Cuánto cuesta?
Wie viel Uhr ist es?	¿Qué hora es?

Kennenlernen

Guten Morgen!	¡Buenos días!
Guten Tag!	¡Buenos días!/¡Buenas tardes!
Guten Abend!	¡Buenas tardes!/¡Buenas noches!

Bei einer Panne können einige Brocken Spanisch wichtig werden ...

Hallo! Grüß dich!	¡Hola! ¿Qué tal?
Ich heiße …	Me llamo …
Wie ist Ihr Name, bitte?	¿Cómo se llama usted, por favor?
Wie geht es Ihnen/dir?	¿Qué tal está usted?/¿Qué tal?
Gut, danke. Und Ihnen/dir?	Bien, gracias. ¿Y usted/tú?
Auf Wiedersehen!	¡Hasta la vista!/¡Adiós!
Tschüss!	¡Adiós!/¡Hasta luego!
Bis bald!	¡Hasta pronto!
Bis morgen!	¡Hasta mañana!

Unterwegs

links/rechts	a la izquierda/a la derecha
geradeaus	todo seguido/derecho
nah/weit	cerca/lejos
Wie weit ist das?	¿A qué distancia está?
Ich möchte … mieten.	Quisiera alquilar …
… ein Auto	…un coche.
… ein Boot	…una barca/un bote/un barco.
Bitte, wo ist …?	Perdón, ¿dónde está …
…der Bahnhof	…la estación (de trenes)?
…der Busbahnhof	…la estación de autobuses/ la terminal?
…der Flughafen	…el aeropuerto?

Panne

Ich habe eine Panne.	Tengo una avería.
Würden Sie mir bitte einen Abschleppwagen schicken?	¿Pueden ustedes enviarme un cochegrúa, por favor?
Gibt es hier in der Nähe eine Werkstatt?	¿Hay algún taller por aquí cerca?
Wo ist bitte die nächste Tankstelle?	¿Dónde está la estación de servicio/a gasolinera más cercana, por favor?
Ich möchte … Liter …	Quisiera … litros de …
… Normalbenzin.	… gasolina normal.
… Super./ …Diesel.	… súper./ … diesel.
… bleifrei./ …verbleit.	… sin plomo./ … con plomo.
Voll tanken, bitte.	Lleno, por favor.

Unfall

Hilfe!	¡Ayuda!, ¡Socorro!
Achtung!	¡Atención!
Vorsicht!	¡Cuidado!
Rufen Sie bitte schnell …	Llame enseguida …
… einen Krankenwagen.	… una ambulancia.
… die Polizei.	… a la policía.
… die Feuerwehr.	… a los bomberos.
Haben Sie Verbandszeug?	¿Tiene usted botiquín de urgencia?
Es war meine (Ihre) Schuld.	Ha sido por mi (su) culpa.
Geben Sie mir bitte Ihren Namen und Ihre Anschrift.	¿Puede usted darme su nombre y dirección?

Essen

Wo gibt es hier …	¿Dónde hay por aquí cerca …
… ein gutes Restaurant?	… un buen restaurante?
… ein nicht zu teures Restaurant?	… un restaurante no demasiado caro?
Reservieren Sie uns bitte für heute abend einen Tisch für 4 Personen.	¿Puede reservarnos para esta noche una mesa para cuatro personas?
Auf Ihr Wohl!	¡Salud!
Bezahlen, bitte!	¡La cuenta, por favor!
Hat es geschmeckt?	¿Le/Les ha gustado la comida?
Das Essen war ausgezeichnet.	La comida estaba écelente.

Einkaufen

Wo finde ich … einen Markt?	Por favor, ¿dónde hay … un mercado?
... eine Apotheke	.... una farmacia
... ein Einkaufszentrum	... un centro comercial

Übernachtung

Können Sie mir bitte … empfehlen?	Perdón, señor/señora/señorita. ¿Podría usted recomendarme …
… ein Hotel	… un hotel?
… eine Pension	… una pensión?
Ich habe ein Zimmer reserviert.	He reservado una habitación.
Haben Sie noch …	¿Tienen ustedes …?
… ein Einzelzimmer?	… una habitación individual?
… ein Zweibettzimmer?	… una habitación doble?
… mit Dusche/Bad?	… con ducha/baño?
… für eine Nacht?	… para una noche?
… für eine Woche?	… para una semana?
Was kostet das Zimmer mit …Frühstück?	¿Cuánto cuesta la habitación con desayuno?
… Halbpension?	… media pensión?

Arzt

Können Sie mir einen guten Arzt empfehlen?	¿Puede usted indicarme un buen médico?
Ich habe …	Tengo …
… Durchfall.	… diarrea.
… Fieber.	… fiebre.
… Kopfschmerzen.	… dolor de cabeza.
… Zahnschmerzen.	… dolor de muelas.
… Halsschmerzen.	… dolor de garganta.

Bank

Wo ist hier bitte …	Por favor, ¿dónde hay por aquí …?
… eine Bank?	… un banco?
… eine Wechselstube?	… una oficina/casa de cambio?
Ich möchte Schweizer Franken in Euro wechseln.	Quisiera cambiar … francos suizos en euros.

Post

Was kostet …	¿Cuánto cuesta …
… ein Brief …	… una carta …
… eine Postkarte …	… una postal …
nach Deutschland?	para Alemania?
Briefmarken	sellos
Telefonkarten	tarjetas para el teléfono

Zahlen

0	cero	19	diecinueve
1	un, uno, una	20	veinte
2	dos	21	veintiuno(a)
3	tres	22	veintidós
4	cuatro	30	treinta
5	cinco	40	cuarenta
6	seis	50	cincuenta
7	siete	60	sesenta
8	ocho	70	setenta
9	nueve	80	ochenta
10	diez	90	noventa
11	once	100	cien, ciento
12	doce	200	doscientos, -as
13	trece	1000	mil
14	catorce	2000	dos mil
15	quince	10 000	diez mil
16	dieciséis		
17	diecisiete	1/2	medio
18	dieciocho	1/4	un cuatro

Restaurant/Restaurante

desayuno	Frühstück
almuerzo	Mittagessen
cena	Abendessen
camarero	Kellner
cubierto	Gedeck, Besteck
cuchara	Löffel
cucharita	Teelöffel
cuchillo	Messer
lista de comida	Speisekarte
plato	Teller
sacacorchos	Korkenzieher
tenedor	Gabel
taza	Tasse
vaso	Glas

Tapas

albóndigas	Fleischbällchen
boquerones en vinagre	kleine Heringe in Essigmarinade
caracoles	Schnecken
chipirones	kleine Tintenfische
chorizo	Paprikawurst
ensaladilla russa	russischer Salat

Immer ein Genuss: Fischgerichte und Meeresfrüchte

jamón serrano	getrockneter Schinken
morcilla	Blutwurst
pulpo	Tintenfisch
tortilla	Kartoffelomelette

Entremeses/Vorspeisen

aceitunas	Oliven
anchoas	Sardellen
ensalada	Salat
jamón	Schinken
mantequilla	Butter
pan	Brot
panecillo	Brötchen
sardinas	Sardinen

Sopas/Suppen

caldo	Fleischbrühe
gazpacho	kalte Gemüsesuppe
puchero canario	Eintopf
sopa de pescado	Fischsuppe
sopa de verduras	Gemüsesuppe

Platos de huevos/Eierspeisen

huevo	Ei
duro	hartgekocht
pasado por agua	weichgekocht
huevos a la flamenca	Eier mit Bohnen
huevos fritos	Spiegeleier
huevos revueltos	Rühreier
tortilla	Omelette

Pescado/Fisch

ahumado	geräuchert
a la plancha	auf heißer Eisenplatte gebraten
asado	gebraten
cocido	gekocht
frito	gebacken
anguila	Aal
atún	Thunfisch
bacalao	Stockfisch
besugo	Brasse
lenguado	Seezunge
merluza	Seehecht
salmón	Lachs
trucha	Forelle
almeja	Flussmuschel
bogavante	Hummer
calamar	Tintenfisch
camarón	Garnele
cangrejo	Krebs
gamba	Garnele
langosta	Languste
ostras	Austern

Carne/Fleisch

buey	Rind, Ochse
carnero	Hammel
cerdo	Schwein
chuleta	Kotelett
cochinillo, lechón	Spanferkel
conejo	Kaninchen
cordero	Lamm
ternera	Kalb
vaca	Rind
asado	Braten
bistec	Beefsteak

carne ahumada	Rauchfleisch
carne estofada	Schmorbraten
carne salada	Pökelfleisch
fiambre	Aufschnitt
jamón	Schinken
lomo	Lenden- oder Rückenstück
salchichón	Hartwurst
tocino	Speck
pato	Ente
pollo	Huhn

Verduras/Gemüse

aceitunas	Oliven
cebollas	Zwiebeln
col de Bruselas	Rosenkohl
coliflor	Blumenkohl
espárragos	Spargel
espinacas	Spinat
garbanzos	Kichererbsen
guisantes	Erbsen
habas, judías	Bohnen
lechuga	Kopfsalat
patatas	Kartoffeln
patatas fritas	Pommes frites
pepinos	Gurken
tomates	Tomaten
zanahorias	Karotten

Condimentos/Gewürze

aceite	Öl
ajo	Knoblauch
azafrán	Safran
mostaza	Senf
pimienta	Pfeffer
sal/salado	Salz/gesalzen
vinagre	Essig

Postres/Nachspeisen

bollo	süßes Brötchen
dulces	Süßigkeiten
flan	Pudding
helado	Eis

mermelada	Marmelade
miel	Honig
pastel	Kuchen
queso	Käse
tarta	Torte

Frutas/Obst

cerezas	Kirschen
chumbos	Kaktusfeigen
dátiles	Datteln
fresas	Erdbeeren
higos	Feigen
limón	Zitrone
mandarinas	Mandarinen
manzana	Apfel
melocotón	Pfirsich
melones	Honigmelonen
membrillo	Quitte
naranjas	Orangen
nueces	Nüsse
pera	Birne
piña	Ananas

plátano	Banane
sandías	Wassermelonen
uvas	Weintrauben

Spezielles

bocadillo	belegtes Brötchen
chorizo	rote Paprikawurst
churros	Brandteiggebäck
migas	geröstete Brotwürfel

Getränke

agua mineral	Mineralwasser
con/sin gas	mit/ohne Kohlensäure
aguardiente	Schnaps
amontillado	halbtrockener Sherry
anís	Anisschnaps
Brandy	Weinbrand
cerveza	Bier
café con leche	Milchkaffee
café solo	Espresso
café cortado	mit wenig Milch
fino	trockener Sherry
leche	Milch
limonada	Limonade
la Manzanilla	Kamillentee
oloroso	süßer Sherry
té	Tee
vino	Wein
blanco/tinto	weiß/rot
rosado	rosé
trocken/süß	seco/dulce
zumo	Fruchtsaft

Straßenverkehr

Rechtsverkehr

Auf den Kanarischen Inseln besteht wie auch auf dem spanischen Festland und dem übrigen kontinentalen Europa Rechtsverkehr.

Höchstgeschwindigkeiten

Als Höchstgeschwindigkeit sind erlaubt: innerhalb geschlossener Ortschaften 50 km/h, außerhalb geschlossener Ortschaften 90 km/h, auf Kraftfahrstraßen 100 km/h.

Vorfahrt

Vorfahrt hat grundsätzlich das von rechts kommende Fahrzeug (Ausnahmen sind entsprechend beschildert). Im **Kreisverkehr** hat das Fahrzeug Vorfahrt, das sich bereits im Kreis befindet.

Beleuchtung

Auf gut beleuchteten Straßen (außer Schnellstraßen und Autobahnen) darf nur mit Standlicht gefahren werden; Vorsicht vor unbeleuchteten Fahrzeugen!

Überholen

Beim Überholen muss in Spanien während des gesamten Vorganges der Fahrtrichtungsanzeiger zuerst nach links und dann wieder nach rechts betätigt werden. Beim Überholen und vor Kurven ist das Hupen (bei Dunkelheit Lichthupe) obligatorisch. **Überholverbot** besteht

100 m vor Kuppen sowie auf Straßen, die nicht auf einer Länge von mindestens 200 m zu überblicken sind.

Sicherheitsgurte Sicherheitsgurte müssen während der Fahrt auf den Vorder- und Rücksitzen angelegt werden.

Alkoholgenuss Die Höchstgrenze für den Blutalkoholgehalt liegt bei 0,5 Promille.

Unglücks- und Schadensfälle Abschleppen durch Privatfahrzeuge ist verboten. Bei Unfällen – gleichgültig, ob man sie verschuldet hat oder nicht – muss der Kraftfahrer gewärtig sein, dass sein Fahrzeug beschlagnahmt wird (Freigabe ggf. erst nach Gerichtsverhandlung); in schweren Fällen kann der Fahrzeuglenker sogar inhaftiert werden. Man benachrichtige nach jedem Unfall unverzüglich die auf der Internationalen Grünen Versicherungskarte aufgeführte spanische Versicherungsgesellschaft, damit für die Stellung einer eventuell geforderten Kaution gesorgt werden kann. Über das Verhalten nach Unfällen mit Mietwagen geben die Mietunterlagen des Fahrzeugs Auskunft.

? WUSSTEN SIE SCHON ...?

- In Spanien gilt:
  Der Gebrauch von Handys ohne Freisprechanlage ist während der Fahrt verboten.
  Autofahrer dürfen anderen Fahrern keine Warnzeichen vor Radarfallen geben.
  Wer bei einer Panne das Fahrzeug verlässt, muss eine reflektierende Weste tragen, wenn er sich auf der Straße oder dem Randstreifen aufhält.

Auf Schnellstraßen muss man beim **Linksabbiegen** mitunter erst nach rechts in einen kleinen Kreisverkehr einbiegen, um dann die Hauptstraße geradeaus zu überqueren (hierdurch soll der ungehinderte Verkehrsfluss auf der Hauptstraße gesichert werden). Ausländer missachten oft die für sie ungewohnte Verkehrsregel und verursachen dadurch häufig schwere Unfälle.

Kraftstoff Erhältlich sind unverbleites (sin plomo) Normal- und Superbenzin sowie Diesel. Die Preise liegen deutlich unter den in Mitteleuropa üblichen. Tankstellen gibt es im Inselinnern nur wenige, an der Westküste gar keine. Einige Tankstellen an den Hauptstraßen haben rund um die Uhr geöffnet.

Übernachten

Unterkünfte für alle Ansprüche Derzeit stehen auf Fuerteventura etwa 74 000 Gästebetten zur Verfügung. Es gibt vier verschiedene Unterkunftsmöglichkeiten – Hotels (diese reichen vom einfachen Hotel bis zur Luxusklasse), Club-Dörfer, Appartementanlagen und Bungalowsiedlungen – und vier verschiedene Konzepte – Standard-Appartements für den Massentourismus, Animation und Geselligkeit vor allem für Familien und Singles, Abgeschiedenheit für Ruhe suchende Menschen und Luxus für Anspruchsvolle. Individualreisende, die gern privat absteigen, finden auf Fuerteventura nur wenige Möglichkeiten vor. Allerdings haben in den letzten Jahren auf dem Land verschiedene kleine Hotels eröffnet, die unter dem Stichwort »Turismo Rural« vermarktet werden (siehe auch weiter unten). Jugendherbergen oder Youth Hostels gibt es auf Fuerteventura nicht.

Hotelkategorien

Die Hotels und Appartementanlagen sind vom Cabildo Insular de Fuerteventura in fünf Kategorien eingeteilt: An die Hotels werden Sterne vergeben, an die Appartementanlagen Schlüssel. Diese Einteilung orientiert sich an den Einrichtungen einer Unterkunft, nicht an der Qualität von Service und Verpflegung.

Die von Baedeker empfohlenen Hotels sind in drei **Kategorien** gegliedert, Luxus: ab 140 Euro, Komfortabel ab 90 Euro, Günstig bis 90 Euro. Diese Preise gelten für ein Doppelzimmer (mit Frühstück) in der Hauptsaison. Der Preis für ein Einzelzimmer schwankt zwischen 60 und 80 Prozent des Preises für ein Doppelzimmer.

> ! *Baedeker* TIPP
>
> **Am besten pauschal**
>
> Am preisgünstigsten wird die Reise nach Fuerteventura, wenn man sie bei einem der großen Reiseveranstalter pauschal bucht. Kleine Hotels gibt es auf Fuerteventura nur wenige, und wer vor Ort in einem der großen Häuser nach dem Preis fragt, erlebt häufig eine unliebsame Überraschung (und bekommt zudem noch eines der schlechtesten Zimmer, denn die guten haben sich die Reiseveranstalter reserviert). Für Ferien über Weihnachten und Ostern sollte man Flug und Unterkunft rechtzeitig buchen. Dann ist nämlich absolute Hochsaison auf den Kanaren. Sonst bekommt man auch kurzfristig noch eine Unterkunft in der gewünschten Kategorie.

Anders als auf den Nachbarinseln ist der ländliche Tourismus, span. **turismo rural**, auf Fuerteventura bislang noch wenig entwickelt. Inzwischen hat man aber etliche Fincas, Bauern- und Herrenhäuser teils mit staatlichen Zuschüssen restauriert und zu angenehmen Ferienunterkünften umgewandelt, die den Ansprüchen von Individualreisenden gerecht werden. Die Häuser liegen meist sehr ruhig und abgelegen, daher empfiehlt sich hier auf jeden Fall ein Mietwagen. Auskunft und Buchung über Fuerteventura Rural, Calle Francisco Fuentes, 35640 La Oliva, Tel. 902 36 25 02, Fax 928 39 01 70, www.ecoturismocanarias.com/fuerteventura.

Auf Fuerteventura gibt es keine offiziellen **Campingplätze**. Mitunter sieht man an der Küste einzelne Zelte. In der Regel schreiten die Behörden gegen das Wildcampen nicht ein. Wer so übernachtet, sollte aber daran denken, seinen Müll mitzunehmen. Mit dem Wohnmobil ist in Spanien generell ein einmaliges Übernachten auf Straßen, Park- oder Rastplätzen zulässig; auf freiem Gelände ist das Übernachten im Wohnmobil grundsätzlich nicht erlaubt.

Verkehr

Bus Das Busnetz ist vor allem zwischen den Küstenorten gut ausgebaut. Gut angebunden sind von Puerto del Rosario aus die Ferienstädte Corralejo, Caleta de Fuste und Morro Jable. Wer vom Süden in den Norden oder umgekehrt fahren will, muss allerdings immer in Puerto del Rosario umsteigen. Die Strecke Puerto del Rosario–Morro Jable bedient auch ein Expressbus mit Stopp am Flughafen, in Gran Tarajal und Costa Calma. Auf der Halbinsel Jandía verbinden Linienbusse die Orte zwischen Jandía Playa und Costa Calma im Stun-dentakt. El Cotillo wird wochentags von Corralejo aus ebenfalls jede Stunde angefahren, von Puerto del Rosario drei Mal täglich.

Die Orte im Inselinneren werden dagegen viel seltener angefahren. Selbst von so bekannten Ausflugszielen wie Betancuria ist es daher in der Regel nicht möglich, am selben Tag wieder in die Ferienorte zurückzukommen. Auskunft über die Abfahrtszeiten erteilt **Maxorata Bus** (die einzige Busgesellschaft der Insel) unter Tel. 928 85 09 51; Fahrpläne sind aber auch in den Tourismus-Informationsbüros und in vielen Hotels erhältlich (allerdings werden die Abfahrtszeiten gelegentlich »flexibel« gehandhabt).

Fährverkehr
nach Lanzarote ► Bequem und schnell (Überfahrtsdauer ca. 30 Min.) ist der Schiffstransfer ab Corralejo (Fuerteventura) nach Playa Blanca auf Lanzarote. Auf dieser Strecke verkehren Fähren der Lineas Fred. Olsen und Naviera Armas jeweils fünf- bis siebenmal täglich. Die Preise für Hin- und Rückfahrt betragen bei beiden Gesellschaften rund 32 Euro pro Person und liegen bei ca. 106 Euro für einen Wagen und zwei Personen. Für Gruppen gibt es Ermäßigungen.

Kanarische Inseln *Verkehrsverbindungen*

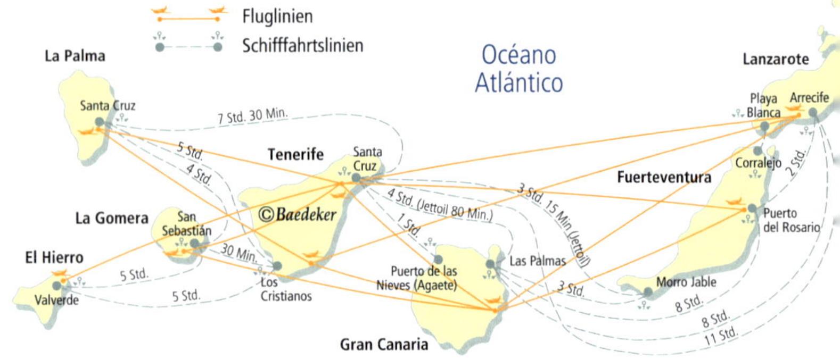

Immer ein Vergnügen: Bootstouren – hier geht's nach Lobos.

Den Schiffsverkehr von Corralejo auf die Insel Lobos nehmen kleinere Boote wahr. Auch ein **Glasbodenboot** steuert die Insel regelmäßig an. Die Schiffe fahren morgens zu dem kleinen Eiland und legen die Tour am Spätnachmittag in umgekehrter Richtung zurück. Bei stürmischem Wetter fahren die Boote nicht.

◄ Schiffsverkehr nach Lobos

Die Reederei Naviera Armas (► S. 106) bedient die Strecke Morro Jable – Las Palmas de Gran Canaria ein Mal täglich, von Puerto del Rosario nach Las Palmas mehrmals in der Woche. Von Morro Jable aus wird ein Mal in der Woche Santa Cruz de Tenerife angefahren. Will man auf die anderen Kanarischen Inseln fahren (siehe Übersichtskarte), muss man auf Teneriffa bzw. Gran Canaria umsteigen; dasselbe gilt auch für das spanische Festland.

◄ Fährverkehr nach Gran Canaria und Teneriffa

Flugverkehr

Fuerteventuras Flughafen »El Matorral« (► S. 59) liegt 5 km südlich der Inselhauptstadt Puerto del Rosario.

Binter Canarias (► S. 105) unterhält mehrmals täglich Flugverbindungen zwischen Fuerteventura und Las Palmas de Gran Canaria sowie nach Teneriffa (Nordflughafen). Vor allem vor Feiertagen empfiehlt sich eine rechtzeitige Flugreservierung.

◄ Interinsulare Flüge

Mietwagen

Will man die Insel erkunden bzw. viel herumkommen, ist es ratsam, sich einen Wagen zu mieten. Autovermietungen (»Alquiler de coches«) gibt es in allen Urlaubszentren. Sinnvoll ist es, ggf. schon vom Heimatland aus ein Auto zu mieten und an den Flughafen bringen zu lassen. Wer ein Fahrzeug mieten will, muss über 21 Jahre alt sein

ADRESSEN

AUTOVERMIETUNG

- **Avis**
  Reservierung in Deutschland:
  Tel. 01 805/21 77 02
  www.avis.de

- **Europcar**
  Reservierung in Deutschland:
  Tel. 01 805/80 00
  www.europcar.de

- **Hertz**
  Reservierung in Deutschland:
  01 805/33 35 35
  www.hertz.de

FLUGLINIE

- **Binter Canarias**
  Reservierung:
  Tel. 902 39 13 92
  www.bintercanarias.es

REEDEREIEN

- **Lineas Fred. Olsen**
  am Hafen von Corralejo
  Reservierung:
  Tel. 902 10 01 07
  www.fredolsen.es

- **Naviera Armas**
  Puerto del Rosario
  Tel. 928 85 15 42
  www.navieraarmas.com

- **Trasmediterránea**
  Puerto del Rosario
  Reservierung:
  Tel. 902 45 46 45
  www.trasmediterranea.es

TAXIRUF

- **Puerto del Rosario**
  Tel. 928 85 02 16

- **Corralejo**
  Tel. 928 86 61 08

- **Costa Calma**
  Tel. 928 54 70 32

! *Baedeker* TIPP

Pkw oder Jeep?

Viele Autovermietungen führen in ihren Vertragsbedingungen an, dass Schotterpisten nicht mit dem gemieteten Pkw befahren werden dürfen. Dennoch sieht man ganze Mietwagenkolonnen beispielsweise auf dem nicht befestigten Weg von Morro Jable an die Punta de Jandía. Tatsächlich lässt sich diese Strecke auch mit einem Pkw recht gut bewältigen. Wer wirklich abseits der Hauptstraßen die Insel erkunden möchte, mietet besser für einen oder mehrere Tage einen Jeep!

und den Führerschein seit mindestens einem Jahr besitzen. Im Vergleich zu Deutschland, Österreich und der Schweiz sind Mietautos auf Fuerteventura relativ günstig. Für ein Fahrzeug in der unteren Kategorie zahlt man bei den internationalen Autovermietern je nach Länge der gesamten Mietdauer 40 bis 50 € pro Tag. Die Mietverträge werden in der Regel mit unbegrenzter Kilometerzahl abgeschlossen, jedoch mit eingeschränktem oder gar keinem Versicherungsschutz auf nichtasphaltierten Straßen. Ratsam ist der Abschluss von **Vollkasko-Versicherungen**. Die Verleihpreise werden von den zahlreichen kleineren Leihwagenfirmen oft unterboten.

Die meisten Taxis sind mit Taxameter ausgestattet; für längere Strecken kann man mitunter einen Pauschalbetrag aushandeln. Ansonsten muss man pro Kilometer ca. 0,50 € zahlen, dazu kommt eine Grundgebühr von ca. 3 € plus evtl. Zuschläge für Sonn- und Feiertage, Gepäck und Nachtfahrten. Taxis

Zeit

Auf den Kanarischen Inseln gilt die Westeuropäische Zeit (WEZ = MEZ – 1 Std.). Da von April bis Oktober auch hier die **Sommerzeit** gültig ist, muss man das ganze Jahr über bei der Ankunft auf den Kanaren die Uhr um eine Stunde zurückstellen. WEZ

Wegen der Nähe zum Äquator schwankt auf den Kanaren die Tageslänge zwischen Sommer und Winter weniger stark als in Mitteleuropa. Der längste Tag im Sommer dauert etwa 14 Stunden, der kürzeste im Winter immer noch 11 Stunden. Die **Dämmerung** ist sehr kurz. Die Sonne geht im Mittel um ca. 19.00 Uhr unter, im Winter ist es also länger hell als in Mitteleuropa, im Sommer dagegen wird es früher dunkel. Tageslänge

GC 8314-BN

Touren

UNSERE TOUREN FÜHREN SIE DORTHIN, WO FUERTEVENTURA AM SCHÖNSTEN IST – AUCH ZU SENSATIONELLEN AUSBLICKEN – WIE HIER AUF DER JANDÍA-HALBINSEL, OBERHALB VON COFETE.

TOUREN DURCH FUERTEVENTURA

Für jede der drei Rundfahrten benötigt man einen ganzen Urlaubstag. Wer alle drei absolviert, hat ein komplettes Bild von der Wüsteninsel, hat alle wichtigen kulturellen und landschaftlichen Höhepunkte kennengelernt und möglicherweise auch manch kulinarische Entdeckung gemacht.

TOUR 1 **Entdeckungen im Norden**

Die Rundfahrt erschließt das noch bäuerlich geprägte Hinterland im Inselnorden. Es bleibt ausreichend Zeit für eine längere Siesta in einem abgeschiedenen Fischerort oder für einen ausgedehnten Spaziergang an einem der schönsten Strände der Insel. ► **Seite 113**

TOUR 2 **Highlights im Süden**

Eine abwechslungsreiche Tour durch wüstenähnliche Berglandschaften oder vorbei an endlos erscheinenden hellen Sandstränden. Auch die alte Hauptstadt Betancuria, die als schönster Ort der Insel gilt, wird bei dieser Rundfahrt besucht. ► **Seite 116**

TOUR 3 **Inselzentrum für Kenner**

Wer die Hauptsehenswürdigkeiten von Fuerteventura bereits erkundet hat, dem sei diese Rundfahrt empfohlen, die auch Ziele abseits bekannter Touristenrouten berührt. ► **Seite 119**

Betancuria

Eines der bedeutendsten Bauwerke auf Fuerteventura ist die Iglesia de Santa María in der alten Inselhauptstadt.

Playa de Corralejo
Südlich von Corralejo erstreckt sich eine traumhafte Dünen- und Strandlandschaft.

Cotillo
ı Hafen dümpeln immer nige bunte Fischerboote

Costa Calma
Schnuppertauchkurse – auch für kleine Gäste – bieten viele Hotels an.

Urlaub auf Fuerteventura

Der richtige Urlaubsort

Entscheidend für das Gelingen des Urlaubs ist natürlich die Wahl des richtigen Urlaubsorts. Auf Fuerteventura gibt es vier große Touristenzentren: **Morro Jable/Jandía** und **Costa Calma** im Inselsüden, in der Inselmitte **Caleta de Fuste** und **Corralejo** im Inselnorden. Da Fuerteventura keine hohen Berge hat, sich die Passatwolken hier also nicht wie auf den westlicheren Inseln im Norden stauen, unterscheidet sich das **Klima** zwischen Inselnorden und -süden nur wenig. Die Touristenzentren im Inselsüden haben nur geringfügig mehr Sonnenstunden zu verzeichnen als die im Norden. Wenn das Klima bei der Wahl des Urlaubsorts zu vernachlässigen ist, könnten die **Sportmöglichkeiten** ausschlaggebend sein. Absolute Surffreaks werden die Playa de Sotavento bei Costa Calma bevorzugen, wo jedes Jahr neue Surfrekorde aufgestellt werden, für Anfänger bietet sich dagegen die ruhige Bucht von Caleta de Fuste an. Wer einfach einen schönen **Badeurlaub** auf Fuerteventura verbringen möchte, kann dies in Corralejo, Costa Calma oder Morro Jable/Jandía hervorragend tun. Caleta de Fuste hat nur einen kleinen, im Vergleich zu den Traumstränden im Inselsüden oder -norden weniger attraktiven Strand. Unterhaltung findet man eher in Corralejo und Morro Jable/Jandía. In beiden Orten gibt es eine kleine Promenade mit Restaurants und in Corralejo sogar einen Ortskern mit Plaza und einigen belebten Gassen – abends ist hier immer etwas los. In Costa Calma bereitet dagegen bereits die Restaurantsuche Mühe, man ist fast ausschließlich auf das Unterhaltungsangebot der großen Hotels angewiesen. Eltern sollten wissen, dass fast alle Strände auch für kleinere **Kinder** gut geeignet sind, da sie flach ins Meer abfallen. Am harmlosesten zeigt sich der Atlantik jedoch in der geschützten Bucht von Caleta de Fuste.

Wer gerne abseits der Haupttouristenströme seinen Urlaub verbringt und eine raue Szenerie mag, kann erwägen, ob er sich ein Quartier in El Cotillo sucht. Da die Brandung hier – wie auch andernorts an der Westküste – meist sehr stark ist, eignet sich der Ort für einen reinen Badeurlaub nicht, umso lieber kommen Surfer und Wellenreiter.

! *Baedeker* TIPP

Ferien auf dem Land

Seit einigen Jahren wird von der Inselregierung der so genannnte turismo rural gefördert. Im Landesinneren haben verschiedene kleine Hotels eröffnet, alte Bauern- oder Herrenhäuser wurden zu komfortablen Touristenunterkünften umgestaltet. Schöne Adressen für einen Urlaub auf dem Land findet man beispielsweise auf den Seiten 127, 174 und 186 bzw. im Internet unter www.ecoturismocanarias.com.

Fortbewegung auf der Insel

Das öffentliche Verkehrsnetz auf der Insel ist nicht allzu gut ausgebaut. Es beschränkt sich im Wesentlichen auf Verbindungen zwischen den Küstenorten. Die kleineren Ortschaften steuert meist nur ein- bzw. zweimal täglich ein Bus von Puerto del Rosario aus an.

Wer das Inselinnere individuell erkunden möchte, braucht einen **Mietwagen**. Zwei Tage reichen für einen Überblick aus.
Die Straßenverhältnisse auf Fuerteventura sind gut. Alle größeren Orte – einzige Ausnahme die Strecke zwischen Betancuria und Pájara – sind durch gut ausgebaute breite Straßen miteinander verbunden. In abseits gelegene Regionen, z. B. auf die Halbinsel Jandía, führen allerdings nach wie vor nur Pisten. Auch sie lassen sich zwar mit einem normalen Pkw bewältigen, angenehmer ist die Fahrt jedoch mit einem Geländewagen.

Tour 1 Entdeckungen im Norden

Start und Ziel: Corralejo
Länge: 130 km
Dauer: 1 Tag

Keine spektakulären Eindrücke erwarten den Reisenden bei dieser Rundfahrt durch den Inselnorden. Doch lernt man abseits der Touristenpfade etwas vom noch bäuerlich geprägten Hinterland kennen. Es bleibt ausreichend Zeit für eine längere Siesta in einem abgeschiedenen Fischerort oder auch für das Verweilen an einem der kilometerlangen Sandstrände. Man kann diese Tour mit Tour 2 zu einer großen Inselrundfahrt verbinden. Will man sie an einem einzigen Tag bewältigen, bleibt jedoch nur wenig Zeit für die einzelnen Sehenswürdigkeiten.

Man verlässt den Hafenort ❶ ✶ **Corralejo** in südlicher Richtung auf der nach La Oliva führenden Straße. Nach ca. 6 km zweigt eine Nebenstrecke nach ❷ **Lajares** ab. Bekannt ist der Ort als Zentrum der Kunststickerei; eine Verkaufsausstellung befindet sich im Ortskern links der Hauptstraße. Am Ortsausgang von Lajares hält man sich rechts und fährt weiter nach ❸ **El Cotillo**. Trotz wunderschöner Strände (viel Wind!) entwickelt sich der Tourismus nur zögernd an der rauen Westküste. Doch laden die meist menschenleeren Strände bei Cotillo zu einem Spaziergang ein. Ganz hübsch ist die Szenerie am Hafen, wo man in einem Restaurant oder Café leicht die Zeit vergessen kann.
Man fährt zunächst auf gleicher Strecke zurück, entscheidet sich nun aber für die gut ausgebaute Ortsumgehung von Lajares und fährt weiter Richtung Süden. Aus Lavabrocken geschichtete Mauern begleiten die Straße. Sie sollten die Ziegen von den kleinen Feldern fernhalten. Mittlerweile ist die Landwirtschaft jedoch nicht mehr rentabel, die Äcker werden nicht bestellt. Bald tauchen die ersten Häuser von ❹ ✶ **La Oliva** auf. Der bedeutendste Ort im Inselnorden lohnt einen etwas längeren Stopp. Man sollte der dreischiffigen Pfarrkirche, der Iglesia Nuestra Señora de Candelaria, sowie der am

Lajares
Auf der ganzen Insel ist der Ort für sein Kunsthandwerkszentrum bekannt.

Puertito de los Molinos
Frische Fische und ein toller Ausblick – das macht den Reiz des Ortes aus.

Tefía
Erleben, wie die Landbevölkerung ehemals arbeitete und wohnte.

La Oliv
Die Casa Mané zeigt A beiten kanarischer Künstl

östlichen Ortsrand gelegenen Casa de los Coroneles (= Haus der Obersten) einen Besuch abstatten. Über moderne Kunst kann man sich anschließend in der Casa Mané informieren. Das Herrenhaus mit dem hübschen Garten beherbergt das Centro de Arte Canario (mit Cafeteria).
Bei der Weiterfahrt von La Oliva in südlicher Richtung sieht man rechts der Straße die weit verstreuten Häuser von Tindaya. Ins Blick-

feld der Weltöffentlichkeit geriet die Ortschaft vor einigen Jahren wegen des gleichnamigen Berges. Ihn wollte der spanische Bildhauer Chillida aushöhlen und hier ein gewaltiges Monument der Toleranz schaffen. Kurz hinter Tindaya erhebt sich rechts das Denkmal für Miguel de Unamuno. Das riesige Monument steht vor einer strahlend weißen Mauer. Nach ca. 1 km biegt man rechts ab und fährt weiter nach 5 ** **Tefía**. Beidseits der Hauptstraße liegen Bauerngehöfte, von denen viele heute leer stehen. Einige der Häuschen nahe dem südlichen Ortsausgang wurden jedoch restauriert und sind heute als interessantes Freilichtmuseum (Ecomuseo La Alcogida) zugänglich. Wem der Sinn nach etwas Seeluft steht, fährt von Tefía zum an der Westküste gelegenen 6 **Puertito de los Molinos**. Man kommt zunächst an einem schönen Windmühlenexpemplar vorbei, durchfährt die Häuseransammlung Las Parcelas und hat dann von der Straße aus einen guten Blick in den Barranco de los Molinos. Mitunter zieht sich ein Rinnsal durch den Barrancogrund, doch das Wasser reicht aus, um relativ üppiges Grün in der Steinwüste hervorzuzaubern. Die Straße endet in Puertito de los Molinos, das nur aus wenigen Häuschen besteht. In zwei Restaurants kann man mit Blick aufs Meer etwas zu sich nehmen (im Winter eingeschränkt).

NICHT VERSÄUMEN

- Souvenirkauf in Lajares
- La Oliva, die schönste Stadt im Inselnorden
- Mittagessen in Puertito de los Molinos
- Freilichtmuseum in Tefía
- Badestopp an der Playa de Corralejo

Um die Inselrundfahrt fortzusetzen, fährt man von Tefía weiter in südlicher Richtung. Nach 6 km hält man sich bei einem Kreisverkehr links (will man die Tour zu einer großen Inselrundfahrt ausweiten, fährt man von hier rechts nach Betancuria und folgt der unten beschriebenen Route 2). Nach 5 km trifft die Straße auf die Hauptstraße nach Puerto del Rosario. Nur 3 km südlich dieser Kreuzung liegt 7 **La Ampuyenta**. Die winzige Ortschaft kann mit einem recht stimmungsvollen Kirchlein und einem interessanten Museum aufwarten. Nächste Station der Inselrundfahrt ist 8 **Casillas del Ángel**, dessen Kirche mit dunkler vorgesetzter Barockfront eine kurze Besichtigung lohnt. Gut 10 km hinter Casillas del Ángel passiert man das Gewerbegebiet von 9 **Puerto del Rosario**. Allzu große Erwartungen sollte man mit einem Besuch der Inselhauptstadt nicht verknüpfen. Abgesehen von einem kurzen Spaziergang entlang der Promenade mit Blick auf Hafen und einem Besuch im Unamuno-Museum hat sie Touristen nur ein wenig kanarisch-spanisches Flair zu bieten.
Die Rückfahrt nach Corralejo ist einer der Höhepunkte dieser Route. Die Straße von Puerto del Rosario nach Norden verläuft meist unmittelbar in Küstennähe. Immer wieder ergeben sich grandiose Ausblicke. Zunächst passiert man noch einige Urbanisationen, Siedlungen die – angesichts der hier unwirtlichen Umgebung – nicht allzu viele Touristen anlocken. Doch nach gut 15 km ändert sich die Szenerie. Es beginnt das Strand- und Dünengebiet der 10 ** **Playa de**

Corralejo, das bis an Corralejo heranreicht. Wunderschöne feinsandige Strände laden zum Baden und Sonnen ein. Da die Dünenzone seit 1982 als Naturpark ausgewiesen ist, darf sie nicht bebaut werden (die beiden unmittelbar am Strand stehenden Hotels bei Corralejo wurden bereits in den 1970er-Jahren errichtet). Bald hinter den beiden Hotelhochhäusern beginnen die ersten großflächigen Appartementanlagen von ① * **Corralejo**.

Tour 2 Highlights im Süden

Start und Ziel: Morro Jable **Dauer:** 1 Tag
Länge: 155 km

Die Rundfahrt durch den Inselsüden vermittelt reizvolle und gegensätzliche Landschaftseindrücke. Einer wüstenähnlichen Berglandschaft stehen endlos erscheinende helle Sandstrände und weite Dünenregionen gegenüber.

Von ❶ * **Morro Jable und Jandía** windet sich die gut ausgebaute Küstenstraße nordwärts. Bei Km 72 bietet sich ein Abstecher Richtung Küste an. Die Stichstraße endet bei der Übungsbasis des Surfcenters René Egli, gleich rechts davon erhebt sich die Wanderdüne Risco del Paso an der ❷ ** **Playa de Sotavento**, die auf vielen Postkarten abgebildet ist. Die nunmehr relativ gerade verlaufende Hauptstraße zieht sich durch die karge Dünenlandschaft. Links sieht man die Windmühlenreihen des Parque Eólico und bald darauf passiert man das Ortsschild von ❸ **Costa Calma**, des zweiten großen Touristenzentrums im Inselsüden. Geradezu unglaublich erscheint auf der Wüsteninsel die Grünzone entlang der Durchgangsstraße. 1986 wurden hier die ersten Palmen und Kiefern gepflanzt, mittlerweile bilden sie schon einen regelrechten kleinen Wald. Bald hinter dem Ortsende von Costa Calma biegt man auf die nach La Pared führende Straße ab, sie verläuft über den Istmo de la Pared, die schmalste Stelle der Insel. Schon nach 4 km ergibt sich der erste Blick auf die Nordküste und auf die Ortschaft ❹ **La Pared**, von Touristen besonders wegen der beiden hiesigen Restaurants geschätzt. Hinter La Pared gewinnt die Straße schnell an Höhe. Die bräunlichen sanft geschwungenen Berghänge schimmern in der Sonne. Über viele Kilometer hin sieht man nur ab und an ein Haus und natürlich Ziegen, die selbst in dieser unwirtlichen Gegend nach Futter suchen. Schließlich senkt sich die

✔ NICHT VERSÄUMEN

- Wanderung in den Barranco de las Peñitas
- Betancuria: der schönste Inselort
- Essen mit Aussicht auf dem Monte Tegú
- Antigua und seine Mühle
- Oasis Park: gleich nebeneinander Zoo und Botanischer Garten

Betancuria
Der Ausblick vom Mirador Morro Velosa ist grandios.

Vega de Río
Der schönste Palmenhain der Insel

Costa Calma
este Bedingun-n zum Surfen.

Tiscamanita
In der Umgebung stehen zahlreiche Windmühlen.

Oasis Park
Sehr besuchenswert ist dieser Freizeitpark.

Straße wieder hinab nach ❺ ★ **Pájara**. Die Ortschaft ist das Verwaltungszentrum des Inselsüdens und hat es aus diesem Grund zu einem gewissen Wohlstand gebracht. Davon zeugen gepflegte Grünanlagen und ein öffentliches Freibad. Die zweischiffige Iglesia de Virgen de la Regla ist vor allem wegen ihres mit aztekischen Motiven verzierten Portals sehenswert. In Pájara zweigt eine Straße links nach Vega de Río de las Palmas ab. Von der sehr schmalen und kurvenreichen Bergstraße ergeben sich immer wieder eindrucksvolle Ausbli-

Vega de Río de las Palmas: die namengebenden Palmen

cke. Schließlich ist die Passhöhe erreicht und hier besteht endlich auch einmal eine Haltemöglichkeit. Man schaut hinunter auf den Embalse de las Peñitas, einen heute versandeten Stausee. Danach ändert sich die Szenerie. Man kommt schließlich nach 6 * **Vega de Río de las Palmas**. Das Dorf liegt in einer der fruchtbarsten und wasserreichsten Regionen der Insel. So können hier einige Palmen gedeihen sowie Tomaten und andere Gemüsearten angebaut werden. Der Ort ist Ausgangspunkt für eine der schönsten Wanderungen, die man auf der Insel unternehmen kann. Die 6 km lange Tour führt in den Barranco de las Peñitas. Danach sind nur noch 5 km bis nach 7 ** **Betancuria** zurückzulegen. In der alten Inselhauptstadt leben heute nur etwa 600 Einwohner. Den Ortsmittelpunkt bildet die Iglesia de Santa María. Interessant ist auch ein Besuch in der Casa Museo an der Hauptstraße sowie in der wunderschön restaurierten Casa Santa María (entweder hier oder im nachfolgend erwähnten Aussichtsrestaurant auf dem Morro de Veloso kann man gut einen Aufenthalt für ein Essen einplanen). Bei der Weiterfahrt sieht man am nördlichen Ortsausgang unterhalb der Straße die Ruine des Convento de San Buenaventura aus dem 17. Jahrhundert. Danach geht es aufwärts. Auf dem Morro de Veloso, der mit 675 m höchsten Erhebung in dieser Region, wurde ein Mirador angelegt (mit Aussichtsrestaurant).

Ca. 5 km hinter Betancuria gelangt man zu einer Kreuzung. Man hält sich rechts und fährt weiter nach **8 * Antigua**. Die Straße passiert ein bei Einheimischen und Touristen gleichermaßen beliebtes Restaurant und trifft dann auf die Kirche von Antigua. Davor biegt man links ab und erreicht kurz darauf die den Inselnorden und -süden miteinander verbindende Hauptstrecke. Gleich links hiervon steht ein schönes Windmühlenexemplar, dem ein kleines Museum, ein Kunsthandwerkszentrum und ein hübscher Garten mit kanarischer Flora angeschlossen sind.

Die Route verläuft von Antigua südwärts durch eine verhältnismäßig grüne Ebene. Über den »Mühlenort« Valles de Ortega (gleich links fällt eine Schöpfradmühle auf) erreicht man **9 Tiscamanita**. Hier wurde in einer restaurierten Mühle ein Besucherzentrum eingerichtet. Das Gebiet südöstlich von Tiscamanita wird als Malpaís Grande bezeichnet. Dieses »schlechte Land« entstand bei den jüngsten vulkanischen Tätigkeiten auf Fuerteventura, vor etwa 10 000 Jahren. Die herausströmende erkaltende Lava hat zerklüftete extrem bizarre Formen geschaffen. Über eine Piste, die bei der Bushaltestelle in Tiscamanita links abzweigt, kann man ganz nah an das Malpaís Grande heranfahren.

Nächste Station der Inselrundfahrt ist **10 Tuineje**. Da es hier den besten Lehmboden der Insel gibt, wird in der Gegend noch relativ intensiv Landwirtschaft betrieben. Bei der Kreuzung, ca. 9 km hinter Tuineje, hält man sich links, Richtung Tarajalejo. Der Ort liegt etwas abseits der Durchgangsstraße. Herausragendes gibt es hier nicht zu entdecken, daher fährt man am besten gleich weiter gen Inselsüden. Kurz hinter Taralejo passiert die Straße den besuchenswerten **11 * Oasis Park** bei La Lajita. Für den Besuch des kleinen Zoos und des recht weitläufigen Botanischen Gartens benötigt man mindestens zwei bis drei Stunden, man kann aber auch leicht einen halben Tag dort verbringen. So spart man sich die Besichtigung besser für eine andere Gelegenheit auf. Die Straße verläuft nun meist in Küstennähe. Auf der schon bekannten Strecke über Costa Calma geht es zurück nach **1 * Morro Jable**.

Tour 3 Inselzentrum für Kenner

Start und Ziel: Caleta de Fuste
Dauer: 1 Tag
Länge: 157 km

Wer die Hauptsehenswürdigkeiten von Fuerteventura bereits erkundet hat, dem sei diese Rundfahrt empfohlen, die auch Ziele abseits bekannter Touristenrouten berührt.

Von **1 Caleta de Fuste** fährt man zunächst nordwärts vorbei am Flughafen nach Puerto del Rosario. Noch vor dem Erreichen der In-

Betancuria
Elegantes Ambiente in der Casa Santa María

Ziegen
sieht man unt wegs häufig.

Pájara
Die Pfarrkirche ist berühmt wegen ihres Portals.

Ajuy und Las Playitas
sind bekannt für ihre Fischrestaurants.

selmetropole hält man sich links und folgt der FV 20 nach ❷ **Casillas del Ángel**. Die hübsche Dorfkirche fordert dazu auf, einen kurzen Stopp einzulegen. Kurz hinter dem Ort zweigt eine Straße in westlicher Richtung nach ❸ **Valle de Santa Inés** (mit stattlichen Mühlenexemplaren und einer Töpferwerkstatt) ab. An der nächsten Kreuzung hält man sich rechts. Die Straße windet sich aufwärts zum Mirador

Morro Velosa auf dem Monte Tegú mit prächtigem Blick über den gesamten Inselnorden. »Insider« kennen das nächste Etappenziel der Rundfahrt, die alte Inselhauptstadt ❹ ✶✶ **Betancuria**, natürlich schon, doch ein Bummel durch die hübsche Ortschaft lohnt auch ein zweites Mal. Für eine Kaffeepause bietet sich die zur Casa Santa María gehörende Cafeteria (etwas unterhalb des Herrenhauses) an. Frisch gestärkt, ist nun zu überlegen, ob man im 6 km südlich gelegenen ❺ ✶ **Vega de Río de las Palmas** zu einer 6 km langen Wanderung in den Barranco de las Peñitas aufbricht. Hinter der Ortschaft windet sich die Straße wieder aufwärts. Von einem Aussichtsparkplatz bietet sich ein schöner Blick zurück auf den verlandeten Stausee Embalse de las Peñitas. Ausgesprochen kurvenreich geht es weiter bis ❻ ✶ **Pájara**. Ein kurzer Bummel durch den Ort mit seinen prächtigen Holzbalkonen, der eindrucksvollen Kirche und gepflegten Grünzonen ist lohnend. Man verlässt Pájara in westlicher Richtung, hält sich an der Abzweigung rechts und erreicht von hier nach 8 km ❼ **Ajuy**. Mehrere Fischrestaurants laden zu einem vorzüglichen Mahl ein. Richtung Pájara geht es zurück auf derselben Strecke. Kurz vor Erreichen des Orts biegt man jedoch rechts ab und fährt weiter Richtung La Pared. Nach 16 km führt ein Sträßchen über Cardón zur FV 2, der Hauptstraße im Inselsüden. Ihr folgt man ca. 6 km in östlicher Richtung, um dann nach ❽ **Gran Tarajal** abzubiegen. Die zweitgrößte Stadt der Insel ist vom Tourismus kaum vereinnahmt. Hier kann man herrlich in einem Straßencafé an der kleinen Promenade sitzen und hört um sich herum nur Spanisch! Nicht versäumen sollte man den kleinen Abstecher nach ❾ ✶ **Las Playitas**. Die Häuser des Fischerdorfs stapeln sich malerisch am Berghang übereinander. Auch an der Hafenmole geht das Leben seinen geruhsamen Gang. Man fährt zurück zur FV 2, die nächsten 10 km auf dieser Strecke sind schnell zurückgelegt. Dann weist die Markierung rechts nach Pozo Negro. Nach rund 3 km auf dieser Strecke biegt man rechts auf eine Piste zur altkanarischen Ausgrabungsstätte ❿ ✶ **La Atalayita** ab. In ihrem weiteren Verlauf führt die FV 2 an den ⓫ **Salinas del Carmen** vorbei. Sofern noch offen, können das Museo de la Sal und die Salinen besichtigt werden, doch schon von der Straße aus bietet sich ein schöner Überblick über das Freilichtmuseum. Bereits in Sichtweite ist dann wieder die Feriensiedlung ❶ **Caleta de Fuste**.

✓ NICHT VERSÄUMEN

- Ausblick vom Mirador Morro Velosa
- Bummel durch Betancuria
- Ajuy: frischen Fisch genießen
- Las Playitas: das schönste Fischerdorf
- Das Salzmuseum in Las Salinas

Reiseziele von A bis Z

DAS GROSSE »PLUS« DER WÜSTENINSEL SIND IHRE ENDLOS LANGEN SANDSTRÄNDE – WIE HIER DIE PLAYA DE SOTAVENTO. KULTURELLE SEHENSWÜRDIGKEITEN GIBT ES NUR WENIGE.

Ajuy · Puerto de la Peña

E3

Die Fahrt nach Ajuy lohnt einerseits wegen der noch recht urtümlichen Kneipen, in denen man fangfrischen Fisch zu akzeptablen Preisen serviert, zum anderen wegen der bizarren Küstenszenerie in der nahen Umgebung und der reizvollen Wander- bzw. Spaziermöglichkeiten.

Fischerdorf an der Westküste

Man erreicht Ajuy oder Puerto de la Peña, wie das kleine Fischerdörfchen an der Westküste Fuerteventuras auch genannt wird, über eine asphaltierte, 10 km lange Straße von Pájara aus. Sie verläuft durch ein teilweise palmenbestandenes Tal. Verschiedene Fischerhäuschen in Ajuy wurden mittlerweile zu einfachen Ferienunterkünften umfunktioniert. Dennoch geht es hier vor allem unter der Woche still und beschaulich zu. Der **schwarze Sandstrand**, an dem im Sommerhalbjahr meist einige Fischerboote liegen (Saison ist von Mai bis Oktober, im Winter können die Fischerboote wegen starker Brandung in der Regel nicht auslaufen), wird bevorzugt von Einheimischen aufgesucht.

AJUY

ESSEN

► **Erschwinglich**

Jaula de Oro
am Strand
Tel. 928 16 15 94
Im »Goldkäfig« sitzt man auf einer kleinen Terrasse mit Blick zum Meer oder im Innern der etwas schummrigen Bar. Kleine Karte mit ständig wechselndem Angebot an Fisch.

Die Eroberer Gadifer de la Salle und Jean de Béthencourt (► Berühmte Persönlichkeiten) sollen, als sie 1402 erstmals den Boden Fuerteventuras betraten, im heutigen Ajuy an Land gegangen sein. In der Folge avancierte die kleine Sandbucht zum Hafen der damals neu gegründeten Hauptstadt ► Betancuria. Bis Ende des 19. Jh.s wurde von hier aus Kalk zu den anderen Kanarischen Inseln verschifft. Abgebaut wurde er von einer Kalkbank, die sich ca. 15 m ü. d. M. an der Westküste entlangzieht. Im 20. Jh. blieb Ajuy lange Zeit abseits des Inselgeschehens: Erst 1986 erhielt die Ortschaft Strom- und Wasseranschluss.

Umgebung von Ajuy

✶ Caleta Negra

Vom Nordrand der Bucht führt ein breiter Weg aufwärts zur Steilküste; nach ca. 500 m sieht man unterhalb Reste von einstigen Hafenanlagen und mehrere **Höhlenöffnungen** im Gestein der Caleta Negra, der »Schwarzen Bucht«. Schon der Ausblick über die Klippen lohnt den Weg hierher. Auf Stufen gelangt man hinab zu den Höhlengängen (bei rauer See ist davon jedoch besser abzusehen!). Die größte Höhle reicht bis zu 600 m tief in das Gestein hinein (sicherheitshalber sollte man nicht zu weit vordringen!).

Auf Entdeckungstour am Strand von Ajuy

Ebenfalls eine Besichtigung lohnt die Peña Horadada, ein ca. 20 m hohes **Felsentor**. Um dorthin zu gelangen, steigt man von der Caleta Negra wieder zum Aussichtsplatz oberhalb der Höhlen auf und geht auf demselben Weg ca. 50 m zurück. Dann führt links ein Weg zum Klippenrand hinauf. Man folgt dem Klippenrand in nördlicher Richtung und erreicht nach ca. 30 Min. die Peña Horadada an der Mündung des Barranco de la Peña. In einem natürlichen Wasserbecken neben der Peña Horadada ist gefahrloses Baden möglich.

★ **Peña Horadada**

Barranco de la Madre del Agua

Ein hübscher, kurzer Spaziergang führt von Ajuy in den Barranco de la Madre del Agua. Abgesehen vom Barranco de los Molinos ist dies die einzige Schlucht auf Fuerteventura, die von einem kleinen Wasserlauf durchzogen wird. Dieser sorgt für vergleichsweise üppige Vegetation. Um den Eingang in den Barranco zu erreichen, folgt man von Ajuy aus zunächst der Straße in Richtung Pájara. Nach ca. 20 Min. zweigt links ein breiter Weg ab, der zum ausgetrockneten Flussbett hinabführt. An Palmenhainen und Terrassenfeldern vorbei wandert man leicht aufwärts, nach ca. 500 m öffnet sich links der Barranco de la Madre del Agua. Man wird kaum ein idyllischeres Plätzchen auf Fuerteventura finden können. Palmen wiegen sich im Wind, an manchen Stellen sind Wassertümpel dicht mit Brunnenkresse bewachsen. Mit gutem Schuhwerk ausgestattete Wanderer können tiefer in den Barranco vordringen, müssen sich allerdings ihren Weg selbst suchen. Nach heftigeren Regenfällen machen manchmal größere Wassertümpel das Fortkommen unmöglich.

★ Antigua

E 3

Die Gemeinde (10 500 Einw.) im geografischen Zentrum Fuerteventuras fungierte im 19. Jh. zweitweilig als Inselhauptstadt, wovon noch die große Pfarrkirche kündet. Fotogener Blickfang ist eine hübsch restaurierte Windmühle.

Die Gemeinde Antigua, die auch die Ferienstadt Caleta de Fuste verwaltet, erstreckt sich in einer weiten, für Fuerteventura verhältnismäßig grünen Ebene im Inselzentrum. Bekannt ist Antigua als Mittelpunkt des Brauchtums. Dafür zeichnet vor allem der hier ansässige **Kulturverein Mafasca** verantwortlich. Benannt ist er nach einem Irrlicht, das angeblich immer wieder bei Antigua gesehen wird und um das sich viele Geschichten und Legenden ranken. Viel beachtet ist die alljährlich Ende Mai bzw. Anfang Juni stattfindende Feria Insular de Artesanía, eine sehr beliebte Kunsthandwerksmesse. Zum Begleitprogramm gehören Folkloredarbietungen und Vorführungen des »lucha canaria«. Der kulinarische Aspekt kommt natürlich nicht zu kurz und Touristen sind gern gesehene Gäste.

! *Baedeker* TIPP

Auf Pilgerpfaden

Von der Pfarrkirche in Antigua kann man auf einem alten Pilgerweg (Camino de los Perregrinos) nach Betancuria wandern. Nach rund einer Stunde Wanderzeit (auf dem nicht zu verfehlenden Weg) ist die 570 m hohe Passhöhe Degollada de la Villa erreicht. Vom Bergkamm aus geht es durch einen kleinen Hain nach Betancuria, das man nach insgesamt 7 km erreicht. Festes Schuhwerk und Sonnenschutz sind empfehlenswert.

Geschichte

Spanische und normannische Bauern bestellten das fruchtbare Gebiet von Antigua vermutlich schon Ende des 15. Jahrhunderts. Der Ort selbst wurde jedoch erst im 18. Jh. gegründet – er ist damit einer der ältesten der Insel. Seine Blüte erlebte Antigua im 19. Jh.: 1812, 1834 und 1835 war es Inselhauptstadt. Mittlerweile spielt die Landwirtschaft in Antigua keine allzu große Rolle mehr. Die Grundwasservorräte, die früher mit Windmühlen (die letzte war bis 1950 in Betrieb) zutage gefördert wurden, sind schon seit Langem erschöpft.

Ortsbild

Den Ortsmittelpunkt bildet der Platz vor der Kirche, der mit seinen Schatten spendenden Bäumen und seiner subtropischen Pflanzenpracht zum Verweilen einlädt.

Sehenswertes in Antigua

Iglesia Nuestra Señora de Antigua

In der weißen, einschiffigen Kirche wird die Virgen de la Antigua verehrt. Geweiht wurde das schlichte Gotteshaus 1784. Im Innern beeindruckt vor allem die hölzerne Mudéjar-Decke. Der klassizistische bunt bemalte Hauptaltar birgt die Figur der Jungfrau von Anti-

Inmitten eines kleinen Parks: die Mühle von Antigua

gua, die vermutlich in der ersten Hälfte des 17. Jh.s geschaffen wurde. Ein großes Gemälde mit der Darstellung des Jüngsten Gerichts ziert eine Seitenwand.

Am nördlichen Ortsausgang erhebt sich der **Molino de Antigua**. In Mühlen wie dieser wurde auf Fuerteventura seit dem 17. Jh. Getreide zur Herstellung von Gofio bzw. Brot gemahlen. Ein Getreidespeicher befand sich immer in unmittelbarer Nähe. In dem kreisrunden, wieder aufgebauten Speicher ist heute ein Restaurant eingerichtet, das einst von **César Manrique** (▶Berühmte Persönlichkeiten) entworfen wurde (zeitweilig geschlossen). Um die Mühle herum ist nun ein kleines Kunsthandwerkszentrum entstanden (geöffnet: Di. bis Sa. 10.00 – 18.00 Uhr) mit Ausstellungsraum (archäologische Exponate, Tongefäße) und einem Laden, in dem man inseltypisches Kunsthandwerk erstehen kann. In einem weiteren Raum wird eine ca. 20-minütige Multivisionsshow gezeigt. Ein gepflegter Garten mit kanarischer Flora und eine Cafeteria erhöhen die Attraktivität des Museumsdörfchens.

ANTIGUA ERLEBEN

ESSEN

▶ Erschwinglich

La Flor de Antigua
Calle El Obispo
Tel. 928 87 81 68
Fisch- und Fleisch, zubereitet nach typisch kanarischen Rezepten

ÜBERNACHTEN

▶ Komfortabel

Hotel Era de la Corte
Ortsteil La Corte
35630 Antigua
Tel. 928 87 87 05
www.eradelacorte.com
Aus einem um 1890 erbauten Landgut wurde ein kleines exquisites Hotel mit elf Zimmern. Alle Räume sind individuell eingerichtet. Ein Pool und ein Tennisplatz sowie ein Fitnessraum gehören zu dem Komplex.

Umgebung von Antigua

Valles de Ortega Die kleine Ortschaft Valles de Ortega, 4 km südlich von Antigua, ist mit der Häuseransammlung **Casillas de Morales** zusammengewachsen. Die zahlreichen (mittlerweile jedoch stark verfallenen) Windmühlen in diesem Gebiet zeugen davon, dass hier einst intensiv Landwirtschaft betrieben wurde. Nach wie vor leben einige Bauern vom Gemüseanbau.

Inmitten von Feldern liegt die 1732 von einer der reichsten Familien der Insel gestiftete **Ermita de San Roque**. Der hl. Rochus ist der Nothelfer gegen die Pest. Mit der Errichtung der Kapelle hoffte man, eine mögliche Pestepidemie abwenden zu können.

Triquivijate Triquivijate, 5 km östlich von Antigua, ist einer jener Orte, in die man nur mehr oder weniger zufällig gerät. Die Landwirtschaft ist auf Fuerteventura kein rentables Geschäft mehr, viele der ockerfarbenen Bauernhäuser sind verlassen, manche verfallen. Etwas abseits der Hauptstraße steht – von einer Zinnenmauer umgeben – die 1715 geweihte Kirche San Isidro. San Isidro ist der Schutzpatron der Bauern.

★★ Betancuria

E 3

Der schönste Ort der Insel ist zweifellos Betancuria. Die alte Inselhauptstadt liegt inmitten eines fruchtbaren von hohen Bergen gesäumten Tals. Vom Glanz vergangener Zeiten zeugen die große Pfarrkirche und etliche hübsch restaurierte Kolonialhäuser.

Der Eroberer von Fuerteventura, Jean de Béthencourt(► Berühmte Persönlichkeiten), hatte die Lage im Inselinneren aus strategischen Gründen gewählt, das administrative Zentrum der Insel sollte so vor Piratenangriffen geschützt sein. Eine Fehlentscheidung, wie sich später herausstellte. Von Piraten blieb Betancuria nicht verschont. Das recht enge Tal setzte einer effektiven Landwirtschaft und damit steigenden Bevölkerungszahlen Grenzen. Wirtschaftlich geriet Betancuria schon bald ins Abseits. Als weiteres Wirtschaftshemmnis erwies sich das Fehlen eines Hafens. Heute leben nur noch etwa 200 Menschen in der einstigen Inselmetropole.

Geschichte **Jean de Béthencourt** gründete 1405 den nach ihm benannten Ort als Inselhauptstadt. Als Papst Martin V. 1424 ein unabhängiges Bistum auf Fuerteventura schuf, avancierte er gar zum Bischofssitz. Tatsächlich residierte jedoch nie ein Bischof auf der Wüsteninsel und 1430 wurde das Bistum wieder aufgehoben.

Einen Meilenstein in der Geschichte setzte 1593 der Angriff des Piraten Jabán Arráez. Zahlreiche Einwohner wurden in die Sklaverei verschleppt, viele Gebäude zerstört. Spätestens seit dem 17. Jh. konnte

Betancuria seinen Status als Inselhauptstadt nur noch mit Mühe halten. Davon zeugt ein Erlass des Jahres 1631: Bürger mussten einen bestimmten Zeitraum im Jahr in der Hauptstadt leben und ihre verfallenden Häuser wieder erneuern. Bei Nichteinhaltung drohte ihnen 15 Jahre Kerkerhaft. Immerhin blieb Betancuria bis 1834 mit kurzen Unterbrechungen das Verwaltungszentrum der Insel.

✶✶ **Ortsbild**

Weiße Häuschen zwischen Palmen, umgeben von Äckern und Gärten: Betancuria strahlt eine besondere Idylle und Ruhe aus. Für einen Besuch eignen sich die späteren Nachmittagsstunden, wenn die meisten Touristenbusse wieder abgefahren sind.
Der Ortskern wurde 1988 in seiner Gesamtheit unter Denkmalschutz gestellt. Vor allem an den Häusern entlang der Hauptstraße fallen verschiedentlich kunstvolle Umrahmungen von Fenstern und Türen auf. Vielfach stammen sie noch aus gotischer Zeit. In den Häusern rund um die Iglesia de Santa María residierten einst die führenden Adelsfamilien der Insel. Die zweistöckige Bauweise und die schön geschnitzten Holzbalkone künden noch heute von ihrem Wohlstand.

Sehenswertes in Betancuria

✶✶ **Iglesia de Santa María**

Die Gründung der Iglesia de Santa María geht bereits auf Jean de Béthencourt zurück. Nach der 1593 erfolgten Zerstörung bei einem Piratenangriff wurde sie in der ersten Hälfte des 17. Jahrhunderts

Die bedeutendste Kirche der Insel: Iglesia de Santa María

BETANCURIA ERLEBEN

EINKAUFEN

Centro Insular de Artesanía
an der Hauptstraße
Eine gute Auswahl an schöner Keramik, Stickerei, Flechtarbeiten etc. bietet das Kunsthandwerkszentrum der Inselregierung.

ESSEN

► Erschwinglich

Restaurant im Mirador Morro Velosa
Das Café/Restaurant bietet neben solider Küche einen tollen Ausblick.
Geöffnet: Di. – Sa. 10.00 – 18.00 Uhr.

► Fein & teuer

Casa Santa María
neben der Kirche
Tel. 928 87 82 82
Stilvolles Ambiente hat hier seinen Preis. Allerdings sitzt man wirklich sehr schön im Patio bzw. in den geschmackvoll gestalteten Innenräumen. Die Qualität der Speisen kann jedoch mit den Preisen nicht so ganz mithalten.
Als preiswertere Alternative bietet sich die Tapas-Bar Valtarajal direkt an der Dorfstraße an.

wieder aufgebaut. Man betritt die Kirche durch ein Portal im rechten Seitenschiff. Es gilt als eines der wenigen Beispiele der Spätrenaissance auf den Kanaren. Den Giebel zieren das Stadtwappen und das Familienwappen der Béthencourts.
Im Innern weist die dreischiffige Iglesia de Santa María sehenswerte Kunstschätze auf. Aus der zweiten Hälfte des 17. Jahrhunderts stammt der vergoldete barocke **Hochaltar**. Geschaffen wurde er von einem Künstler aus Teneriffa. Die Muttergottes-Statue auf der Mondsichel in der Zentralnische des Altars soll den Sieg des Christentums über die maurischen Heiden symbolisieren. Als eine der ältesten Holzschnitzereien der Kanaren gilt die Figur der **Santa Catalina** in einem Altar im Seitenschiff. Sie wird auf das späte 15. Jahrhundert datiert. Beachtenswert ist ferner die im Mudéjarstil gehaltene Holzdecke der Sakristei (geöffnet: Mo. – Fr. 10.45 – 16.20, Sa. 11.00 bis 15.20 Uhr).

Museo de Arte Sacro

In einem alten herrschaftlichen Haus bei der Kirche wurde das Museo de Arte Sacro eingerichtet. In vier Räumen sind religiöse Kunstgegenstände aus der Iglesia de Santa María und anderen Insel-Kirchen ausgestellt, ferner zeigt eine Fotosammlung alle Sakralbauten auf der Insel (zzt. geschlossen).

Casa Santa María

Die Casa Santa María, ein liebevoll restauriertes Herrenhaus aus dem 16. Jh., beherbergt ein stilvolles Restaurant (siehe oben) und ein kleines Museum. In einer zwanzigminütigen **Multivisionsshow** werden die Besonderheiten Fuerteventuras herausgestellt, außerdem kann man verschiedenen Kunsthandwerkern bei der Arbeit über die Schulter schauen (geöffnet: Mo. – Sa. 11.00 – 16.00 Uhr).

Museo Arqueológico y Etnográfico

Das kleine Museum liegt an der Hauptdurchgangsstraße. Vor dem Eingang sind zwei Kanonen aufgestellt, Beutestücke der Schlacht von 1740, bei der sich die Bevölkerung erfolgreich gegen eindringende Engländer zur Wehr setzte. Das Innere birgt vor allem archäologische Fundstücke aus der Zeit der Altkanarier. Ein gesonderter Raum ist der Geologie Fuerteventuras gewidmet (geöffnet: Di. – Sa. 10.00 bis 18.00 Uhr).

Convento de San Buenaventura

Am nördlichen Ortsausgang steht an der Straße die recht imposante Kirchenruine des Franziskanerklosters, das San Buenaventura geweiht war. Auf den Resten eines Vorgängerbaus wurde das Kloster 1414 errichtet und 1460 vergrößert. Ebenso wie die Kirche erlitt es bei dem Piratenangriff von 1593 schwere Schäden. Unter Beibehaltung einiger gotischer Bauelemente wurde das Kloster im 17. Jh. wieder aufgebaut. Nachdem 1836 auf Anweisung der spanischen Krone alle Klöster säkularisiert worden waren, benutzten die Einwohner Betancurias das Kloster als Steinbruch. Erhalten blieben nur die Außenmauern, die vor einigen Jahren restauriert und in eine Gartenanlage integriert wurden.

Capilla San Diego de Alcalá

Gegenüber der Klosterruine fällt die Capilla San Diego de Alcalá ins Auge. Der später heilig gesprochene San Diego de Alcalá (►Berühmte Persönlichkeiten) wirkte Mitte des 15. Jh.s im Convento de San Buenaventura. Er kam als Laienbruder zu der Klostergemeinschaft,

Vom Mirador Morro Velosa hat man einen tollen Blick über weite Teile der Insel.

lebte als Eremit in einer nahen Höhle – an dieser Stelle steht angeblich die Kapelle – und soll zahlreiche Wunder bewirkt haben. Der heutige Kapellenbau stammt aus dem 17. Jh., einige gotische Architekturelemente des Vorgängerbaus wurden damals in das neue zweischiffige Gotteshaus integriert.

Umgebung von Betancuria

Finca de Pepe Am Ortsausgang von Betancuria gegenüber der Klosterruine führt links eine Straße ca. 2 km bergauf zur Finca de Pepe, einer Ziegenfarm. Der hauseigene Käse steht zum Verkauf.

*** Montaña Tegú** Verlässt man Betancuria in nördlicher Richtung, so bietet sich nach Erreichen der Passhöhe an der Montaña Tegú ein schöner Blick auf das idyllisch gelegene Betancuria. Auf dem kahlen Gipfel des Morro de Veloso wurde mit EU-Mitteln der weithin sichtbare **Mirador Morro Velosa** mit Restaurant und Bar errichtet.

Caleta de Fuste (Costa Caleta)

F 3

Der auch als Costa Caleta oder El Castillo bekannte Ferienort südlich des Flughafens ist neben Jandía und Corralejo das dritte große Ferienzentrum Fuerteventuras. Vor allem Familien mit kleinen Kindern kommen gern hierher – und neuerdings auch Golfer, denn in Caleta de Fuste gibt es zwei Golfplätze samt dazugehörigen noblen Golfhotels.

Die Ferienstadt liegtan der Ostküste, nur wenige Kilometer südlich des Flughafens (die Lärmbelästigung hält sich aber in Grenzen). Neben Familien mit Kindern und Golfern eignet sich der Ort besonders als Urlaubsdomizil für Surfanfänger und Segler. Die kleine, geschützte Bucht von Caleta de Fuste bietet ihnen optimale Bedingungen. Allerdings ist der zugehörige Sandstrand nicht mit den fantastischen Dünenstränden im Norden und Süden der Insel zu vergleichen.

Ortsbild Den Kern von Caleta de Fuste bildet die unmittelbar am Strand gelegene Feriensiedlung Barceló Club El Castillo, die überwiegend aus kleinen Bungalows im maurisch-kanarischen Stil besteht. Reizvoll sind der liebevoll gestaltete »Dorfplatz« mit Läden und Restaurants sowie die Swimmingpool-Landschaft rund um das **Castillo de Fuste**. Der runde Befestigungsturm stammt aus dem 18. Jh. und sollte vor Piratenangriffen schützen. Treffpunkt in Caleta de Fuste ist der **Yachthafen**: Von hier werden regelmäßig Ausflugsfahrten (z. B. Unterwassersafaris oder Katamaran-Touren) angeboten. Zudem kann man am Hafen ein kleines **Oceanarium** besichtigen; hier wird im Kanarischen Archipel vorkommendes Meeresgetier gehalten.

Rund um die Anlage El Castillo entstanden in den letzten beiden Jahrzehnten zahlreiche weitere Feriensiedlungen. In vielen kauften sich Privatleute ein, die ihre Appartements nur wenige Wochen im Jahr nutzen, weshalb auch in der Regel ein Teil leersteht. Mittlerweile reicht die Bebauung weit über die viel befahrene Küstenstraße hinaus. Um diese nicht ständig überqueren zu müssen, entscheidet man sich bei der Hotelwahl am besten für ein Haus in Strandnähe. Die mittlerweile recht großen Entfernungen zwischen Hotel- und Appartementanlagen bzw. Strand und Hafen lassen sich mit einer **Mini-Bahn** bequem bewältigen.

Umgebung von Caleta de Fuste

Playa de La Guirra

Südlich von Caleta de Fuste entstand beidseits der viel befahrenen FV 2 rund um einen 18-Loch-Golfplatz die Feriensiedlung Playa de La Guirra mit Luxushotel, Villen und Bungalows; ein weiterer Ausbau ist geplant. Ein zweiter Golfplatzes liegt kaum einen Kilometer weiter.

Salinas del Carmen

Ca. 2 km südlich von Caleta de Fuste beim Weiler Las Salinas liegen die alten Salzgewinnungsanlagen, die Salinas del Carmen(► Abb. S.

Caleta de Fuste Orientierung

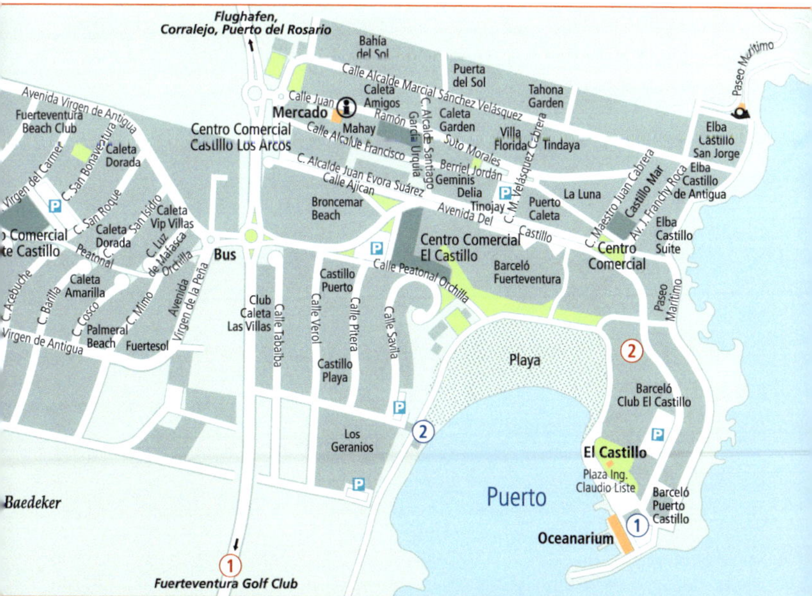

Übernachten
① Elba Palace Golf
② Barceló Club El Castillo

Essen
① Puerto Castillo
② Frasquita

CALETA DE FUSTE ERLEBEN

AUSKUNFT

Oficina de Turismo
Calle Juan Ramón Soto Morales, 10
Tel. 928 16 36 11
www.caletadefuste.es

EINKAUFEN

Sehr modern und schick präsentieren sich die Läden und Boutiquen im Centro Comercial Atlántico (nahe der FV-2). Dort gibt es auch einen sehr gut sortierten Padilla-Supermarkt.

ESSEN

► Erschwinglich

① ***Puerto Castillo***
Paseo Marítimo, Tel. 928 16 31 00
Was die Speisen betrifft, die beste Adresse im Ort. Von der Dachterrasse hat man einen herrlichen Blick auf Yachthafen und Meer.

② ***Frasquita***
Calle Aulaga 20, Tel. 928 16 36 57
Fisch und Meeresfrüchte kommen in diesem Restaurant an der Playa del Castillo frisch auf den Tisch.

ÜBERNACHTEN

► Luxus

① ***Elba Palace Golf***
Urb. Fuerteventura Golf Resort
Tel. 928 16 39 22
www.hoteleselba.com
In dem Fünfsternehotel am Golfplatz sind nicht nur Golfer willkommen. 61 gut ausgestattete Zimmer.

► Günstig

② ***Barceló Club El Castillo***
Tel. 928 16 31 01
www.barcelo.com
Die Anlage mit ihren weißen, zweistöckigen Bungalows bildet ein komplettes Dorf. Der ideale Ort für Familien mit Kindern: mit Animation, einer großen Poollandschaft, Geschäften, Bars und Restaurants.

Ins Abendlicht getaucht: das Castillo de Fuste innerhalb des Barceló Clubs

82). Diese Salinen versorgten ehemals die gesamte Insel mit Salz. Auf dem Areal eröffnete 2005 das **Museo de la Sal**. Die Salinen wurden im Jahr 1910 angelegt, arbeiteten aber schon bald nicht mehr richtig rentabel und verfielen später zusehends. Mit EU-Mitteln wurden die Verdunstungsbecken wieder hergerichtet, sodass heute wieder geringe Mengen von Meersalz produziert werden können. Im Freigelände können verschiedenen Stadien der Salzgewinnung beobachtet werden. Zum Wahrzeichen des Freilichtmuseums avancierte das etwa 20 m lange Skelett eines Wals. Ein kleines Museum macht mit der Salzkultur bekannt (geöffnet: Di. – Sa. 10.00 bis 18.00 Uhr). Das in der Nähe gelegene Lokal Los Caracolitos (Tel. 928 17 42 42) ist eine gute Adresse für Fisch und Meeresfrüchte.

! *Baedeker* TIPP

Golfen mit Meerblick

Bei Caleta de Fuste wurde 2002 Fuerteventuras erster Golfplatz eröffnet. Mit Blick aufs Meer kann man hier golfen, die nötige Ausrüstung wird vermietet. Zu dem 18-Loch-Parcours gehören ein Clubhaus mit Golf-Laden und Golf-Schule, mehrere Bars und ein Restaurant. Auskünfte und Reservierung: Fuerteventura Golf Resort, Carretera de Jandía (Km 11), Tel. 928 16 00 34, www.fuerteventuragolfclub.com.

Puerto de la Torre

Eine ca. 1 km lange Piste verbindet Las Salinas mit dem südlich gelegenen Puerto de la Torre. Über den Hafen wurde früher Kalk verschifft. Daran erinnern die Überreste von Kalköfen im Mündungsbereich des Barrancos. Bei den Einheimischen ist der kleine Kies- bzw. Felsstrand von Puerto de la Torre als Ausflugsziel recht beliebt. Zu Fuß kann man ein Stück in den Barranco de la Torre vordringen. Im tief eingeschnittenen Tal rascheln die Palmenblätter im Wind, auf kleinen Feldern wird etwas Landwirtschaft betrieben. Nach rund 1 km sind links des Barrancos die Reste eines altkanarischen Gebäudes zu entdecken.

Costa Antigua

Die 2 km nördlich von Caleta de Fuste aus dem Boden gestampfte Feriensiedlung (früher Nuevo Horizonte) wirkt ohne jegliches Flair. Es gibt weder gute Einkaufsmöglichkeiten noch einen akzeptablen Strand. Pauschalgäste kommen dafür günstiger unter als im benachbarten Caleta de Fuste.

Casillas del Ángel

F 3

Etwa auf halber Strecke zwischen Puerto del Rosario und Betancuria liegt das Straßendorf Casillas del Ángel. Bis zum Jahr 1930 war es das Verwaltungszentrum für eine der acht Gemeinden, in die Fuerteventura eingeteilt war. Danach wurde es Puerto del Rosario angegliedert.

Iglesia Santa Ana Inmitten der verstreut stehenden einfachen Bauernhäuser ragt die Pfarrkirche Santa Ana auf. Demansonsten weißen Gebäude ist eine aus dunklem Lavagestein bestehende Barockfront vorgesetzt. Sie wird von einem hohen Giebel gekrönt, der die Glocken trägt. Ihr heutiges Aussehen erhielt die Kirche im ausgehenden 18. Jahrhundert.
Der spätbarocke Hauptaltar im Innern gilt als eines der bedeutendsten Werke sakraler Kunst auf Fuerteventura. Bei der Darstellung der hl. Anna und der Marienfigur in der zentralen Nische soll es sich um eine kastilische Arbeit aus dem 17. Jh. handeln. Hervorzuheben ist ferner die Holzdecke im Mudéjarstil über dem Altarraum.

Cofete

C 5

Nur wenige Touristen würden sich in den abgeschiedenen Weiler Cofete auf der Halbinsel Jandía verirren, gäbe es dort nicht die geheimnisumwitterte Villa Winter. Eine weitere und sicher schönere Attraktion ist der Strand von Cofete.

Ort in der Einsamkeit: Puerto de la Cruz auf der Jandía-Halbinsel

Anfahrt

Wer einen Ausflug nach Cofete unternehmen möchte, sollte dafür einen ganzen Tag einplanen. Von Morro Jable nach Cofete und weiter zur Punta de Jandía und zur Punta Pesebre sowie zurück nach Morro Jable sind zwar nur ca. 70 km zurückzulegen, doch kommt man vor allem bei Cofete mit einem Pkw teilweise nur im Schritttempo vorwärts. Die Mühen der Anfahrt lohnen sich nur, wenn man Zeit hat, die abgeschiedene Landschaft auf sich wirken zu lassen.

Bis heute ist Cofete nur über eine recht **schlechte Schotterpiste** von Morro Jable/Jandía aus zu erreichen. Sie lässt sich zwar mit einem normalen Pkw bewältigen, doch empfiehlt sich für die Tour ein Geländewagen (vor allem nach Regenfällen!). Man verlässt das Touristenzentrum Morro Jable in westlicher Richtung. Parallel zur Küste verläuft die Piste weitgehend eben durch eine wüstenartige Landschaft. Ab und an sieht man Reifenspuren von Jeeps, die zu einsamen grobsandigen Buchten an der Südküste führen. Viele sind jedoch auch nur zu Fuß erreichbar. Nach ca. 11 km zweigt rechts eine Bergstrecke ab (geradeaus gelangt man zur Punta de Jandía, siehe S. 140). Zahlreiche Serpentinen sind hier zu überwinden, bis sich von der Passhöhe am Roque del Moro (oder Montaña Aguda) der **prächtigste Ausblick im Inselsüden** ergibt. Weit unten glitzert die Playa de Cofete in der Sonne, an die sich nach Osten hin die Playa de Barlovento anschließt. Nun beginnt die unangenehmste Wegstrecke. Teilweise steil geht es hinab nach Cofete.

! *Baedeker* TIPP

Essen am Ende der Welt

Gleich drei einfache Bars/Restaurants gibt es in dem winzigen Nest Puerto de la Cruz. Am Wochenende herrscht hier Betrieb, dann kommen auch Einheimische zum Sonntagsausflug. Empfehlenswert – wegen der Lage am Meer – ist vor allem El Caletón. Entweder isst man frischen gegrillten Fisch oder man probiert den Fischeintopf (tgl. geöffnet).

Wanderung

Die Wanderung nach Cofete (hin und zurück ca. 15 km, gute Wanderschuhe!) folgt dem alten Verbindungsweg quer über die Halbinsel Jandía, über den 350 Meter hohen Pass Cofete. Man verlässt Morro Jable auf der westwärts führenden Piste. Nach ca. 4 km zweigt ein zunächst noch mit geländegängigen Fahrzeugen befahrbarer Weg rechts in das Gran Valle ab (hier sollte man sein Auto abstellen). Dieser geht bald in einen schmalen Pfad über. Dieser erschließt eine einsame und karge Landschaft. Vom Bergsattels bietet sich ein prächtiger Blick über den Südzipfel der Insel.

◄ Kandelaberwolfsmilch

Gleich am Beginn der Wanderung wachsen am Eingang des Gran Valle bis zu einer Höhe von 150 m Exemplare von Euphorbia handiensis. Dieses wie ein Kaktus aussehende Wolfsmilchgewächs kommt natürlicherweise nur noch auf Fuerteventura vor und ist hier auf die Jandía-Halbinsel beschränkt. Jenseits des Passes findet man in der Umgebung von Cofete eindrucksvolle Bestände der Kandelaberwolfsmilch (**Euphorbia canariensis**, Abb. S. 23).

◄ weiter auf S. 140

GEHEIMNISVOLLE VILLA

In der Einöde bei Cofete steht ein großes Gebäude mit rundem Turm – die Einwohner nennen es »El Chalet« oder »Palacio de Cofete«. Und auf jeden Fall können sie jede Menge Geschichten über das Gebäude bzw. das Grundstück erzählen. Mal soll es als Nachschubbasis für deutsche U-Boote im Zweiten Weltkrieg, mal als Rückzugsrefugium für Adolf Hitler oder als Zwischenstation für Nazi-Größen auf ihrer Flucht nach Südamerika gedient haben.

Die Fakten: Besitzer der Villa war der 1892 in Neustadt am Titisee/Schwarzwald geborene Ingenieur **Gustav Winter**, der seit 1915 vor allem in Spanien lebte. Er war maßgeblich am 1926 begonnenen Bau des Elektrizitätswerks von Gran Canaria beteiligt. In den 1930er-Jahren kam er nach Fuerteventura und pachtete die gesamte Halbinsel Jandía. Ab 1937 versuchte er sich – unter der Schirmherrschaft **Hermann Görings** – an der Errichtung einer Fischfabrik und eines Zementwerks in Morro Jable. Der Zweite Weltkrieg setzte dem Projekt jedoch ein schnelles Ende. Nach dem Verkauf seines Besitzes an die spanische Eigentümergemeinschaft Dehesa de Jandía S. A. ging Winter nach Frankreich und war am Bau von U-Boot-Bunkern in der Bretagne beteiligt. Die Rückkehr nach Fuerteventura erfolgte 1947. Hier widmete er sich nun der Landwirtschaft: Er züchtete Schafe und Ziegen und baute besagte Villa. Im Jahr 1956 siedelte die Familie nach Gran Canaria über. 1968 erhielt Don Gustavo, wie er von den Einheimischen respektvoll genannt wurde, wegen seiner »großen Verdienste im Bereich der Landwirtschaft« Ländereien im südlichen Fuerteventura von der Dehesa de Jandía S.A. zum Geschenk. Für die Familie Winter erwies sich das als Goldsegen, denn einige Zeit darauf verkaufte sie einen Teil davon als Bauland für touristische Projekte. Gustav Winter starb 1971, kurz nachdem eine große deutsche Zeitschrift über die »geheimnisvolle Villa Winter« und ihren nicht minder »mysteriösen Besitzer« berichtet hatte.

Nur Gerüchte?

All den Gerüchten zufolge, die auch immer wieder von der kanarischen Presse aufgegriffen wurden, hatte Winter das Grundstück von Franco für seine Aufbauleistungen in Spanien erhalten. Seine Aufgabe als Oberst der Kriegsmarine sei es gewesen, einen U-Boot-Stützpunkt anzulegen. Die Ein-

Gustav Winter ließ die Villa 1947 erbauen. Allerdings hat die Familie Winter nie dort gewohnt.

wohner des nahen Cofete seien vertrieben worden; Stacheldrahtzäune hätten unerwünschten Besuchern den Zutritt zu diesem militärischen Sperrgebiet verwehrt. Boote, die sich von See her genähert hätten, seien sogar beschossen worden. Ein unterirdischer Bunker unter dem Hügel vor der Villa habe als Nachschubbasis und als Auftankstation für die im Atlantik operierenden deutschen U-Boote gedient. Auch das Flugfeld (an der Punta de Jandía) soll in diesem Zusammenhang angelegt worden sein.

Basis für deutsche U-Boote?

»Stützpunkt für deutsche U-Boote im Zweiten Weltkrieg« – ergibt das einen Sinn? Hatte das nationalsozialistische Deutschland überhaupt ein Interesse an Fuerteventura bzw. an den Kanarischen Inseln? Ja – zumindest in den Kriegsjahren 1940 und 1941. Das Nazi-Regime strebte eine **Neuaufteilung der afrikanischen Kolonien** an. Zum Schutz der atlantischen Verbindungslinien zwischen dem zukünftigen Kolonialreich Mittelafrika und Deutschland dachte der »Führer« an Flottenstützpunkte in Marokko und auf den Kanarischen Inseln. Im weiteren Verlauf des Kriegs ging an die Regierungen in Madrid und Lissabon von deutscher Seite die Weisung, sich mit allen Mitteln gegen eine Festsetzung alliierter Streitkräfte sowohl im Mutterland als auch auf den Inselgruppen zur Wehr zu setzen. In diesem Zusammenhang wurden im August 1941 einige **Küstengeschütze** auf den Kanaren aufgestellt. Dennoch ist mehr als zweifelhaft, dass die abenteuerlichen Behauptungen im Zusammenhang mit der Villa Winter überhaupt einen Wahrheitsgehalt hatten. Sie konnten sich vor allem halten, weil das Grundstück zwischenzeitlich scharf bewacht wurde.

Weitere Nutzung

Bis heute pilgern viele Touristen zur (nicht zugänglichen) Villa Winter – allzu mysteriös geht es dort aber nicht mehr zu. Rund um das Anwesen wird ein wenig Landwirtschaft betrieben. Zwischenzeitlich wollte die Inselregierung das Gebäude von der Familie Winter erwerben und ein Institut für Geologen und Botaniker einrichten, dann gab es Pläne, dort ein Hotel zu eröffnen – ob dann aber immer noch so viele Touristen kommen würden?

Ortsbild Der Ort Cofete besteht aus wenigen Häusern bzw. Bretterbuden, viele von ihnen sind nur zeitweise bewohnt. Wichtigstes Gebäude ist die Bar, Ziel zahlreicher Jeep-Safaris. In Sichtweite davon liegt auf einem umzäunten Grundstück die legendäre **Villa Winter**, die sich der deutsche Ingenieur Gustav Winter (► Berühmte Persönlichkeiten) bauen ließ. Es gehört nach wie vor der Familie, ist aber nicht zugänglich.

Umgebung von Cofete

✶✶ Playa de Cofete Mehrere Pisten (für einen Pkw nur mit Mühe zu bewältigen) führen von Cofete hinab zur Playa de Cofete. Da das Gebiet unter Naturschutz steht, durfte es bisher nicht bebaut werden. Im Gegensatz zu den Stränden an der Südküste präsentiert sich die Playa de Cofete wilder und schroffer. Wegen der hohen Brandung und gefährlicher Strömungen ist das Baden hier lebensgefährlich.

✶ Playa de Barlovento El Islote, das Inselchen, trennt die Playa de Cofete von der östlich angrenzenden Playa de Barlovento. Je nach Wasserstand besteht sie aus einem mehr oder minder breiten Sandstreifen vor einer Steilküste. Strandwanderer kommen hier auf ihre Kosten: Playa de Cofete und Playa de Barlovento sind zusammen fast 10 km lang.

Puerto de la Cruz Lohnend ist ein Abstecher zum Fischerdörfchen Puerto de la Cruz und weiter zur Punta de Jandía. Man fährt zunächst auf derselben Strecke zurück. Nach 7 km hält man sich rechts und erreicht nach insgesamt 15 km die Häuser von Puerto de la Cruz. Die meisten von ihnen werden nur als Wochenenddomizil genutzt. Die Befestigungen am Hafen wurden einst durch Gustav Winter veranlasst.

✶ Punta de Jandía Von Puerto de la Cruz ist der südwestlichste Punkt Fuerteventuras, die Punta de Jandía, noch 1 km entfernt. Die Landspitze markiert ein **Leuchtturm**, der mit Solarenergie betrieben wird. Man genießt von hier einen grandiosen Blick, der bei klarer Sicht bis nach Gran Canaria reicht. Meist weht ein starker Wind, der die Wellen gegen die Küste peitscht. Baden ist lebensgefährlich!

Playa de Ojos, Punta Pesebre Von Puerto de la Cruz kann man auf einer Piste zur 4,5 km nördlich gelegenen Punta Pesebre weiterfahren. Links der Straße erstreckt sich die Playa de Ojos, die von Land aus jedoch nur schwer zugänglich ist. Rechts sieht man ein aufgelassenes Flugfeld, angeblich eine im Auftrag von Gustav Winter angelegte Landepiste. Für die Mühen der Fahrt entschädigt der Blick, den man von der Punta Pesebre über die Nordküste der Jandía-Halbinsel genießt.

Las Talahijas Mehrere steinige Pisten winden sich von der Punta Pesebre aufwärts zur 189 m hohen Erhebung Las Talahijas. Man nimmt an, dass hier vor der spanischen Eroberung der Insel Altkanarier eine Siedlungsstätte hatten.

Das Hinterland der Playa de Corralejo ist eine traumhafte Dünenlandschaft.

★ Corralejo

F1

Der Ferienort Corralejo, ganz im Norden von Fuerteventura, ist neben Jandía bzw. Morro Jable das zweite große Touristenzentrum der Insel. Seine Beliebtheit verdankt er der traumhaften Dünenlandschaft südlich der Ortschaft.

Mittlerweile leben in dem ehemaligen Fischerort rund 13 000 Einwohner. In Corralejo geht es noch etwas bunter zu als in den anderen Touristenzentren der Insel. Vor allem im Sommer und zu Weihnachten kommt ein Großteil der Gäste vom spanischen Festland. Besonders beliebt ist Corralejo bei Surfern und Tauchern. Ideale Bedingungen finden sie in dem schmalen Meeresstreifen zwischen Corralejo und der vorgelagerten Insel ►Lobos. Meeresflora und -fauna sind hier außergewöhnlich reichhaltig. Ein fast immer recht stark wehender Wind sorgt dafür, dass es Surfern nicht langweilig wird. Anfänger dürften jedoch Probleme haben. Bevorzugtes Revier zum Surfen ist die Gegend um die Nordspitze der Insel; die Playa de Corralejo ist wegen ungünstiger Wind- und Strömungsverhältnisse kein

Surfparadies. Sonnenhungrige haben in Corralejo mit wenigen Ausnahmen längere Wege zurückzulegen. Der kleine Strand im Ortszentrum ist wenig attraktiv. Die Entfernung zur grandiosen Playa de Corralejo beträgt rund 3 – 5 km (von manchen Hotels besteht ein Buspendeldienst).

Geschichte Die Geschichte Corralejos begann erst im ausgehenden letzten Jahrhundert. Zuvor lebten hier nur zeitweilig einige Schmuggler, die Getreide und andere Waren nach Lanzarote schafften. Bis weit ins 20. Jahrhundert hinein blieb das Fischerdorf abseits des Geschehens. Noch 1950 wohnten nur etwa 200 Menschen an dem abgeschiedenen Flecken. Als 1967 die erste Appartementanlage eröffnet wurde, gab es im Ort weder elektrischen Strom noch fließend Wasser. Ein regelrechter Bauboom setzte erst 1980 ein. Obgleich in und um Corralejo in den letzten Jahren ein endlos erscheinendes Meer von neuen Hotel- und Bungalowanlagen entstanden ist, hat sich der einstige

Corralejo Orientierung

Übernachten
1. Riu Palace Tres Islas
2. Atlantis Dunapark
3. Atlantis Bahía Real
4. Clubhotel Riu Oliva Beach

Essen
1. El Patio
2. El Sombrero
3. La Marquesina
4. Café Latino
5. El Rincón de Périco

Fischerort doch noch ein bisschen Ursprünglichkeit bewahren können. Zentrum des Ortes ist ein kleiner **Marktplatz**, um den sich Lokale und Läden gruppieren. Auch die kurze Promenade mit Cafés und Restaurants lädt zum Verweilen ein.

Wasserpark Baku

Der 2004 eröffnete **Freizeitpark** liegt an Corralejos kilometerlanger Durchgangsstraße, der Avenida Nuestra Señora del Carmen (früher Avda. General Franco), ein Stück außerhalb in Richtung Dünenstrände. Auf 160 000 m² verteilen sich etliche Pools und Wasserrutschen, ein Wellenbad sowie u. a. Minigolfanlage, Bowlingbahn, Tiergehege und mehrere Restaurants. Für Kinder attraktiv, doch nicht ganz billig (20 € für Erwachsene, 14 € für Kinder).

✶ Playa de Corralejo · El Jable

Naturpark

Den jähen Aufschwung zum Touristenzentrum verdankt Corralejo seinen ca. 7 km langen **Traumstränden**, die 3 km südöstlich des Orts beginnen. Daran grenzt ein ausgedehntes **Dünengebiet** (El Jable). Es ist ständig in Bewegung. Mitunter machen die Verwehungen selbst die durch das Areal verlaufende Straße schwer passierbar.

Naturschutzgebiet

Seit 1982 sind Strand und Dünen von Corralejo als Naturpark ausgewiesen und erhielten von der EU den Status eines »Besonderen Schutzgebietes«. Daher darf die Region nicht mehr bebaut werden. Nur zwei große, in den 1970er-Jahren errichtete Hotels stehen direkt am Strand und sind wegen ihrer Lage äußerst beliebt.

Selten gewordene Pflanzen, Vögel und Eidechsen sind in dieser Dünenlandschaft heimisch (man sollte daher auch mit dem Jeep keinesfalls die Straße verlassen!). Während die hohen Dünen kahl sind, wachsen in den Tälern u. a. Strandwolfsmilch, ein ca. 10 cm hohes Zypergras, Jochgras und Gänsefußgewächse. Die Vogelwelt ist mit einigen äußerst seltenen und gefährdeten Vogelarten vertreten, darunter eine Unterart der **Kragentrappe**, deren Bestand nur noch auf knapp 300 Vögel geschätzt wird, auch Sandflughuhn, Wüstengimpel, Brillengrasmücke und Kanarenpieper sind anzutreffen.

Der interessierte Naturfreund sollte sich den Sandboden genauer anschauen. Er wird dort auf die sogenannten Urnennester der Pelzbienen stoßen. Diese Bienenart kommt heute auf Fuerteventura nicht mehr vor, denn sie bevorzugt ein feuchteres Klima.

> ! *Baedeker* TIPP
>
> **Bootstrips**
>
> Von Corralejo aus bietet sich ein Ausflug zur Nachbarinsel Lanzarote an. Vom Yacht- und Fischerhafen des Orts verkehren in fast stündlichem Turnus Fähren (am besten setzt man mit einem Mietwagen über, dann steht der ausgedehnten Erkundungstour auf der Vulkaninsel nichts mehr im Wege). Vom Hafen aus starten auch Boote zum Badetrip auf die kleine Insel Lobos oder aber man erkundet mit dem Glasbodenboot die Unterwasserwelt.

CORRALEJO ERLEBEN

AUSKUNFT

Oficina de Turismo de Corralejo
Avda. Marítima 2
Tel. 928 86 62 35
www.corralejograndesplayas.com
Geöffnet: Mo. – Fr. 8.00 – 15.00, Sa., So. ab 9.00, im Sommer jeweils bis 14.00 Uhr

EINKAUFEN

Mercado
Montags und freitags findet zwischen 9.00 und 14.00 Uhr am Ortseingang ein großer Markt statt, an dem Kunstgewerbe, Kleidung und heimische Produkte Abnehmer suchen.

Café Latino

NACHTLEBEN

Nachtleben auf Fuerte – das gibt es vor allem in Corralejo. Stimmungsvoll geht es in den Terrassenlokalen um die Plaza Felix Estévez González zu, wo allabendlich Livemusik geboten wird.

Centro Atlántico
Avda. Nuestra Señora del Carmen
In den Bars im Centro Atlántico ist jeden Abend was los. Die Kiwi Bar (Südseite des Centro Atlántico) ist der Intreff der Surfer und Kiter.

Rock Café
Avda. Nuestra Señora del Carmen
In dem Treff gegenüber vom Hotel Atlantis Dunapark gibt es regelmäßig Livemusik.

Waikiki Pub
Calle Arístides Hernández Morán 11
Schon seit Jahren der abendliche Treffpunkt am Strand.

ESSEN

► Erschwinglich

① ***El Patio***
Calle Hernan Cortes 16
Tel. 928 86 66 68
Der Name (dt. Innenhof) deutet schon an, wo man hier speist. Um die Spezialität des Hauses (Fleisch vom Grill) genießen zu können, sollte man reservieren. Rustikales Ambiente.

② ***El Sombrero***
Av. Marítima 17
Tel. 928 86 75 31
Bekannt für seine vorzüglichen Grillgerichte, ansprechendes kanarisches Ambiente.

③ ***La Marquesina***
Calle El Muelle Chico
Tel. 928 53 54 35
Schön ist es, an einem der Tische an der Promenade Platz zu nehmen und erst einmal die Umgebung auf sich wirken zu lassen. Beim Essen hält man sich am besten an die Fischgerichte. Die Preise sind angemessen.

► Preiswert

④ ***Café Latino***
Avenida Marítima 11
Tel. 928 53 63 17
Das Café/Bistro an der Promenade ist der ideale Platz für ein opulentes

Vor allem abends ein beliebter Treffpunkt: die Plaza in Corralejo

Frühstück mit Meerblick (ab 9.00 Uhr) oder tagsüber für einen leckeren Salat oder Sandwiches und später dann für einen Aperitif oder ein kleines Abendessen.

⑤ ***El Rincón de Périco***
Calle de la Iglesia 5
Tel. 928 86 61 79
Typisch spanische Tapas-Bar, für den kleinen Snack zwischendurch.

ÜBERNACHTEN

▶ Luxus

③ ***Gran Hotel Atlantis Bahía Real***
Avda. Grandes Playas
Tel. 928 53 64 44
www.atlantishotels.com
Eines der führenden Luxusresorts der Insel – die 240 Zimmer und Suiten lassen hinsichtlich Eleganz und Bequemlichkeit keine Wünsche offen. Für Feinschmecker gibt es u. a. ein italienisches und ein japanisches À-la-carte-Restarant. In dem Fünfsternekomplex darf ein großes Spa-Center mit Sauna-Landschaft, Schwimmbad und Beauty-Salon natürlich nicht fehlen.

① ***Hotel Riu Palace Tres Islas***
Avda. Grandes Playas
Tel. 928 53 57 00
www.riu.com; 372 Z.
Viersternehotel in einmaliger Lage am langen Dünenstrand von Corralejo. Man sieht dem Bau an, dass er bereits in den 1970er Jahren errichtet wurde, doch er wurde innen aufwendig renoviert. Nicht geeignet für Menschen mit Gehbehinderung.

▶ Komfortabel

② ***Atlantis Dunapark***
Calle La Red 1
Tel. 928 53 52 51
www.atlantishotels.com
Hotelkomplex mit schöner Poolanlage und 79 großzügigen und gut ausgestatteten Zimmern in Zentrumsnähe.

④ ***Clubhotel Riu Oliva Beach***
Avda. Grandes Playas
Tel. 928 53 53 34
www.riu.com; 413 Z.
Die Ausstattung in diesem siebenstöckigen ebenfalls zur Riu-Kette gehörenden Hotel ist einfacher als im benachbarten Tres Islas.

Costa Calma · Cañada del Río

D 5

Die Costa Calma, die »Ruhige Küste«, ist ein künstlich angelegtes Feriengebiet am Beginn der Halbinsel Jandía. Es verdankt seine stetig wachsende Beliebtheit einem wunderschönen kilometerlangen und breiten Sandstrand.

Im Vergleich zu Corralejo oder Morro Jable bzw. Jandía geht es hier noch geruhsam zu. Am Strand ist in der Regel noch leicht ein abgeschiedenes Plätzchen zu finden, die überwiegend neueren Hotelanlagen sind ansprechend und individuell gestaltet. Dennoch ist Costa Calma bzw. **Cañada del Río**, wie der östliche Ortsteil genannt wird, nur eingeschränkt als Urlaubsdestination zu empfehlen. Das Unterhaltungsangebot ist eher beschränkt. Selbst ein Restaurant, in dem man einen angenehmen Abend verbringen kann, ist nicht so einfach zu finden. Also mietet man sich am besten mit Halb- oder Vollpension in einem der größeren Hotels ein oder logiert als Selbstversorger in einem der zahlreichen Appartements. Ein Mietwagen ist grundsätzlich empfehlenswert.

Ortsbild In den 1970er-Jahren wurden in Costa Calma die ersten, damals noch einsam gelegenen Privatvillen errichtet. Als erstes Hotel wurde 1977 das Solyventura eröffnet. Mittlerweile sind die Villen von ausgedehnten Ferienanlagen umgeben. Obschon die meisten Resorts sich

Costa Calma Orientierung

Übernachten
① Risco del Gato
② Solyventura
③ Sotavento Beach Club
④ Esmeralda Maris
⑤ Meliá Gorriones

Essen
① El Patio
② Fuerte Action
③ Gal

Die meisten Hotels tun viel für ihre kleinen Gäste – Tauch- und Schnorchelkurse unter sachkundiger Anleitung gehören dazu.

auf eine zwei- bis dreigeschossige Höhe beschränken sind vor allem die älteren Anlagen architektonisch keine Augenweide. Dafür prunken Gärten und Parkareale mit üppig blühenden Bougainvilleen, Hibiskussträuchern, Palmen und Kakteen. Ein Swimmingpool gehört fast zu jeder Appartement- oder Bungalowsiedlung. Man sollte bei der Wahl des Feriendomizils darauf achten, dass die Anlage in Strandnähe liegt, so dass man nicht erst die viel befahrene Hauptdurchgangsstraße überqueren muss.
Einen Ortskern gibt es in Costa Calma nicht, und auch eine hübsche Strandpromenade wird man schmerzlich vermissen. Treffpunkte sind die Gaststätten und Einkaufszentren. Eine kleine Sensation auf der Wüsteninsel ist die **Grünzone mit Palmen** und Kanarischen Kiefern, die 1986 entlang der Hauptstraße angelegt wurde. Bewässert wird der mittlerweile Schatten spendende »Wald«, den verschiedene Spazierwege durchziehen, mit geklärten Abwässern.

★ Playa de Sotavento

Landschaftsbild

Von Costa Calma aus erstreckt sich über viele Kilometer nach Südwesten hin eine grandiose Strandlandschaft, die Playa de Sotavento. Nur in Ortsnähe werden Liegen und Sonnenschirme vermietet, ansonsten gibt es selbst in der Hauptsaison an der Playa de Sotavento noch viel, viel Platz.

COSTA CALMA ERLEBEN

EINKÄUFE

Mercado
Auch die Costa Calma hat ihren Markt: Er findet sonntags zwischen 10.00 und 14.00 Uhr statt. In der Regel werden Kunsthandwerk und landwirtschaftliche Erzeugnisse angeboten.

ESSEN

► Erschwinglich

① ***El Patio***
Hotel Solyventura, Tel. 928 54 71 65
Das deutsch geführte Hotelrestaurant steht auch Nichtgästen offen. Es gehört zu den ältesten Lokalen im Ort, leicht erkennbar an den hohen Palmen. Man sitzt direkt überm Strand auf der Terrasse (ab 18.00 Uhr).

② ***Fuerte Action***
Centro Comercial El Palmeral (an der FV-2)
Das Bistro-Café gehört zum Surfcenter René Egli. Man kann dort frühstücken, Surfvideos anschauen oder nebenan Sportswear aus der hauseigenen Collection anprobieren. Geöffnet bis 2.00 Uhr nachts.

③ ***Galería***
Calle Risco Blanco, Tel. 928 87 54 16
Mediterrane Küche gibt es tgl. außer Mo. ab 18.00 Uhr. Schöne Terrasse mit Meerblick, gelegentlich Livemusik.

ÜBERNACHTEN

► Luxus

① ***Bungalowhotel Risco del Gato***
Tel. 928 54 71 75, Fax 928 54 70 30
www.hotelriscodelgato.com
51 Bungalows mit jeweils rund 80 m² Wohnfläche gruppieren sich um eine hübsche Poollandschaft. Die futuristisch wirkende Anlage bietet diverse Wellnessangebote und eine exquisite Küche. Nachteil: Das Risco del Gato befindet sich mittlerweile in der zweiten Reihe zum Strand.

► Komfortabel

② ***Bungalowhotel Solyventura***
Punta de Barlovento 18
Tel. 928 54 73 32, Fax 928 54 71 66
Das direkt am Sandstrand gelegene, unter deutscher Leitung stehende Hotel gehört zu den ruhigsten Anlagen auf der Insel. Die Zimmer verteilen sich auf mehrere terrassenförmig angeordnete Bungalows. Die Küche im zugehörigen Restaurant »El Patio« wird allgemein gelobt.

③ ***Sotavento Beach Club***
Av. Jahn Reisen 3, Tel. 928 54 70 60
www.sotavento-beach-club.com
Vor allem Familien mit Kindern wählen gern diese weitläufige Anlage als Feriendomizil. Für Kinder ab 3 Jahre wird im Miniclub ein abwechslungsreiches Programm geboten. Aber auch für Erwachsene ist bestens gesorgt: An sechs Tagen in der Woche gibt es Animation und abends Shows im Theater. Kostenlose Tennisschnupperstunden oder Schnuppertauchen im Pool.

⑤ ***Meliá Gorriones***
Playa Barca
Tel. 928 54 70 25
www.meliagorriones.com
Der riesige Hotelklotz mit 431 Zimmern steht ganz allein an der Playa Barca, ca. 2 km westlich von Costa Calma – und das macht natürlich den besonderen Reiz des Viersternehotels aus. Zweiter Pluspunkt: Die Surfbedingungen an der Playa Barca sind ideal und direkt neben dem Hotel befindet sich das Surfcenter René Egli.

Baedeker-Empfehlung

► **Komfortabel**

④ ***Bungalows Esmeralda Maris***
Calle Punta del Roquito 1
Tel. 928 87 61 00
Fax 928 87 60 95
www.esmeralda-maris.com
Sehr ansprechende Bungalow bzw. Appartementanlange am Westrand von Costa Calma. Von vielen der insgesamt 82 Bungalows hat man einen herrlichen Blick auf Meer und Wüstenlandschaft. Zu jeder kleinen Wohneinheit gehören eine Terrasse, ein windgeschützter Innenhof, ein gut ausgestatteter Wohn-/Essraum und ein bzw. zwei Schlafzimmer. Gutes Preis-Leistungs-Verhältnis!

Bungalows Esmeralda Maris

Playa Barca

Von Costa Calma aus kann man einen Strandspaziergang zur gut 2 km entfernten Playa Barca unternehmen. Sie gilt bei vielen Besuchern als der schönste Teilabschnitt der ganzen Playa de Sotavento. Vor dem Traumstrand, an dem nur ein Hotel steht, erstreckt sich in ca. 100 m Entfernung eine schmale 4 km lange Nehrung. Bei Ebbe präsentiert sich die durch die Nehrung geschützte Lagune als Schlammwüste. Selbst bei Flut kann man sie durchwaten, um zur Nehrung zu gelangen, sollte seine Badeutensilien aber mit gebührender Vorsicht verstauen, denn auch die Nehrung wird mitunter überspült!). Für Surfer ist die Playa Barca ein prächtiges Revier. Anfänger finden in der geschützten Lagune bei Flut ideale Bedingungen vor und die Könner des Faches werden bei Windstärken zwischen 4 und 9 außerhalb der Lagune gefordert. Jedes Jahr finden hier Wind- und Kitesurf-Meisterschaften statt.

✶✶ **Risco del Paso**

Von der die Jandía-Halbinsel erschließenden Hauptstraße zweigt bei Km 72 eine Straße Richtung Strand ab. Sie endet nach rund 2 km bei der Übungsbasis des Surfcenters René Egli. Ein Strandrestaurant gibt es hier auch, für das leibliche Wohl ist also gesorgt. Gleich rechts davon türmt sich eine hohe **Wanderdüne** auf – man sieht sie auf vielen Postkarten abgebildet. Von oben bietet sich ein prächtiger Blick über den häufig menschenleeren Strand (FKK). Wenn man immer am Strand entlangwandert, kann man die berühmte Düne auch von Costa Calma oder Esquinzo zu Fuß erreichen (einfache Strecke jeweils ca. 6 km).

El Cotillo

E 1

Der ehemalige Fischerort an der Nordwestküste war im Windschatten von Corralejo bis noch vor wenigen Jahren ein Geheimtipp für Surfer und Individualisten, die fernab vom Ferientrubel sein wollten. Mittlerweile ist El Cotillo auf dem Weg zu einer Ferienstadt. Sonnenanbeter schätzen die feinsandigen Badebuchten, Surfer die idealen Windverhältnisse südlich vom Ort.

An der Straße zum Leuchtturm ist in den letzten Jahren viel gebaut worden, neben kleineren Apartmenthäusern im Ort gibt es hier nun auch größere Ferienanlagen. Feriengäste und Ausflügler schätzen die Fischlokale am alten Hafen.

Geschichte Die Geschichte von El Cotillo geht bis ins 17. Jh. zurück. Über den kleinen Hafen, der damals noch Puerto del Tostón hieß, wurden Waren von und zu den anderen Kanarischen Inseln verschifft. Ein vorgelagertes Riff machte die Einfahrt in den Hafen für Ortsunkundige gefährlich. Daher war El Cotillofür Piraten ein wenig attraktives Angriffsziel. Zum weiteren Schutz wurde Mitte des 18. Jh.s das Castillo de El Tostón errichtet, das seine Wehrhaftigkeit ebenso wie das Castillo de Fuste an der Ostküste nie unter Beweis stellen musste. Im 19.

Der alte Hafen von El Cotillo: bunte Fischerboote und einige Yachten

EL COTILLO ERLEBEN

AUSKUNFT

Oficina de Turismo
Castillo de El Tostón (im Wehrturm)
Tel. (mobil) 609 20 79 67

ESSEN

► Erschwinglich

La Marisma
Calle Santo Tomás 3
Tel. 928 53 85 43
Am besten wählt man frischen Fisch, aber auch die Paella ist vorzüglich! Gutes Preis-Leistungsverhältnis.

La Vaca Azul
Muelle Vieja, Tel. 928 53 86 85
In der »Blauen Kuh« über der alten Hafenmole gibt es fangfrischen Fisch. Mit aussichtsreicher Terrasse.

► Preiswert

La Capitana
Muelle de los Pescadores 3
Tel. 928 53 87 31
Fischlokal mit schöner Terrasse über dem alten Hafen, Spezialität: Fisch im Salzmantel und gemischte Fischplatte.

ÜBERNACHTEN

► Günstig

Hotel Mariquita Hierro
Calle Maria Hierro 3
Tel. 928 53 85 98
Fax 928 53 86 58
Kleines Hotel mit 18 Zimmern in ruhiger Lage.

Apartamentos Cotillo Lagos
Urb. Los Lagos
Tel. 928 17 53 88
www.cotillolagos.com
Man wohnt in 61 einfach ausgestatteten Appartements direkt am hellen Sandstrand, nördlich des Ortskerns.

Apartamentos Juan Benítez
Calle La Caleta 4
Tel./Fax 928 53 85 03
www.apartamentosjbenitez.com
4 Apts.
Diese kleine Appartementanlage liegt beim Wehrturm. Die Ferienwohnungen sind gut ausgestattet und haben wahlweise ein oder zwei Schlafzimmer.

Jh. entwickelte sich Puerto de Cabras zum wichtigsten Inselhafen. Die Bedeutung von Cotillo sank und in der ersten Hälfte des 20. Jh.s lebten hier nur noch wenige Familien vom Fischfang.

Ortsbild

Hübsch ist die Atmosphäre am kleinen Hafen. Unweit südlich davon erhebt sich das **Castillo de El Tostón**, ein 1741 – 1743 errichteter Wachtturm aus dunklem Lavagestein. Das Kastell wurde restauriert und beherbergt heute die Touristeninformation. Während der Öffnungszeiten des Büros (i. d. R. Mo. – Fr. 9.00 – 16.00, Sa., So. 9.00 bis 15.00 Uhr, im Sommer jeweils eine Stunde kürzer) kann man auf das Dach des Turmes steigen, von dem sich eine wunderbare Aussicht auf den Strand ergibt. Nahe dem Wehrturm zeugen zwei konisch geformte Kalköfen davon, dass in El Cotillo früher Kalk gebrannt und vom Hafen verschifft wurde. Die nördlich des Ortskerns aufragende Kapelle ist der »Jungfrau der Guten Reise« geweiht.

Umgebung von El Cotillo

Playa del Castillo Südlich des Ortes erstreckt sich die schöne Playa del Castillo. Der knapp 1 km lange Sandstrand zieht Strandfreaks, die sich von der hier wehenden frischen Brise nicht abschrecken lassen, wie Surfer gleichermaßen an.

Punta de Tostón In nördlicher Richtung führt ein Sträßchen zur 4 km entfernten, von einem Leuchtturm bewachten Punta de Tostón. Unterwegs passiert man Küstenabschnitte mit schwarzem Lavagestein, aber auch wiederholt hübsche Sandbuchten. Die (im ersten Teilstück schlechte) Piste führt von hier weiter in nordöstlicher Richtung über **Majanicho** ins 20 km entfernte Corralejo.

Esquinzo

D 5

Die Siedlung Esquinzo, 5 km nordöstlich von Jandía Playa, besteht nur aus wenigen größeren Ferienanlagen. Bekannt ist sie vor allem als Standort eines »Robinson Clubs«.

Da die Hauptstraße weit oberhalb des Orts verläuft, hat Esquinzo außer einem schönen Sandstrand auch Ruhe zu bieten. Das Unterhaltungsangebot beschränkt sich auf die Hotels und Clubs.

Beachvolleyball an der Playa de Esquinzo

ESQUINZO ERLEBEN

ESSEN

▶ Erschwinglich

Marabú
Fuente de la Hija, Tel. 928 54 40 98
Deutsche und spanische Gerichte. Erfreuliches Preis-Leistungs-Verhältnis. Sehr schöne Terrasse (So. geschl.).

▶ Preiswert

El Marinero
im Aparthotel Esquinzo
Tel. 928 54 40 75
Mix aus italienisch-internationaler Küche. Windgeschützte Terrasse.

ÜBERNACHTEN

▶ Luxus

Occidental Grand Fuerteventura
Urb. Esquinzo-Butihondo
Tel. 928 87 36 00, Fax 928 54 41 55
Alles, was einen Urlaub angenehm macht, findet man in diesem Hotel mit seinen 705 Zimmern, 5 Pools (einer beheizt), 2 Tennisplätzen, Sauna, Solarium, Fitnessraum, natürlich mehreren Bars und Restaurants. Tgl. Abendshows.

▶ Komfortabel

Robinson Club Esquinzo Playa
Urb. Esquinzo-Butihondo
Calle Gran Canaria 2
Tel. 928 16 80 00
www.robinson.com
Gilt als absoluter Familienclub in hervorragender Lage, 40 m über dem Meer. 381 Zimmer unterschiedlicher Kategorien stehen zur Verfügung. Und natürlich gibt es das für alle Robinsonclubs übliche große Sport- und Unterhaltungsprogramm.

▶ Günstig

Aparthotel Esquinzo
Calle Escanfraga 2
Tel. 928 54 40 75
Fax 928 54 40 85
esqinzo.montedelmar@gmail.com
Ansprechende Appartementanlage mit 65 Wohneinheiten, Gartenanlage mit Pool. Die Zimmer sind zweckmäßig ausgestattet. Unter gleicher (deutscher) Leitung steht die Nachbaranlage »Monte del Mar«.

Esquinzo gliedert sich in zwei Ortsteile. Die Hauptzufahrt führt zu den großen Hotelanlagen, der ältere Ortsteil liegt nördlich davon. Hier stehen ältere Appartementhäuser und man findet einige kleinere Restaurants und einen Supermarkt.

Gran Tarajal

E 4

Gran Tarajal, an der Südküste Fuerteventuras gelegen, gebührt die Ehre, mit rund 8000 Einwohnern der dritttgrößte Ort der Insel zu sein. Gleichzeitig ist es Wirtschaftszentrum des Inselsüdens. Man findet hier das größte Warenangebot weit und breit, allerdings ist es auf einheimische Kundschaft ausgerichtet.

In der Vergangenheit hatte Gran Tarajal – seinen Namen verdankt es einer früher hier verbreiteten Tamariskenart – in erster Linie wegen seines Hafens Bedeutung. Fast die gesamte Tomatenernte der Insel wurde über den Ort verschifft. Mittlerweile geschieht dies – sofern die Versendung nicht ohnehin per Flugzeug erfolgt – über Puerto del Rosario. Genutzt werden aber nach wie vor die Lager- und Verpackungseinrichtungen. Die im Inselsüden geernteten Tomaten werden zunächst nach Gran Tarajal transportiert, dort verpackt und dann mit dem Lastwagen nach Puerto del Rosario geschafft. Heute wirkt der noch in den 1980er-Jahren ausgebaute **Hafen** etwas überdimensioniert, nur wenige Fischerboote liegen im Wasser.
Auf Fremdenverkehr ist man in Gran Tarajal kaum eingestellt und das macht den Ort in gewisser Weise für Touristen reizvoll. Auf der **Promenade** oder in den Bars kommt man schnell mit Einheimischen ins Gespräch, oder man nimmt einfach in einem der Straßencafés Platz und schaut dem Geschehen um sich herum bei einem café con leche genüsslich zu.

Ortsbild

Bevorzugter Treffpunkt der Einheimischen ist neben der schon erwähnten Promenade die Plaza vor der um 1900 errichteten **Iglesia de Nuestra Señora de la Candelaria.** Das Geld für das Gotteshaus stiftete ein in Kuba reich gewordener Emigrant. Auf der Wüsteninsel Fuerteventura ist der die Plaza zierende Springbrunnen mit seinen sechs wasserspeienden Seepferdchen ein unerhörter Luxus. Eine Attraktion von Gran Tarajal ist der kleine Palmenhain am Ortseingang, der zum Schutz vor Wind und Erosion vor Jahrzehnten im Tal des fast immer trockenen Río Gran Tarajal angepflanzt wurde.

Umgebung von Gran Tarajal

✶ Las Playitas

Las Playitas, 5 km östlich von Gran Tarajal, gilt als einer der hübschesten Küstenorte der Insel. Die kleinen weißen übereinandergestaffelten Häuschen bilden einen reizvollen Kontrast zum dunklen Sandstrand. Viele Spanier besitzen hier Feriendomizile, und auch einige Ausländer haben schon Grundbesitz erworben, mittlerweile sind gar einige größere Appartementanlagen rund um Las Playitas entstanden. Lohnend ist ein Besuch in Las Playitas vor allem nachmittags, wenn die Fischer ihren Fang anlanden. Lecker zubereitet gibt es ihn beispielsweise im einfachen und preiswerten Restaurant Las Playas an der Avenida Miramar (Tel. 928 87 03 67). Der Ferienkom-

! Baedeker TIPP

Ziegenkäse von der Insel

Fuerteventura ist die Kanareninsel mit den meisten Ziegen. Kein Wunder, dass man es hier versteht, Ziegenkäse zu machen. In der Käserei Maxorata (an der FV-20 bei km 40 zwischen Gran Tarajal und Tuineje) gibt es den queso de cabra mit der geschützten Herkunftsbezeichnung D.O.P. in vier Reifestufen: Köstlich ist halbfester Schnittkäse (semi curado), der auch in Paprikapulver oder Gofiomehl gewälzt zu haben ist. Spezialität sind auch die Rohmilchkäsesorten.

Abendstimmung in Las Playitas

plex Playitas Grand Resort (www.playitas.net) umfasst das Viersternehotel Cala del Sol, das Aparthotel Bahía Grande (beide mittlere Preisklasse) und die exklusiven Villas Playitas (Luxuskategorie). Zum Resort gehören ein Golfplatz (im Bau) und ein Olympia-Schwimmbecken mit acht Bahnen.

Punta de la Entallada

Am Ortseingang von Las Playitas zweigt eine 6 km lange Straße nach Osten zur **Südostspitze Fuerteventuras**, zur Punta de la Entallada, ab. Die Straße (im letzten Abschnitt zeitweise durch eine Schranke gesperrt) endet bei dem eigenwillig gestalteten, um 1920 errichteten Leuchtturm. Man hat von hier eine weite Sicht über Insel und Meer.

La Ampuyenta

F3

La Ampuyenta ist eine kleine, im Zentrum des Inselnordens gelegene Ortschaft. Die Ebene rund um La Ampuyenta ist relativ fruchtbar. Touristische Bedeutung hat La Ampuyenta wegen seiner hübschen Kirche und eines kleinen Museums.

Hospital von Ampuyenta

Bei der Fahrt durch La Ampuyenta fällt unmittelbar an der Hauptstraße zunächst ein rot-weißer Bau mit der Jahreszahl 1891 auf: das sog. »Hospital von Ampuyenta« – obgleich er nie als Krankenhaus diente. Gestiftet wurde das Geld für den Bau von dem Arzt Tomás Mena y Mesa (1802–1860). Wegen Streitigkeiten verschiedener Behörden und nicht zuletzt wegen der Eingaben des Konkurrenzhospitals in Puerto del Rosario wurde das Projekt nie verwirklicht.

Casa Museo Dr. Mena Von den Erben Tomás Mena y Mesas erwarb die Inselverwaltung 1999 das einstige Wohnhaus des Arztes und richtete darin ein Museum ein. Es gibt einen schönen Eindruck davon, wie die wohlhabende Landbevölkerung im 19. Jh. lebte. Einige Möbel und Gegenstände stammen noch aus dem Besitz des auf Fuerteventura verehrten Arztes (geöffnet: Di. – Fr. 9.30 – 15.00, So. bis 17.30 Uhr).

San Petro de Alcántara Malerisch präsentiert sich die Kirche San Pedro de Alcántara (17. Jh., ► Abb. S. 46), für deren zinnenbewehrte Mauer wohl arabische Festungsbauten als Vorbild dienten. Auffallenderweise ist der hohe Glockengiebel nicht über dem Eingangsportal, sondern seitlich angebracht. Man betritt den einschiffigen Kirchenraum (leider nur selten geöffnet) durch ein schlichtes Rundbogenportal. Das Innere zieren reiche Malereien aus dem Leben des Heiligen von einem unbekannten Meister des 18. Jh.s, der vermutlich auch in Betancuria und La Oliva wirkte. Die Gemälde wurden Ende der 1990er-Jahre sorgfältig restauriert. Recht kunstvoll erscheint daneben die Illusionsmalerei am Altar, die barocke Architekturelemente vortäuscht.

Lajares

F 1

Lajares, etwa auf halber Strecke zwischen Corralejo und El Cotillo im Inselnorden gelegen, gilt auf der Insel als das Kunsthandwerkszentrum schlechthin. Seit 1957 existiert hier die Escuela de Artesanía Canaria, in der junge Frauen fachkundig in die Kunst der Calado-Stickerei eingewiesen werden.

Escuela de Artesanía Canaria Fast jeder Reisebus macht in Lajares Station, um Touristen den Besuch der **Kunsthandwerksschule** und des angeschlossenen Souvenirladens zu ermöglichen. Die Gründung der Schule geht auf die Initiative von Natividad Hernández López zurück, die in den 1950er-Jahren den Vertrieb der im Ort in Heimarbeit hergestellten Stickereien übernahm. Anders als die Zwischenhändler zuvor, denen es nur darum gegangen war, für sich selbst einen möglichst hohen Profit herauszuschlagen, entlohnte sie die Stickerinnen angemessen für ihre Arbeit. Abnehmer für die hochwertigen Calado-Stickereien waren zunächst gut situierte Damen in Las Palmas de Gran Canaria. Schon bald lief das Geschäft so gut, dass man daran denken konnte, Nachwuchs heranzubilden.

Das Kunsthandwerkszentrum (So. geschl.) befindet sich direkt an der Hauptstraße. Groß ist die Auswahl an handgearbeiteten Tischdecken und Servietten. Es ist sehr zeitaufwendig, die Hohlsaumstickereien (Calados) zu erstellen, deshalb haben sie natürlich ihren Preis. Günstiger sind Reliefstickereien (Bordado). Daneben werden aber auch Korbwaren, Strohhüte, Keramik und anderes Kunsthandwerk verkauft. Interessant ist es, einer Stickerin bei der Arbeit zuzusehen.

Casas de Arriba

Zu den beliebtesten Fotomotiven auf Fuerteventura gehören **Windmühlen**. Zwei schöne Expemplare stehen im Ortsteil Casas de Arriba. Die aus dunklem Stein gemauerte Mühle neben der Ermita de San Antonio de Padua (20. Jh.) gehört zu einem häufig auf Fuerteventura anzutreffenden Mühlentyp. Sie wird als »Molino« bezeichnet. Ihr weibliches Pendent, die sog. »Molina«, steht gegenüber (siehe auch Seite 46).

! *Baedeker* TIPP

Ein Surfbrett vom Profi

Jürgen Hönscheid, einer der erfolgreichen Surfpioniere, unterhält zusammen mit seiner Familie in Lajares einen Surfshop. Er selbst baut die heute heiß begehrten Bretter. Den Surfladen leitet seine Frau, sie verkauft neben sonstigem Zubehör auch Surferdress. Über den Ladentisch geht nur, was die Familie selbst auf dem Wasser ausprobiert und für gut befunden hat (Northshore Surfshop, Lajares, Tel. 928 86 83 21, www.northshore-fuerte.com; geöffnet: Mo. – Sa. 11.00 – 13.00 und 17.30 – 19.30 Uhr).

Wanderung nach Corralejo

Wegbeschreibung

Der Wanderweg zum Calderón Hondo macht mit der spröden Landschaft des vor etwa 10 000 Jahren durch eine Serie von Vulkanausbrüchen entstandenen Malpaís de Bayuyo bekannt. Er ist gut begehbar, festes Schuhwerk ist sinnvoll. Der Höhenunterschied beträgt ca. 200 m. Der Weg beginnt im Ortskern von Lajares (das man von Corralejo bzw. Puerto del Rosario mit Buslinie 7 oder 8 erreicht).

Vom Ortszentrum geht man zunächst auf der FV 109 in östlicher Richtung, biegt aber beim Sportplatz links auf die Straße nach Majanicho ab. Nach ca. 1 km in nördlicher Richtung beginnt rechts der Straße (gegenüber der ehemaligen Kamelstation) der eigentliche Wanderweg (wer mit dem Pkw unterwegs ist, parkt hier). Der gepflasterte Weg führt zunächst direkt auf die **Montaña Colorada** zu, am Fuß des rötlich schimmernden Berges hält man sich jedoch rechts, steigt leicht an, und umgeht den Berg auf der rechten Seite. Danach gerät der Krater des **Calderón Hondo** ins Blickfeld. Der Weg wird schmaler, man hält sich zweimal links (einer der beiden rechts abzweigenden Wege führt zu einer rekonstruierten runden Hirtenhütte) und steigt zum 157 m hohen Rand des Kraters hinauf. Von einem Aussichtsplatz bietet sich ein guter Blick in den 70 m tiefen Kessel und auf die Lavafelder ringsum. Danach geht es zurück zum Hauptweg, der bald auf eine Piste trifft. Dieser folgt man immer geradeaus (nirgends abzweigen!). Sie führt schließlich mitten in die **Caldera Bayuyo** hinein, deren östlicher Kraterrand noch eine Höhe von 269 m erreicht, während der westliche nur noch ansatzweise erkennbar ist. An einem Wasserreservoir vorbei erreicht man eine geteerte Straße, folgt ihr 100 m nach links, um dann wieder rechts auf eine Piste abzuzweigen, die geradewegs Richtung Corralejo führt (durch Bauarbeiten kann sich das letzte Wegstück ändern, doch das Wanderziel Corralejo ist nicht zu verfehlen).

La Lajita

E 4

Mit einem kleinen Zoo, einem ausgedehnten Botanischen Garten und der Möglichkeit zur Kamelsafari ist La Lajita im Inselsüden das Ausflugsziel schlechthin.

In den letzten beiden Jahrzehnten hat sich das 6 km östlich von Costa Calma gelegene La Lajita vom Fischerdorf zum kleinen Touristenzentrum entwickelt, in dem heute ca. 750 Menschen leben. Zu dem alten Ortskern gesellte sich eine Appartementsiedlung, die vor allem von spanischen Touristen besucht wird. Auch viele Einheimische, die im nahen Costa Calma arbeiten, haben hier ein Häuschen bezogen.

Lohnt einen Ausflug: Jardín Botánico

✶ Oasis Park

Die drei Attraktionen von La Lajita, der Zoo Park, die Camel Safari und der 700 m davon entfernte Jardín Botánico werden unter dem Namen Oasis Park zusammen vermarktet. Sie liegen alle drei an der Hauptstraße, die von Tarajalejo nach Costa Calma und weiter nach Jandía führt. Der Eintrittspreis für den Tierpark und Botanischen Garten zusammen beträgt für Erwachsene derzeit 18 € (Kinder: 10 €), die Kamelsafari kostet 10 € (Kinder: 5 €) extra.

Öffnungszeiten: tgl. 9.00 – 18.00 (im Sommer bis 19.30)

Zoo Park

Affen, Reptilien und vor allem viele verschiedene Vogelarten bevölkern den Zoo Park. Auf schmalen, schattigen Pfaden kann man das Gelände durchstreifen, überall zirpen Vögel, Schmetterlinge flattern in der Luft. Das 200 000 m² große Gelände ist eine Oase! Besondere Attraktionen sind die mehrmals täglich gezeigten Shows mit Papageien, Greifvögeln, Seelöwen und Reptilien. Natürlich gehören ein Restaurant und ein Souvenirladen zu dem Areal sowie ein Gartenzentrum, wo man Ableger der prachtvollen tropischen Pflanzen kaufen kann.
Gleich gegenüber der Zufahrt zum Zoo Park warten Dromedarkarawanen geduldig auf ihren Einsatz. Sie starten von hier mehrmals täglich zu einer ca. 30-minütigen **Camel Safari**.

LA LAJITA

ESSEN

► **Preiswert**

Casa Ramón
am Strand neben der Kirche
Tel. 928 16 10 69
Mittags und abends (außer Mo.) geöffnetes Restaurant mit Terrasse zum Meer. Kulinarische Höchstleistungen kann man hier allerdings nicht erwarten.

Jardín Botánico

An das Gelände des Zoo Park grenzt westlich der 180 000 m² große Jardín Botánico. Auf dem sehr schön angelegten Gelände wachsen 2300 verschiedene Arten von Kakteen, Sukkulenten und nur auf den Kanaren vorkommenden Pflanzen. Wer sich ein bisschen Zeit lässt, die schmalen Pfade kreuz und quer durchstreift und dann vielleicht auf einem Aussichtsplatz oder im Restaurant eine Pause einlegt, kann leicht einen halben Tag in dem Park verbringen.

✶ Lanzarote

Ausflug

Ebenso wie Fuerteventura ist die Nachbarinsel Lanzarote karg und wüstenhaft – und doch besteht ein krasser Gegensatz im Landschaftsbild beider Inseln. Die fremdartige Lavalandschaft und die strahlend weißen Ortschaften Lanzarotes üben einen starken ästhetischen Reiz aus. Schon bei einem Tagesausflug lernt man die Besonderheiten dieser Vulkaninsel kennen.

Auch auf Lanzarote reicht das Futterangebot für Ziegen kaum aus. Es muss mit teuren Importprodukten zugefüttert werden.

Landesnatur Lanzarote ist die nordöstlichste Kanareninsel. Von Afrika trennt sie ein etwa 115 km breiter Meeresstreifen. Von der Nord- zur Südküste beträgt die größte Entfernung gut 60 km, von der Ost- zur Westküste etwa 20 km. Stärker noch als auf den anderen Kanarischen Inseln wird auf Lanzarote der **Vulkanismus** spürbar. Etwa 300 größere und kleinere Vulkankegel sitzen der Insel auf. Sie sind meist zwischen 400 und 600 m hoch. Die höchste Erhebung ist der Peñas del Chache (671 m ü. d. M.). Im Norden bricht das Bergland steil zur Meeresstraße El Río ab, im Süden geht es in die Küstenebene El Rubicón über. Das Inselinnere wirkt wie eine Mondlandschaft. In den Jahren 1730 bis 1736 und 1824 erschütterten zahlreiche Eruptionen den Westen der Insel. Das Zentrum lag in dem heute als Montañas del Fuego (Parque Nacional de Timanfaya) bezeichneten Gebiet. Eine etwa 6 – 10 m hohe Lavadecke begrub gut 20 Prozent der Inseloberfläche unter sich. Noch immer ist die vulkanische Tätigkeit nicht völlig zur Ruhe gekommen, wie die hohen Temperaturen beweisen, die unmittelbar unter der Erdoberfläche in den Montañas del Fuego, den Feuerbergen, gemessen werden.

Während die Küste im Westen steil zum Meer hin abfällt, gewähren einige der flachen Sandstrände im Osten und Süden ideale Bademöglichkeiten.

Bevölkerung

Im 20. Jh. hatte Lanzarote im Gegensatz zu anderen kleineren Kanareninseln einen stetigen Bevölkerungszuwachs zu verzeichnen. Betrugen die Einwohnerzahlen 1900 knapp 18 000, so waren es 1950 annähernd 30 000, und heute leben etwa 140 000 Menschen auf der Vulkaninsel. Ein Großteil der Inselbevölkerung hat ihren Wohnsitz in Arrecife (60 000 Einwohner). Hier weisen die Einwohnerzahlen weiterhin einen zunehmenden Trend auf, während sie in den kleineren Orten der Insel stagnieren oder rückläufig sind.

Wirtschaft

Die Bewohner Lanzarotes entwickelten spezielle Anbaumethoden, um auf der Wüsteninsel effektiv Landwirtschaft betreiben zu können. Für ausreichend Feuchtigkeit sorgt eine **Trockenfeldbauweise**, die als »enarenado« (span. »enarenar« = »mit Sand bestreuen«) bezeichnet wird. Dafür wird der Boden mit einer 20 – 30 cm dicken Schicht von **Lapilli**, einem nussgroßen Vulkangestein, bedeckt. Da das Gestein ausgesprochen porös ist, kann es den nächtlichen Tau gut speichern. Zudem hat es die Eigenschaft, dass es sich tagsüber sehr stark erwärmt, den Boden also vor der starken Sonneneinstrahlung schützt und die Verdunstung seiner Feuchtigkeit herabsetzt, und nachts wiederum rasch abkühlt, was die Kondensation bodennaher Luftschichten erhöht.
Bedeutung hat vor allem der **Weinbau**, Lanzarote ist der größte Weinexporteur der Kanaren. Daneben werden Kartoffeln, Tomaten, Mais, Zwiebeln und andere Gemüsearten angebaut.

Geschichte

Genauere Kenntnis von der Geschichte Lanzarotes haben wir seit Beginn des 14. Jahrhunderts. Der Genuese Lancellotto Mallocello landete 1312 auf der später nach ihm benannten Insel. Bis 1330 galt er als ihr Besitzer. Dennoch blieb der Kontakt der Urbevölkerung mit den Europäern zunächst sporadisch. Dies änderte sich erst ein Jahrhundert später: 1402 nahmen Gadifer de la Salle und Jean de Béthencourt (► Berühmte Persönlichkeiten) die Insel ein und starteten von hier die weitere Eroberung der Kanaren. In der Folge geriet Lanzarote in den Besitz verschiedener Adelsfamilien, 1478 erlangte die spanische Krone die Oberhoheit zurück. Bis 1837 blieb Lanzarote nun ein feudalherrschaftliches Señorio – die spanische Krone vergab die Besitzrechte wie eine Art Lehen an Adlige und Geistliche. Um sich vor Piratenüberfällen zu schützen, wählten die Spanier einen Ort im Inselinneren als Verwaltungszent-

? WUSSTEN SIE SCHON ...?

- ... was Lippenstiften den roten Farbton gibt? Zuständig hierfür ist die Cochenille-Laus, die auf Lanzarote bis heute gezüchtet wird. Die Cochenille ernährt sich von den Säften der Feigenkakteen bzw. Opuntien. Schon 1853 begann man, auf den Kanaren Opuntienfelder anzulegen, um auf ihnen die winzigen Parasiten zu züchten. Mit der Entwicklung der Anilinfarben sank die wirtschaftliche Bedeutung des Schmarotzers, doch werden mit dem aus den Larven der Cochenille gewonnenen roten Farbstoff noch heute Lippenstifte, verschiedene Aperitifs, Limonaden, Bonbons sowie Mikroskopierpräparate gefärbt.

rum; bis 1852 behielt Teguise diese Funktion. Dennoch suchten wiederholt Seeräuber die Insel heim. Besonders im 16. Jh. wurden viele Einwohner von Sklavenjägern verschleppt. Einen Einschnitt in der Geschichte Lanzarotes bildeten die **Vulkanausbrüche** in den Jahren 1730–1736; die fruchtbarsten Gebiete der Insel wurden verwüstet. Da es Jahre hindurch immer wieder zu Eruptionen kam, emigrierte ein Großteil der Bevölkerung.

Biosphären-Reservat

Seit dem Jahr 1993 ist Lanzarote auf Beschluss der UNESCO »Biosphären-Reservat«. Damit soll erreicht werden, dass die Insel einer wirtschaftlich ausgewogenen Zukunft mit einer intakten Umwelt entgegensieht.

Rundfahrt auf Lanzarote

★ Playa Blanca

Die Fähre von Corralejo (Fuerteventura) legt im Fischer- und Yachthafen von Playa Blanca an. Rings um das kleine Fischerdorf sind zahlreiche teilweise recht ansprechende und ruhige Appartement- und Bungalowanlagen entstanden. Zu Spaziergängen lädt die schöne Promenade entlang der Küste ein. Von zahlreichen Straßencafés überblickt man die Strandabschnitte.

Zwar wirken auch die Ortsstrände von Playa Blanca sehr gepflegt, doch sind die wenige Kilometer östlich gelegenen sogenannten Papageienstrände (**Playas de Papagayos**) weit schöner (im Rahmen einer eintägigen Rundfahrt wird man die traumhaften Badebuchten jedoch nicht besuchen können).

NICHT VERSÄUMEN

- El Golfo: ein eigentümlich grüner Kratersee
- Parque Nacional de Timanfaya: eine Landschaft wie auf dem Mond
- Teguise: Die alte Inselhauptstadt steht in ihrer Gesamtheit unter Denkmalschutz.
- Kaffeepause im LagOmar
- Fundación César Manrique: Einblicke in das Werk von Lanzarotes Vorzeigekünstler
- La Geria: Weinbau als Kunstwerk, das gibt es nur auf Lanzarote.

Auf einer gut ausgebauten Straße gelangt man von Playa Blanca nordwärts. Schon von der Hauptstraße aus bietet sich nach 8 km ein schöner Blick auf die **Salinas de Janubio**, die größte Salinenanlage der Insel. Meerwasser wird hier in kleinere Becken gepumpt, nach etwa einem Monat ist das Wasser verdunstet, und am Boden verbleibt lediglich das noch etwas feuchte Salz. Um es vollkommen zu trocknen, bildet man kleinere Salzhaufen. Auf diese Weise erzeugten die Salinas de Janubio im Sommer ca. 30 t Salz täglich, im Winter lediglich 15 t: Die jährliche Produktion betrug etwa 10 000 t. Aus touristischen Gründen werden die Salinas de Janubio als Industriedenkmal erhalten, in geringen Mengen wird daher hier auch heute noch Salz gewonnen.

Los Hervideros

Man umfährt den Nordrand der Salinas de Janubio, dann verläuft die Straße in nördlicher Richtung entlang der Küste. Von mehreren

Uga

Jeden Morgen macht sich eine Dromedarkarawane auf den Weg in die Feuerberge.

rque Nacional Timanfaya

r Feuerteufel ist Besuchern ı Weg.

Kaffeepause

im Restaurant LagOmar bei Teguise

La Geria

Weinbau als Kunstwerk

Aussichtspunkten hat man einen guten Blick auf die brandungsumtoste bizarre Felsküste (Los Hervideros). Ein kurzer Weg mit Treppen wurde durch die Vulkanklippen angelegt.

✶ El Golfo

Bei El Golfo, 7 km nördlich von den Salinas de Janubio, handelt es sich um einen halbkreisförmigen **Krater**, in dessen Innerem sich ein recht tiefer See gebildet hat. Während die Ostseite des Sees noch von den 20 m hohen Kraterwänden begrenzt wird, wurde der westliche Teil des Kraters ein Opfer der Meeresbrandung. Eigentümlich ist die grünliche Farbe des Sees, sie wird durch eine in dem Gewässer lebende Algenart hervorgerufen. Durch stete Verdunstung und das Nachsickern von Meerwasser hat der See einen außergewöhnlich hohen Salzgehalt – er soll höher sein als der vom Toten Meer.
Die Straße führt weiter bis zum **Fischerdorf El Golfo**. Viele der Häuser werden hier nur als Feriendomizil genutzt. Einige Fischrestaurants locken Tagesgäste an.

Yaiza

Nächstes Etappenziel ist Yaiza. Der Ort gilt als hübschester und gepflegtester der Insel. Zu diesem Eindruck tragen ganz wesentlich die prächtigen Blumenanlagen, die kubischen weiß getünchten Häuser und die mit roter Lavaasche belegten Straßenränder bei.

✶✶ Parque Nacional de Timanfaya

Von Yaiza aus folgt man der nordwärts in die Feuerberge (Montañas del Fuego) hineinführenden Straße. Sie bilden das Zentrum des Parque Nacional de Timanfaya (Timanfaya-Nationalpark; geöffnet: tgl. 9.00 – 17.45; letzter Einlass 17.00 Uhr). Der 85 km² große Nationalpark, der 1974 gegründet wurde, ist zweifelsohne die **Hauptsehenswürdigkeit von Lanzarote**. Mit dem Auto kann man bis zum Islote de Hilario fahren (hier befindet sich das nach Entwürfen von César Manrique (► Berühmte Persönlichkeiten) gestaltete Restaurant »El Diablo«) und von dort aus an einer Busrundfahrt auf der Ruta de los Volcanes teilnehmen (Fahrtkosten im Eintrittspreis zum Nationalpark enthalten). Während der ca. 30-minütigen Fahrt werden Erklärungen in spanischer und englischer Sprache gegeben. Daneben besteht die Möglichkeit, das Gebiet auf dem Rücken eines Dromedars zu erkunden, die Station befindet sich an der Straße, die von Yaiza zu den Montañas del Fuego hinaufführt.
Die Region der heutigen Montañas del Fuego war bis in das 18. Jh. hinein eine der fruchtbarsten der Insel, hier gab es zahlreiche kleine Ansiedlungen. In den Jahren von 1730 bis 1736 kam es jedoch wiederholt zu schweren Vulkanausbrüchen, die verheerende Verwüstun-

! *Baedeker* TIPP

Grüne Souvenirs

Auf dem Parkplatz von Los Hervideros stehen (ebenso wie am Kratersee von El Golfo) meistens Händler, die Olivinschmuck anbieten. Dieser Halbedelstein mit der charakteristischen olivgrünen Färbung kommt in magmatischen Gesteinen vor und ist auf Lanzarote relativ häufig zu finden. Man darf den Schmuck ausführen, nicht aber selbst gesammeltes olivinhaltiges Gestein.

Auf dem Weg zum Arbeitseinsatz in den Feuerbergen

gen anrichteten. Der Bevölkerung blieb schließlich nichts anderes übrig, als die Insel zu verlassen und auf Gran Canaria Schutz zu suchen. Nach einer längeren Ruhepause wurde letztmals 1824 eine Reihe von Vulkanausbruchen registriert. Bei den Eruptionen des 18. und 19. Jh.s wurden etwa 20 Prozent der Landfläche Lanzarotes mit einer 6 – 10 m dicken Lavaschicht bedeckt.

Timanfaya-Teufel: Wahrzeichen des Nationalparks

So präsentiert sich das Gelände heute als eine bizarre Mondland schaft. Ausgedehnte Lavaflächen erstrecken sich über den gesamten Bereich des Nationalparks. Das Gestein schimmert in schwarzen, grauen, gelblichen und roten Farbtönen. Über den Lavaflächen erheben sich verschiedene Kegel und Krater, von denen der **Timanfaya** (510 m ü. d. M.) der höchste ist. Erst allmählich bedeckt das unwirtliche Vulkangebiet wieder eine Vegetationsschicht. Pionierpflanzen sind die Flechten, von denen es über 100 Arten gibt. Meist folgen sukkulente Pflanzen und Euphorbien.

Centro de Visitantes

Kurz vor Verlassen des Nationalparks kommt man an der Straße Richtung Tinajo am **Besucherzentrum** des Parque Nacional de Timanfaya vorbei (geöffnet: tgl. 9.00 – 17.00 Uhr).

Tiagua

In der Ortschaft Tinguaton hält man sich rechts und fährt nach Tiagua. Ausgesprochen sehenswert ist hier das **Landwirtschaftsmuseum El Pátio**, ein Freilichtmuseum mit Bauernhof, Windmühlen und einer Bodega, wie es sie um die Jahrhundertwende in vielen Dörfern gab (geöffnet: Mo. – Sa. 10.00 – 17.30 Uhr).

LANZAROTE ERLEBEN

ANREISE

Tagsüber pendeln in fast stündlichem Turnus Fähren der Lineas Fred. Olsen und der Gesellschaft Naviera Armas zwischen Corralejo (Fuerteventura) und Playa Blanca (Lanzarote) hin und her. Die Preise für einen Wagen und zwei Personen betragen bei beiden Gesellschaften rund 70 Euro.

AUSKUNFT

Oficina de Turismo
Calle Limones 1, Playa Blanca
Tel. 928 51 81 50
Geöffnet: Juli – Sept. Mo. – Fr. 9.30 bis 19.00, Sa. 10.00 – 14.00, Okt. bis Juni Mo. – Fr. 10.00 – 18.00, Sa. bis 14.00 Uhr

ESSEN

► Fein & teuer

Castillo de San José
Bahía de los Mármelos
Arrecife
Tel. 928 81 23 21
Gepflegtes von Manrique gestaltetes Restaurant. Man sitzt in einem hellen, geschmackvoll eingerichteten Raum mit Blick auf den Hafen.

► Erschwinglich

Almacen de la Sal
Avenida Marítima 12, Playa Blanca
Tel. 928 51 78 85
Das Lokal an der Promenade ist in einem umgebauten Lagerhaus für Salz untergebracht und gehört schon seit Jahren zu den besten Adressen im Süden.

Palacio del Marquéz
Calle Herrera y Rochas 9
Teguise
Tel. 928 84 57 73
Köstliche Tapas und hervorragender selbst gebackener Kuchen werden im üppig begrünten Innenhof serviert (geöffnet: Mo. – Fr. 12.00 – 18.00, So. 10.00 – 15.00 Uhr).

► Preiswert

Plácido
Avenida Marítima 39
El Golfo
Tel. 928 17 33 01
Es gibt mehrere gute Fischlokale in El Golfo, aber am schönsten sitzt man am Strand im Plácido. Einfache, leckere Fischgerichte stehen auf der Karte. Geöffnet: tgl. 11.00 – 21.00 Uhr, im Winter Mo. geschl.

Baedeker-Empfehlung

► Fein & teuer/Erschwinglich

LagOmar
Oasis de Nazaret
(bei Teguise)
Tel. 928 84 56 65
Eines der prächtigen Anwesen im Villenort Oasis de Nazaret beherbergt das LagOmar. Natur und Architektur gehen hier eine geglückte Verbindung ein. Es ist ein toller Ort, um einen kleinen Imbiss oder ein ausgewähltes Essen zu sich zu nehmen (Mo. geschl.).

ÜBERNACHTEN

► Luxus

Finca de las Salinas
an der Straße nach Uga
Yaiza
Tel. 928 83 03 25
www.fincasalinas.com
Die Finca de las Salinas ist ein nobles Viersternehotel, eingerichtet in einem Herrenhaus aus dem 18. Jh. Seit der Mitte der Neunzigerjahre erfolgten Restaurierung kann man in 17 geschmackvoll eingerichteten Doppelzimmern und zwei Suiten nächtigen.

Wer auf Lanzarote übernachten möchte, könnte sich in der Finca de las Salinas einmieten.

► Günstig

Playamar
Calle Doramas 13
Apartado 35
Puerto del Carmen
Tel. 928 51 00 70
www.apartamentosplayamar.com
47 Apartments und Bungalows
Die recht ruhig und dennoch strandnah gelegene, mittelgroße Anlage unter deutscher Leitung besitzt einen von Palmen umringten, netten kleinen Pool.

Miramar
Av. Coll 2, Arrecife
Tel. 928 81 26 00
www.hmiramar.com
Einfaches Stadthotel an der Uferstraße. Von den meisten der 85 gut und zweckmäßig ausgestatteten Zimmer hat man einen weiten Blick aufs Meer.

Monumento al Campesino

Weithin sichtbar ist das 6 km weiter südlich in strahlendem Weiß aufragende, 15 m hohe Monumento al Campesino, die Skulptur zu Ehren der Bauern von Lanzarote, 1968 von César Manrique (► Berühmte Persönlichkeiten) geschaffen. In einem historischen Bauernhof, der **Casa del Campesino**, ist ein kleines landwirtschaftliches **Museum** untergebracht. In einem Nebengebäude können eine Töpferei, eine Stickerei und eine Weberei können besichtigt werden.

✶✶ Teguise

Die alte Inselhauptstadt Teguise liegt 8 km nordöstlich des Denkmals. Der gut erhaltene kompakte Ortskern von Teguise wirkt fast wie ein Architekturmuseum, er wurde 1973 unter Denkmalschutz gestellt. Ortsmittelpunkt ist die Plaza de San Miguel mit der Kirche Nuestra Señora de Guadalupe, dem im 18. Jh. errichteten Palacio de Spínola und der »Cilla«, einem schlichten Bau aus der ersten Hälfte des 17. Jh.s, in dem die Bauern früher ein Zehntel ihrer Ernteerträge ablieferten. Von der Vergangenheit – Teguise war erster Bischofssitz der Kanaren – zeugen ferner zwei Klöster. Sie wurden restauriert und werden heute mitunter für kulturelle Veranstaltungen genutzt.

Castillo de Guanapay Oberhalb von Teguise erhebt sich auf einem Vulkanberg das Castillo de Guanapay. Schon Lancellotto Mallocello ließ das Befestigungsbauwerk im 14. Jh. anlegen. Verstärkt und ausgebaut wurde es Ende des 16. Jh.s durch Leonardo Torriani. Die Auffahrt zu dem Kastell lohnt sich schon wegen des prächtigen Ausblicks, den man von hier genießt. Zudem kann man noch ein kleines Museum besichtigen, das über die Schicksale der Familien informiert, die 1880, um einer Hungersnot zu entkommen, nach Kuba, Venezuela und in andere Staaten ausgewandert sind.

Abkürzung der Inselrundtour Wer nur einen Tagesausflug nach Lanzarote unternimmt, spart den Nordzipfel der Insel bei der Rundfahrt am besten aus und fährt von Teguise Richtung Arrecife, vorbei an der Urbanisation **Oasis de Nazaret** mit dem sehr schönen Restaurant LagOmar (s. S. 166). Von hier ist es nicht mehr weit, bis zur Fundación César Manrique, wo man die Inselrundfahrt wie beschrieben fortsetzt.

Ermita de las Nieves Hat man Zeit für die vollständige Inselrundfahrt, so geht es auf der Hauptstraße von Teguise weiter nach Norden. Bald zweigt links ein Sträßchen zur Kapelle Ermita de las Nieves (648 m ü. d. R.) ab. Man hat eine hervorragende Sicht über das Bergmassiv Risco de Famara.

★ Haría Zurück zur Hauptstraße bieten sich wiederholt grandiose Ausblicke, so beispielsweise vom **Mirador de Haría**. Man schaut auf ein fruchtbares Tal, über das sich kleine weiße Häuschen und unzählige Palmen verteilen. Letztere brachten Haría den Beinamen »Ort mit den tausend Palmen« ein.

Guinate Tropical Park Ca. 5 km hinter Haría folgt man der Beschilderung nach links zum Guinate Tropical Park. In dem ca. 45 000 m² großen Parkgelände leben über 1300 seltene und exotische Vögel. Besondere Attraktion ist eine **Papageienshow** (geöffnet: tgl. 10.00 – 17.00 Uhr).

★ Mirador del Río Ganz im Norden von Lanzarote entstand nach Entwürfen von César Manrique der Mirador del Río, der 1973 eingeweiht wurde. Das Restaurant und die Aussichtsterrasse sind vollkommen in den steil zur Küste abfallenden Felsen integriert. Von hier bietet sich ein fantastischer Blick auf die Lanzarote vorgelagerten kleinen Inselchen La Graciosa, Montaña Clara und Alegranza (geöffnet: tgl. 10.00 – 18.00 Uhr; eine ähnliche Sicht hat man auch von der Straße wenige Hundert Meter westlich des Miradors).

★★ Cueva de los Verdes Nächste Station der Inselrundfahrt ist die 10 km südöstlich vom Mirador del Río gelegene Cueva de los Verdes. Von dem etwa 6100 m langen **Höhlensystem** sind ca. 2000 m beleuchtet und für Besucher

begehbar. Das unterirdische Labyrinth bot früher der einheimischen Bevölkerung Zuflucht bei Vulkanausbrüchen und Schutz vor Piraten und feindlichen Angreifern.
Heute ist in einem der unteren Hohlräume ein Konzertsaal eingerichtet, in dem ca. 1000 Personen Platz finden. Besichtigt werden kann die Höhle im Rahmen von Führungen (tgl. 10.00 – 17.00 Uhr, letzte Führung: 17.00 Uhr), Dauer: ca. 45 Minuten.

★★ Jameos del Agua

Zum selben Höhlensystem wie die Cueva de los Verdes gehört die zwei Kilometer östlich gelegene Jameos del Agua. Dass César Manrique (► Berühmte Persönlichkeiten) bei der Gestaltung dieser 60 m langen und 22 m breiten **Schauhöhle** entscheidenden Anteil hatte, ist offensichtlich. Treppen führen hinunter zu einem teilweise in die Höhle hineingebauten Restaurant. Ihren Namen verdankt die Jameos del Agua dem kleinen Salzwassersee im Innern der Höhle. Er hat sich durch das Durchsickern von Meerwasser gebildet. In dem See lebt eine weiße blinde Krebsart (darum bitte keine Münzen ins Wasser werfen!). Am Ende der Höhle geht es wieder aufwärts: Subtropische und tropische Pflanzen sowie der blendend weiße Swimmingpool laden zum Verweilen ein. In verschiedenen Schauräumen erfährt man Näheres über die Flora und Fauna von Lanzarote (geöffnet: tgl. 10.00 – 18.30; Di., Fr. und Sa. ab 19.00 Uhr kanarische Folklore).

Viel ist nicht mehr zu verdienen mit der Läusezucht bei Guatiza.

Die Weiterfahrt erfolgt über **Arrieta**. Der Ort lebte lange Zeit nur vom Fischfang – auch heute noch bekommt man in den Restaurants im Dorf stets fangfrischen Fisch serviert.

Bei **Mala** und **Guatiza** erstrecken sich beidseits der Straße riesige Opuntienfelder, auf denen die Cochenille-Laus gezüchtet wird.

★ Jardín de Cactus

Zwischen den beiden Ortschaften wurde unterhalb der Mühle von Guatiza nach Plänen von César Manrique (► Berühmte Persönlichkeiten) der Jardín de Cactus angelegt. Man sieht hier rund 1400 verschiedene Kakteenarten, annähernd 10 000 Pflanzen wachsen auf dem Terrain (geöffnet: tgl. 10.00 – 17.45 Uhr).

Costa Teguise

Rund 8 km hinter dem Jardín de Cactus zweigt eine Straße links zur Costa Teguise ab. Dort ist eines der größten Touristenzentren der Insel mit zahlreichen Hotels und Bungalowanlagen. Diverse Einkaufsmöglichkeiten, Restaurants und Cafés sorgen für die nötige Infrastruktur. Auch ein Yachthafen und ein Golfplatz gehören zu den Annehmlichkeiten dieser Siedlung.

✶ **Arrecife**

Eine in Küstennähe verlaufende Straße verbindet Costa Teguise mit der **Inselhauptstadt** Arrecife, die ihren Namen den vielen kleinen vorgelagerten Felsbänken verdankt. Verwaltungshauptort ist Arrecife erst seit 1852; die geschützten Hafenplätze förderten die sprunghafte Entwicklung der Stadt. Heute lebt mehr als ein Drittel der Inselbevölkerung (ca. 55 000) in Arrecife. Vom Tourismus blieb die Stadt bisher weitgehend unberührt. Vielleicht liegt es daran, dass die Stadtstrände wenig einladend wirken. Insgesamt präsentiert sich Arrecife jedoch als durchaus ansprechendes Städtchen mit einer hübsch bepflanzten Uferpromenade, einem ansehnlichen Ortskern und zwei herausgeputzten Festungsbauten.

Ein Rundgang durch Arrecife könnte am Hafenbecken **Charco de San Ginés** seinen Ausgang nehmen. Das Viertel rund um die Meeresbucht wurde Anfang der Neunzigerjahre saniert und erhielt eine schmucke Promenade. Von hier sind es nur wenige Schritte bis zur schlichten dem Schutzpatron der Insel geweihten **Iglesia de San Ginés**. Auf einer winzigen vorgelagerten Insel liegt das **Castillo de San Gabriel**. Mit dem Stadtzentrum ist es durch die Puente de las Bolas (= Kugelbrücke) verbunden. Erbaut wurde das Kastell 1590 von dem italienischen Architekten Leonardo Torriani. Es beherbergt heute das Archäologische Museum mit Funden u. a. aus der altkanaischen Zeit (zurzeit wegen Umbaus geschlossen).

Das **Castillo de San José**, am nördlichen Ortsausgang, wurde auf Anordnung des spanischen Königs Carlos III. 1779 erbaut. Seit 1976 beherbergt es das **Museo Internacional de Arte Contemporáneo** (Museum für Zeitgenössische Kunst). Werke von Picasso, Miró, Tàpies, Vela, Albers u. a. gehören zu den Exponaten, und natürlich ist auch César Manrique (► Berühmte Persönlichkeiten) mit einigen seiner Arbeiten vertreten (geöffnet: tgl. 11.00 – 21.00 Uhr).

Puerto del Carmen

Das größte Touristenzentrum von Lanzarote (das man bei der Inselrundfahrt getrost auslassen kann) ist das 10 km westlich von Arrecife gelegene Puerto del Carmen. Bis vor einigen Jahrzehnten war hier nichts als ein winziges Fischerdorf. Inzwischen ziehen sich entlang der Hauptdurchgangsstraße Appartement- und Hotelanlagen, Ladenzeilen und Restaurants kilometerlang hin. Dass etwa zwei Drittel aller Lanzarote-Touristen ihren Urlaub in Puerto del Carmen verbringen, hat seine Ursache in den schönen Stränden im Ortsbereich.

✶✶ **Fundación César Manrique**

Reizvoller ist es, Arrecife in nördlicher Richtung zu verlassen. Nach 4 km zweigt links ein Sträßchen nach San Bartolomé ab. Nach wenigen Hundert Metern passiert man rechts die **Stiftung César Manrique**. Errichtet wurde das »Vulkanhaus«, in dem César Manrique 20 Jahre lang wohnte und das seit 1992 öffentlich zugänglich ist, 1968. Während das Äußere des Hauses der traditionellen Architektur von

Der Kontrast zwischen dunkler Lavaasche und dem Grün der Weinreben verleiht der Landschaft von La Geria ein exotisches Bild.

Lanzarote annähernd entspricht, ist das Innere außergewöhnlich. Größe und Anordnung der Wohnräume im Untergeschoss richten sich weitgehend nach bereits im Lavagestein vorhandenen Hohlräumen. Ausgestellt sind in den Räumlichkeiten nun Werke von Manrique (Gemälde, Zeichnungen, Skulpturen u.a.) sowie seine private Kunstsammlung (geöffnet: Juli – Okt. tgl. 10.00 – 19.00, Nov. – Juni Mo.–Sa. 10.00–18.00, So. 10.00–15.00 Uhr).

★★ La Geria

In San Bartolomé hält man sich rechts und wählt beim Monumento al Campesino die in westlicher Richtung nach Yaiza verlaufende Straße. Auf ihr durchfährt man die Hochebene La Geria, eines der **Hauptweinanbaugebiete der Insel**. Durch Vulkanausbrüche wurde dieses Gebiet mit einer dicken Aschenschicht bedeckt. Um das Land dennoch landwirtschaftlich nutzen zu können, entwickelten die Bauern besondere Anbaumethoden. Zuerst graben die Winzer trichterfömige Ausschachtungen von ca. 1 m Durchmesser, damit die Setzlinge den unter der Lavadecke befindlichen Boden erreichen. Für ausreichend Feuchtigkeit sorgt eine als »enarenado« bezeichnete **Trockenfeldbauweise**. Um die Reben vor dem Nordost-Passatwind zu schützen, werden die »Krater« mit halb- bzw. dreiviertelkreisförmigen, lockeren Mäuerchen aus Lavagestein umgeben. Die trichterförmigen Ausschachtungen sowie der Kontrast zwischen der dunklen Lavaasche und dem Grün der Weinreben verleihen der Landschaft ein exotisches Aussehen.

! Baedeker TIPP

Weinprobe

Die im Gebiet von La Geria erzeugten Weine kann man in mehreren Fincas und Bodegas an der Straße probieren und kaufen. Bei dem Ort Masdache hat das alteingesessene Weingut El Grifo seinen Sitz, dessen Geschichte sich bis in das Jahr 1775 zurückverfolgen lässt. Angeschlossen ist ein kleines Weinmuseum (geöffnet: tgl. 10.30 – 18.00 Uhr).

Interessant ist ein Stopp in dem Dorf **Uga**, dem Zentrum der Dromedarzucht auf Lanzarote, vor allem in den Morgen- oder Nachmittagsstunden. Dann wandern bis zu 100 Tiere in kleinen Karawanen hinauf in die Feuerberge bzw. kommen von dort zurück. Die ersten Dromedare wurden bereits im 15. Jh. durch die Eroberer nach Lanzarote (und Fuerteventura) gebracht. Damals und in den folgenden Jahrhunderten wurden sie in der Landwirtschaft als Trag- und Zugtiere eingesetzt. Von Uga sind bis zum Hafenort **Playa Blanca**, dem Ausgangs- und Endpunkt der Inselrundfahrt, noch 18 km zurückzulegen.

★ La Oliva

F 2

Mit nur 1300 Einwohnern ist La Oliva der bedeutendste Ort im Norden Fuerteventuras. Er liegt inmitten einer von Vulkankegeln umgebenen Ebene. Erhalten sind hier neben der imposanten Pfarrkirche einige historisch bedeutsame Bauten. Lohnend ist zudem ein Besuch im Kunstzentrum Casa Mané.

Früher wurde in dieser vergleichsweise fruchtbaren Region intensiv Landwirtschaft, vor allem Getreide- und Gemüseanbau, betrieben. Heute leben nur noch wenige Bauern vom Tomatenanbau. Der Ortsname rührt von Olivenbäumen her, die in vergangenen Jahrhunderten hier wuchsen.

Die Gemeinde von La Oliva – der Ort ist **Verwaltungssitz** einer der sechs Gemeindebezirke von Fuerteventura – erstreckt sich über den gesamten Inselnorden (hier leben insgesamt ca. 22 000 Menschen). Auch das Touristenzentrum Corralejo und die Isla de Lobos gehören verwaltungstechnisch zu La Oliva. So verwundert es nicht, dass die Gemeinde zu Wohlstand gekommen ist. Davon künden ein neuer Rathausbau, überdimensionierte Sportanlagen und die Bepflanzung entlang der Hauptstraße.

Geschichte

Wie archäologische Funde belegen, wurde das Gebiet von La Oliva schon in altkanarischer Zeit besiedelt. Seinen eigentlichen Aufstieg erlebte La Oliva im 18. Jh., als die Macht der in Betancuria residierenden Adelsfamilien allmählich sank. Das Machtvakuum füllte der Oberbefehlshaber eines seit 1708 auf Fuerteventura stationierten Regiments. Er ließ sich in La Oliva nieder und residierte dort in einem verhältnismäßig prunkvollen Herrenhaus. Im Jahr 1835 avancierte La Oliva zur Inselhauptstadt. Nach der Auflösung der dort stationierten Militäreinheit 1859 sank La Olivas Bedeutung, 1860 musste es seine Funktion als Inselhauptstadt an Puerto de Cabras, das heutige Puerto del Rosario, abtreten.

Sehenswertes in La Oliva

★ **Iglesia Nuestra Señora de Candelaria**

Verhältnismäßig groß ist die zu Beginn des 18. Jh.s errichtete Pfarrkirche des Orts, die Iglesia Nuestra Señora de Candelaria. Die Tatsache, dass La Oliva bereits 1711 eine Pfarrei erhielt, weist ebenso wie die Dimensionen des Gotteshauses auf die frühere Bedeutung des Ortes hin. Außer La Oliva besitzt auf Fuerteventura nur noch Betancuria eine dreischiffige Kirche.
Einen deutlichen Kontrast zu dem strahlend weißen Bau bildet der aus dunklem Haustein erbaute Turm. Mit seinen wuchtigen Dimensionen erinnert er eher an einen Wehrturm als an einen Glockenturm. Auf die Renaissance verweisen die Verzierungen am Hauptportal sowie die Rundbögen über den seitlichen Eingängen.
Im Gegensatz zum pompösen Äußeren ist die Innendekoration der Kirche sparsam. Der **Hauptaltar** bewahrt Gemälde eines Vorgängermodells aus dem 18. Jahrhundert. Auf ihnen werden Altarnischen vorgetäuscht, in denen man eine Kreuzigungsgruppe sowie Josef und Johannes den Täufer erkennt. Zugeschrieben werden die Malereien Juan de Miranda, der vorrangig auf Gran Canaria wirkte. Blickfang ist ferner ein riesiges Gemälde (3 x 4 m) des Jüngsten Gerichts. Es wurde 1732 von dem damals in La Oliva residierenden Militäroberbefehlshaber gestiftet.

Kirche von La Oliva

Halb zerfallen ist die **Casa del Capellán**, südlich der Kirche (hinter einem modernen Wohnhaus). Beachten sollte man jedoch die aztekisch anmutenden Steinmetzarbeiten an Tür und Fenstern des ehemaligen Pfarrhauses.

Die **Casa de los Coroneles** (Haus der Obersten) am östlichen Ortsrand soll, so behaupten die Einheimischen, 365 Fenster und Türen haben (in Wirklichkeit sind es ca. 100, aber das ist für die Verhältnisse auf Fuerteventura immer noch eine stolze Zahl). Das Gebäude wurde im 18. Jh. er-

LA OLIVA ERLEBEN

ESSEN

► Erschwinglich

El Horno
Villaverde
Tel. 928 86 86 71
Fast immer gut besuchtes Restaurant am nördlichen Ortsrand von Villaverde. Dem Besitzer gehört auch die Casa Marcos gleich gegenüber (siehe Baedeker Tipp S. 175). Geöffnet: Di. – Sa. 12.30 – 23.00, So. 12.30 bis 16.30 Uhr.

El Rancho
Villaverde
Tel. 928 86 85 18
Bereits seit 1985 existiert dieses Restaurant in Villaverde, in dem typisch kanarische Gerichte auf der Karte stehen und der Service sehr freundlich ist. Geöffnet: Mo., Di., Do. – So. 12.00 – 24.00 Uhr.

► Preiswert

Malpey
Calle La Orilla 67
(nahe La Cilla)
Tel. 928 86 80 60
Einfaches Lokal, in dem inseltypische Gerichte serviert werden. Manchmal gibt es auch Paella. Mo. geschl.

ÜBERNACHTEN

► Komfortabel

Hotel Rural Mahoh
Villaverde
Tel. 928 86 80 50
Fax 928 86 86 12
www.mahoh.com
Kleines Landhotel mit 9 individuell ausgestatteten Zimmern. Bad, Telefon und Fernsehen sind in jedem Zimmer vorhanden. Angenehm ist der Aufenthalt im hoteleigenen Garten bzw. am kleinen Pool.

baut, bis ins 19. Jh. hinein war es Sitz der höchsten Befehlshaber der Insel. Zu beiden Seiten des schmucklosen Portals sind Fenster und Balkone mit unterschiedlichem barocken Schnitzwerk symmetrisch angeordnet. Über dem Portal prunkt das Wappen der Familie Cabrera Béthencourt, die den Bau in Auftrag gab. Den großzügigen Innenhof des unter Denkmalschutz stehenden Hauses umläuft im Obergeschoss eine hölzerne Galerie. Mitte der 1990er-Jahre hatte die Inselverwaltung die Casa de los Coroneles erworben.
Nach langjähriger aufwendiger Restaurierung wurde sie 2006 vom spanischen König Juan Carlos neu eingeweiht. Seither wird das Gebäude als **Kulturforum** für Ausstellungen und Veranstaltungen genutzt (Infos zu den Veranstaltungen und Ausstellungen unter Tel. 928 86 19 04 und www.laoliva.es).

✶ **Casa Mané**

Zur Besichtigung lädt die nahe gelegene Casa Mané ein (► Abb. S. 47). Das Herrenhaus mit dem hübschen Garten beherbergt das **Centro de Arte Canario**. Das auf eine Privatinitiative zurückgehende, 1992 gegründete **Kunstzentrum** zeigt Plastiken und Gemälde von zeitgenössischen kanarischen Künstlern. Viele Werke der jährlich wechselnden Ausstellung kann man kaufen. Zur ständig gezeigten

Sammlung gehören Arbeiten des auf Gran Canaria lebenden Surrealisten Alberto Manrique (geb. 1926) sowie von **César Manrique** (1919 – 1992; beide Künstler sind nicht miteinander verwandt). Angeschlossen sind dem Kunstzentrum eine kleine Buchhandlung sowie eine Cafeteria (geöffnet: Mo. – Sa. 10.30 – 14.00 Uhr).

Casa de la Cilla

Eine weitere Attraktion in La Oliva ist die 1819 erbaute Casa de la Cilla (an der Straße nach Lajares). Die ehemalige Zehntscheuer – die Kirche lagerte hier die Abgaben der Bauern – beherbergt heute das **Museum für Getreide und Ackergeräte** (Museo del Grano, geöffnet: Di. – Sa. 10.00 – 18.00 Uhr).

La Ermita

Am nördlichen Ortsrand befindet sich etwas abseits der Straße nach Lajares die **Keramikwerkstatt** La Ermita (derzeit geschlossen).

El Monasterio

Gleich daneben liegt das Monasterio, das zwischenzeitlich bereits einmal eine kleine Museumssammlung beherbergte, derzeit seine Pforten aber wieder geschlossen hat. Zusammen mit La Ermita soll das Monasterio zu einem kleinen Künstlerdorf avancieren.

Umgebung von La Oliva

Villaverde

Rund 3 km nordöstlich von La Oliva verteilen sich entlang der nach Corralejo führenden Straße die Häuser der Streusiedlung Villaverde. Wie sie zu ihrem Namen »Grüne Stadt« kam, ist zumindest im kanarischen Sommer nicht klar, doch kann sich hier nach Regenfällen im Winter und Frühjahr tatsächlich einmal ein Blütenteppich ausbreiten. Einige der hübsch renovierten Bauernhäuser in Villaverde zeugen von einem gewissen Wohlstand. Sehr gepflegt wirkt auch der Platz bei der Ermita de San Vicente Ferrer de Villaverde aus dem 18. Jahrhundert. Seit Anfang 2006 ist in Villaverde die **Cueva del Llano** der Öffentlichkeit zugänglich. Die Lavahöhle, in der man eine nur hier vorkommende kleine Spinnenart entdeckt hat, kann allerdings nur im Rahmen von Führungen besichtigt werden (Führungen: Di. – Sa. 10.15 – 17.15 Uhr). Nähere Informationen erhält man im angeschlossenen Besucherzentrum.

! Baedeker TIPP

Auf der Suche nach einem Souvenir?

Dann schauen Sie doch einmal in der Casa Marcos in Villaverde vorbei. Die Auswahl an hübscher, nach traditionellen Methoden hergestellter Keramik und anderem Kunsthandwerk ist groß. Sehr lecker sind auch der hier angebotene Käse sowie selbst eingelegtes Gemüse und verschiedene Marmeladen. Geöffnet ist der Laden tgl. 10.00 – 19.00 Uhr.

Montaña de la Arena

Westlich von Villaverde erhebt sich die Montaña de la Arena (420 m ü. d. M.), ein erloschener Vulkankegel. Hier werden Lapilli abgebaut: Das Feuchtigkeit speichernde Vulkangestein wird auf Feldern ausgebracht und hält sie bis zu einer Tiefe von 25 – 30 cm ständig feucht.

La Rosita Bei der Weiterfahrt Richtung Corralejo passiert man bald hinter Villaverde links der Straße die Finca La Rosita (Eintritt 5,50 €) mit einem kleinen **landwirtschaftlichen Museum**. Kinder werden sich an den Hühnern, Truthähnen, Pfauen, Ziegen und Schafen erfreuen, die das Anwesen bevölkern. Es gibt einen **Kakteengarten** und natürlich einen Laden, in dem man Kunsthandwerk, einige Lebensmittel u. a. kaufen kann (geöffnet: Mo. – Sa. 10.00 – 18.00 Uhr).

La Pared

D 4

La Pared ist eine kleine Urbanisation ganz im Nordosten der Halbinsel Jandía, am Istmo de la Pared. Für Einheimische und Touristen im Inselsüden ist es aber vor allem der Ort, von dem aus man hervorragend zuschauen kann, wie die Sonne glutrot im Meer versinkt. Wer das Schauspiel nicht vom Strand aus erleben möchte, sichert sich am besten rechtzeitig einen Fenster- oder Terrassenplatz im Restaurant Bahía La Pared.

Abendstimmung bei La Pared – das Meer zeigt sich hier oft von seiner rauen Seite.

Mit dem Bau einer ersten Feriensiedlung war in La Pared bereits 1966 begonnen worden. Heute stehen hier ein Hotel, dem eine Golfakademie mit 6-Loch-Golfplatz und Zielgolfanlage angeschlossen ist, und eine Bungalowanlage. Die überdimensionierte Hauptstraße mit breiter Promeniermeile (aber ohne Geschäfte und Restaurants) und die zahlreichen im Nichts endenden Wege künden von weiteren ursprünglich geplanten Ferienanlagen. Doch ist der Ort an Fuertes windiger Westküste augenscheinlich wenig interessant, so bewohnen mittlerweile Einheimische, die in den Touristenzentren an der Südküste der Jandía-Halbinsel arbeiten, viele der als Feriendomizile geplanten Häuschen.

LA PARED

ESSEN

▸ Erschwinglich

Bahía La Pared
am nördlichen Ortsrand
Tel. 928 54 90 30
Die Lage direkt am Meer ist gigantisch. Von der Terrasse aus oder durch große Panoramascheiben kann man zuschauen, wie die Sonne im Meer versinkt. Kleine Gäste vergnügen sich derweil im zugehörigen Pool. Das Fischangebot wechselt, ist aber immer sehr lecker!

El Camello
Am Ostrand von La Pared
Tel. 928 54 90 90
In La Pared hat man die Qual der Wahl. Im »El Camello« muss man zwar auf den fantastischen Ausblick verzichten, dafür überzeugen eine wirklich gemütliche Inneneinrichtung und sehr leckere Fleischgerichte! Eine Reservierung ist in dem unter deutscher Leitung stehenden Restaurant sinnvoll.

Umgebung von La Pared

Meist menschenleer ist der 300 m entfernte hellbraune Sandstrand von La Pared, die **Playa del Viejo Rey** (vom Ende der als Promenade gestalteten Hauptstraße führen Pisten zur Küste oberhalb des Strandes). Man kann hier baden, sollte jedoch bei der meist hohen Brandung vorsichtig sein.

Der **Istmo de la Pared** ist eine Landverengung, die die Halbinsel Jandía vom Hauptteil Fuerteventuras, der als Maxorata bezeichnet wird, trennt. In altkanarischer Zeit soll hier eine Mauer gestanden haben, die die Grenze zwischen den beiden Inselkönigreichen bildete. Wenn es sie denn tatsächlich gegeben hat, so sind davon zumindest bis heute keine Reste erhalten.

★ Lobos (Isla de los Lobos)

G 1

Von Corralejo aus bietet sich ein Bade- oder Wanderausflug auf die Isla de los Lobos an. Die nur 6 km² große Insel liegt in der Bocaina, einer ca. 30 m tiefen Meerenge zwischen Fuerteventura und Lanzarote (starke Strömungen!). Die geringste Entfernung zwischen Lobos und Fuerteventura beträgt lediglich 2000 m.

Das Inselchen Lobos lässt sich nur zu Fuß entdecken.

Ausflüge nach Lobos

Von Corralejo (Fuerteventura) fahren täglich Boote (ca. 10.00 Uhr) hinüber nach Lobos, am Spätnachmittag legen sie die Tour in umgekehrter Richtung zurück; die Überfahrt dauert ca. 20–30 Minuten. Auch ein Glasbodenboot steuert die Insel regelmäßig an, zu sehen ist auf dem Meeresgrund jedoch nicht allzu viel.

Robben gaben den Namen

Ihren Namen verdankt die Isla de los Lobos den **Mönchsrobben** (span. lobos marinos), die hier bis Ende des 19. Jh.s in großer Zahl lebten. Schon Gadifer de la Salle soll sich zur Robbenjagd auf Lobos aufgehalten haben. Die Felle von Robben wurden damals zur Herstellung von Schuhen verwendet. Seine Abwesenheit wusste man sich auf Lanzarote, der bereits eroberten Kanareninsel, zunutze zu machen: Es kam zum Putsch gegen ihn. Erst nach Wochen gelang es de la Salle, nach Lanzarote zurückzukehren und dort die Machtverhältnisse in seinem Sinne zu ordnen.

Lobos, das in vergangenen Jahrhunderten beliebter Schlupfwinkel von Piraten war – unter ihnen soll auch Sir Francis Drake gewesen sein –, ist heute unbewohnt. Die letzten dort ansässigen Fischer verließen die Insel Anfang der 1980er-Jahre. Bis auf einen sehr einfachen Zeltplatz (Genehmigung von der Umweltbehörde Medio Ambiente erforderlich) gibt es keine Infrastruktur und die Auflagen wurden aufgrund des Besucheransturms verschärft: Nur 200 Besucher täglich sollen die Insel besuchen und einige Wanderwege werden in Zukunft wohl gesperrt werden. Derweil erwägt die kanarische Regierung, die Mönchsrobben auf dem Inselchen wieder anzusiedeln.

Landschaftsbild

Im Wesentlichen besteht die Insel aus einem rezenten Vulkan (Lobos; 127 m. ü. M.), kleineren Adventivkratern und einer weitgehend unberührten Dünenlandschaft. Diese steht seit 1982 unter **Naturschutz** und gehört seit 1987 zum »Dünen- und Meerespark Corralejo, Lobos, El Río«. Hinsichtlich der Vegetation unterscheidet sich Lobos kaum vom Norden Fuerteventuras. Ca. 140 Pflanzenarten wurden hier gezählt, 13 davon sind endemisch. Lobos hat auch Bedeutung als Rückzugsgebiet für verschiedene seltene Vogelarten: Mit etwas Glück sieht man Schmutzgeier, Fischadler oder Berberfalken.

Playa de la Concha

Schöne Bademöglichkeiten gewährt die Playa de la Concha, ca. 1 km westlich der Schiffsanlegestelle. Sie liegt in einer tiefen Bucht und ist damit gegen die Brandung gut geschützt, auch für Kinder ist hier gefahrloses Baden möglich. Schnorchler und Taucher kommen auf ihre Kosten, und Surfer finden ein gutes Revier. Wer jedoch von Corralejo aus hinübersurfen möchte, sollte bedenken, dass dies wegen der Strömungen nicht ungefährlich ist.

Wanderung

Die größte Entfernung von einer Küste zur anderen beträgt auf Lobos gerade einmal 3,5 km; man kann die Insel daher in ca. 2 Std. gut umwandern (den Aufstieg zur Montaña Lobos nicht eingerechnet). Von der Schiffsanlegestelle geht man zunächst nach rechts zu den Casas del Puertito, dem ca. 500 m entfernten, einstigen kleinen Hafen des Eilands. Bald darauf wendet sich der gut erkennbare Pfad landeinwärts. Mehrfach zweigen Wege ab, man geht jedoch konsequent in gewissem Abstand zur Küste Richtung Norden. Bald dient der 1863 erbaute **Leuchtturm** an der Nordküste, den man nach insgesamt ca. 1 Std. erreicht, als Orientierungspunkt. Vom nunmehr automatisch betriebenen Faro de Lobos reicht der Blick über die gesamte Insel bis zur Dünenlandschaft bei Corralejo auf Fuerteventura. Im Norden erkennt man die viel gepriesenen Papageienstrände auf Lanzarote. Unterhalb der Anhöhe mit dem Leuchtturm hält man sich rechts und folgt dem gut angelegten Weg wieder Richtung Süden. Etwa 25 Min. hinter dem Leuchtturm gilt es zu erwägen, ob man nach rechts zur **Montaña Lobos** abbiegen will: Für die Mühen des rund fünfzehnminüten Aufstiegs zum Kraterrand entschädigt ein wirklich grandioser Blick über die östlichen Kanarischen Inseln. Der Hauptweg passiert bald darauf die Playa las Conchas. Die Bootsanlegestelle ist von hier noch ca. 1 km entfernt.

★ Morro Jable · Jandía

C/D 5

Morro Jable und Jandía bilden zusammen das größte Touristenzentrum Fuerteventuras. Die unendlich langen Sandstrände im Süden der Insel, auf der Halbinsel Jandía, begründeten den rasanten Aufstieg des Feriengebiets. Ein großes Plus können Morro Jable und Jandía zudem noch aufweisen: Die im Hinterland aufragende, bis 800 m hohe Gebirgskette hält kühle Winde aus dem Norden ab, so werden in Jandía die höchsten Temperaturen und die meisten Sonnentage auf der Insel verzeichnet.

Geschichte Ob die Halbinsel Jandía in altkanarischer Zeit dauerhaft besiedelt war, konnte bisher nicht eindeutig geklärt werden. Den spanischen Eroberern erschien das wüstenhafte Gelände für eine Besiedlung jedoch nicht geeignet. Noch 1885 stellte ein französischer Forschungsreisender fest, dass auf der Halbinsel keine Menschen wohnen. Erst um 1900 siedelten sich einige Fischerfamilien im damals als »Puerto de la Cebada« (= »Gerstenhafen«) bezeichneten Ort an. Der Name weist vermutlich darauf hin, dass hier unter Umgehung des Zolls Getreide zu den anderen Kanareninseln verschifft wurde. Selbst Anfang der Sechzigerjahre des 20. Jh.s lebten nicht mehr als 200 Menschen in Morro Jable. Die Einwohnerzahl stieg erst sprunghaft an, als seit den 1970er-Jahren immer mehr Touristen nach Morro Jable strömten. Die ersten Jahre erreichten sie den Ort nur auf einer von Schlaglöchern durchsäten abenteuerlichen Piste.

Ortsbild Rund um den alten Kern des Fischerdorfes **Morro Jable** wurden in den letzten beiden Jahrzehnten zahlreiche Wohnblocks errichtet, in die die im benachbarten Jandía beschäftigten Arbeitskräfte einzogen. Ca. 7500 Menschen leben heute im Doppelort Morro Jable · Jandía. Überwiegend Einheimische kaufen in den Läden des Orts ein und besuchen die einfachen Kneipen. Treffpunkt der Touristen ist die kleine **Strandpromenade**, mit Blick aufs Meer kann man hier in einem der Restaurants speisen oder nur einen Kaffee trinken. Der **Hafen** am westlichen Ortsrand dient als Fischer- und Yachthafen; zudem verkehrt von hier eine Fähre nach Gran Canaria. Am lebhaftesten ist das Treiben in den Nachmittagsstunden, wenn die Fischer mit ihren Fängen zurückkehren. Die Ansiedlung **Jandía**, die mit Morro Jable schon seit Langem zusammengewachsen ist, besteht fast ausnahmslos aus unterschiedlich

! *Baedeker* TIPP

Bootsprozession

Um den 16. Juli wird in Morro Jable die Fiesta de Nuestra Señora del Carmen gefeiert. Höhepunkt der Feierlichkeiten zu Ehren der Schutzpatronin der Fischer und Seeleute ist eine farbenprächtige pittoreske Bootsprozession. Übrigens ist die hl. Carmen auch die Schutzheilige von Corralejo und auch dort wird sie mit einer Bootsprozession geehrt.

attraktiven Appartementhäusern und Bungalowsiedlungen, die wegen der terrassenförmigen Bauweise allerdings fast alle Meerblick bieten. Nur wenige Hotelanlagen liegen unmittelbar am Strand (weitere werden auch nicht hinzukommen, da seit 1991 ein hundert Meter breiter Küstenstreifen nicht mehr bebaut werden darf). Von den anderen Unterkünften aus muss man zunächst die Hauptstraße überqueren, um zum Meer zu gelangen. Ein eigentliches Zentrum gibt es nicht. Restaurants, Bars, Läden und Boutiquen reihen sich an der Hauptstraße und in verschiedenen Einkaufszentren (Centros Comerciales) aneinander – kein allzu attraktives Bild.

✶ **Playa del Matorral**

Als Playa del Matorral oder **Playa de Jandía** wird der sich östlich des alten Ortskerns von Morro Jable erstreckende Strandabschnitt bezeichnet. In der Nähe der Hotels ist er relativ dicht bevölkert, doch eng wird es hier selten. Je weiter man nach Osten geht, desto leerer wird es. Der Strand ist weiß und feinsandig, zum Meer hin fällt er besonders bei Ebbe flach ab, ist also auch für Kinder gut geeignet.

Morro Jable • Jandía Orientierung

Übernachten
① Riu Palace Jandía
② XQ El Palacete
③ Apartamentos Casablanca
④ Robinson Club Jandía Playa
⑤ Alberto
⑥ Atalaya de Jandía
⑦ Aquamarin

Essen
① Avenida del Mar
② La Gaviota
③ La Laja
④ Pizzeria Vesubio
⑤ San Borondón II
⑥ Farola del Mar

MORRO JABLE · JANDIA ERLEBEN

AUSKUNFT

Oficina de Información
Centro Comercial Cosmo
Tel. 928 54 07 76, Fax 928 54 50 44
www.playasdejandia.com

EINKAUFEN

Mercadillo
Ein bunter Markt mit vielen afrikanischen Händlern findet jeden Donnerstag von 9.00 bis 14.00 Uhr auf dem großen Parkplatz neben dem Centro Comercial Cosmo statt.

ESSEN

▸ Erschwinglich

① ***Avenida del Mar***
Calle Tomás Grau Gurrea 1
Tel. 928 54 13 12
Die Terrasse ist überdacht und verglast. Fischgerichte sind die Spezialität des Hauses.

③ ***La Gaviota***
Avda. del Mar 27
Tel. 928 54 06 88
Auch hier kann man draußen sitzen und dem fröhlichen Treiben auf der Promenade zuschauen. Am besten wählt man Fisch oder die vorzügliche Paella.

③ ***La Laja***
Avda. del Mar
Tel. 928 54 20 54
Was die Gäste schätzen, sind die direkte Lage am Meer und die Stimmung. Die Fischplatten sind meist hervorragend.

④ ***Pizzería Vesubio***
Calle San Miguel 2
Tel. 928 54 03 91
Gute Pizzen, leckere Pastagerichte. Teurer sind die Spezialitäten des Hauses: Lamm und Kaninchen.

⑤ ***San Borondón II***
Plaza Cirilo López
Tel. 928 54 14 28
Gemütliche Bodega. Täglich ab 20.00 Uhr gibt es Livemusik.

⑥ ***Farola del Mar***
Avda. del Mar/Peatonal La Chalana 4
Tel. 928 54 08 34
Gute Fischküche mit deutschem Koch am Westende der Promenade. Vegetarier sind mit den leckeren Gemüsegratins bestens bedient.

ÜBERNACHTEN

▸ Luxus

① ***Riu Palace Jandia***
Calle Las Arenas
Tel. 928 54 03 70
www.riu.com
Spätestens seit seiner umfassenden Renovierung ist das Riu-Hotel Palace Jandia wieder eines der besten Hotels der Insel: Große, komfortable Suiten (201 Zimmer), direkte Strandlage, Fitnesscenter, Tennisplätze und gut geschultes, freundliches Personal.

② ***XQ El Palacete***
Calle Acantilado
Tel. 928 54 20 70
www.xqhotels.com
Auch dieses zur Riu-Kette gehörende Hotel liegt direkt an der Strandpromenade. Bei nur 54 Zimmern ist ein individueller Service möglich

▸ Komfortabel

③ ***Apartamentos Casablanca***
Avda. del Faro 6
Tel. 928 54 17 44
www.apartamentos-casablanca.com
Kleine, aber feine Apartmentanlage mit 11 hübsch eingerichteten Wohnungen, einem Swimmingpool und einer großen Terrasse.

④ ***Robinson Club Jandía Playa***
Avenida el Saladra 6
Tel. 928 16 91 00
www.robinson.com
Der Club mit 352 Zimmern ist eine der ältesten Anlagen von Jandía, wurde aber mehrfach renoviert – zumal die Lage, direkt am Strand, natürlich sensationell ist. Das Sportangebot ist groß, das Unterhaltungsangebot ebenfalls.

► **Günstig**
⑤ ***Alberto***
Avda. del Faro
Tel. 928 54 51 09
www.aptosalberto.com
Man hat die Wahl zwischen Appartements für 1 bis 3 Personen und Studios für 1 oder 2 Personen. Das am Hang gelegene Haus hat 18 Wohneinheiten. Die Entfernung zum Strand beträgt rund 500 m.

⑦ ***Aquamarin***
Calle de Flamenco 2
Tel. 928 54 03 24
www.aquamarin.com
Die kleine Anlage mit nur 17 Zimmern liegt in einer ruhigen Seitenstraße, zum Strand sind es 500 m.

Baedeker-Empfehlung

► **Günstig**
⑥ ***Atalaya de Jandía***
Calle Los Guanches 46
Tel. 928 54 02 27
www.atalaya-jandia.es
Sensationell ist die Lage auf einem Felsplateau am westlichen Ortsrand von Morro Jable. Von den 20 Appartements bietet sich ein traumhafter Blick auf das Meer. Über Treppen erreicht man schnell das Ortszentrum und den Strand. Die Appartements sind zweckmäßig ausgestattet.

Beliebter Treffpunkt: Morro Jables kleine Promenade

El Saladar ► An den Strand grenzt eine großflächige Salzwiese. Sie wird bei Flut von Zeit zu Zeit überspült. Nach dem Abfließen des Wassers bleiben einige Priele und Teiche mit Salzwasser gefüllt, das allmählich verdunstet und eine weiße Salzkruste hinterlässt. Unter diesen besonderen Bedingungen können natürlich nur wenige Pflanzen überleben. Wegen seiner einmaligen Flora steht El Saladar seit Jahren unter **Naturschutz**.

Zoo Auch Nichthotelgäste können in dem kleinen Zoo des Dunas Jandía Resorts exotische Reptilien und Vögel beobachten. Zu den Stars gehören Königstukane und in Freigehegen herumstolzierende Kronenkraniche und Flamingos (geöffnet: tgl. 9.00 – 17.00 Uhr).

Umgebung von Morro Jable · Jandía

Jandía-Halbinsel Lohnend ist die Fahrt mit dem Mietwagen – am besten wählt man einen Jeep – quer über die Halbinsel Jandía. Eine mögliche Route ist unter dem Stichwort ►Cofete beschrieben.

✶ Auf den Pico de la Zarza Von Morro Jable kann man zum Pico de la Zarza oder **Jandía**, dem mit 807 m höchsten Gipfel der Insel, aufsteigen. Die gut halbtägige Wanderung (hin und zurück sind es ca. 16 km) lohnt sich wegen des

In den Ferienclubs im Inselsüden kann man sich herrlich verwöhnen lassen ...

prächtigen Ausblicks, den man von oben genießt. Daher sollte man die Tour nur bei guten Witterungsbedingungen durchführen. Der Aufstieg zum Pico de la Zarza beginnt am Ventura Shopping Center an der FV-2 am Ortsrand von Jandía. Von dort geht man die Straße aufwärts und nimmt die nächste Straße links in Richtung Jandía Golf. An der Verzweigung nach dem Hotel Barceló Jandía Playa hält man sich rechts. Kurz vor einem Wasserwerk geht es von der Straße rechts in einen alten Karrenweg hinein, der fast bis zum Gipfel hinaufführt. Er endet nach insgesamt etwa eineinhalb Stunden. Von hier geht es dann weglos bzw. uber Ziegenpfade zu dem häufig von Passatwolken eingenebelten Gipfel. Wegen der dadurch vorhandenen Feuchtigkeit konnte sich dort eine verhältnismäßig reichhaltige Pflanzenwelt etablieren.

★ Pájara

E 3

Das nahe der Westküste, in einem tiefen Talkessel gelegene Pájara ist das Verwaltungszentrum des Inselsüdens. Vor allem durch die Vergabe von Baulizenzen brachte es die Gemeinde zu Wohlstand – als einziger Ort der Insel besitzt Pájara ein Freibad! Touristen besuchen den Ort, um die kunsthistorisch bedeutsame Kirche zu besichtigen.

Geschichte

Spätestens seit Ende des 16. Jh.s ist das Gebiet von Pájara besiedelt. Dank des fruchtbaren Bodens entwickelte sich der Ort und erhielt 1711 eine eigene Pfarrei.

Ortsbild

Pájara präsentiert sich als gepflegtes Dorf mit viel Grün. Gut verweilen lässt es sich im Schatten hoher Bäume auf dem Kirchplatz oder in den angrenzenden Grünanlagen. Bei einem Rundgang durch den Ort fallen an verschiedenen alten Bürgerhäusern hübsche kanarische **Holzbalkone** auf. Nicht zu übersehen ist das große Rathaus gegenüber der Kirche. Den Platz davor ziert ein Wasserschöpfrad (**Noria**). Es wurde ehemals von Dromedaren angetrieben. Nach Norden hin begrenzt das Centro Cultural den Kirchplatz.

Sehenswertes in Pájara

★ Iglesia Nuestra Señora de Regla

Vor allem wegen ihres schönen Hauptportals verdient die Iglesia Nuestra Señora de Regla Beachtung. Mit dem Bau wurde 1645 begonnen, fertiggestellt wurde er 1687. Das zweite Schiff wurde allerdings erst im 18. Jh. hinzugefügt. Das barocke **Kirchenportal** weist Verzierungen mit aztekischen Motiven auf (man erkennt Schlangen, Federn, wilde Tiere, ja sogar Indianerköpfe). Die Motive ähneln denen der Casa del Capellán in ►La Oliva. Derartige Darstellungen finden sich auf keiner der anderen Kanarischen Inseln. Warum sich die

Kirchenportal mit aztekischen Motiven.

Gemeinde Pájara ein solch ausgefallenes Kirchenportal leistete, ist bis heute nicht geklärt. Vielleicht ließ sich der Künstler von einem um 1700 erschienenen italienischen Vorlagenbuch inspirieren. Möglich ist auch, dass ein zurückgekehrter Emigrant die Anregungen für das Portal lieferte.
Blickfang im Innern (nach Einwurf einer Münze im Vorraum wird der Innenraum beleuchtet) sind die vergoldeten barocken Altäre, die Ende des 18. Jh.s aufgestellt wurden. Der **Hauptaltar** birgt die Figur der Virgen de Regla. Die Skulptur der Schutzheiligen wird auf das Ende des 17. Jh.s datiert, vermutlich stammt sie aus Mexiko. Beachtung verdienen ferner die schöne Holzdecke im Mudéjar-Stil, der Taufstein aus Granit sowie das »Jüngste Gericht« mit dem Erzengel Michael im Zentrum an der rechten Seitenwand.

Umgebung von Pájara

Toto Wenn man Pájara in östlicher Richtung verlässt, dann durchfährt man nach rund 2 km das Dörfchen Toto. Weiße Häuser inmitten von Getreide- und Gemüsefeldern bieten ein friedliches Bild. Die En-

PÁJARA ERLEBEN

ESSEN

► Erschwinglich

Casa Isaítas
Calle Guize 7
Tel. 928 16 14 82
Wer aus Richtung Betancuria kommt, findet die Casa Isaítas gleich am Ortsanfang rechts. Tagsüber werden leckere Tapas serviert.

► Preiswert

La Fonda
Calle N. S. de la Regla 25
Tel. 928 16 16 25
Auf gute kanarische Küche darf man sich in diesem Lokal gegenüber der Kirche freuen.

ÜBERNACHTEN

► Komfortabel

Casa Isaítas
Calle Guize 7
Tel. 928 16 14 82
www.casaisaitas.com
Fast zwei Jahre nahm die Restaurierung des über 200 Jahre alten Anwesens in Anspruch, heute gruppieren sich um einen Innenhof (mit Restaurant) vier ansprechend ausgestattete Zimmer.

Jedes Jahr am 2. Juli tragen die Bewohner von Pájara ihre »Virgen de Regla« durch den Ort.

de des 18. Jahrhunderts errichtete kleine Kirche des Ortes ist dem hl. Antonius von Padua geweiht.

Playa de Garcey

4 km westlich von Pájara erreicht man auf einer rauen Piste die Playa de Garcey an der Westküste. Der lange, helle Sandstrand gehört zu den ursprünglichsten auf der Insel und wurde vor allem wegen dem 1994 vor der Küste auf Grund gelaufenen Luxusliners »American Star« bekannt. Von dem Wrack ragt mittlerweile nur noch ein winziger Teil aus dem Wasser, sodass allein deswegen der Abstecher sich nicht mehr lohnt. Dafür kann man an dem bislang gänzlich unbebauten Küstenstrich einsame Wanderungen unternehmen – z. B. in Richtung Norden auf dem bald schmaler werdenden Küstenplateau bis nach Ajuy.

Pozo Negro

F4

Ein kurzer Kiesstrand, wenige einfache Fischerhäuschen, drei einladende Fischrestaurants und die bedeutendste altkanarische Ausgrabungsstätte in der Nähe sind die Attraktionen von Pozo Negro.

Nur wenige Touristen verirren sich in das verschlafene Fischerdorf an der Ostküste Fuerteventuras, gut 20 km südlich von Puerto del Rosario. Lediglich am Wochenende belebt sich die Szenerie, dann

◀ weiter auf S. 190

So präsentierte sich einst die »American Star«, einst der Stolz der amerikansichen Marine. Heute ist sie fast gänzlich untergegangen.

GESTRANDET

Es war ein stürmischer Tag, der 17. Januar 1994. Heftige Sturmböen drückten die »American Star« gegen Fuertes Küste. Sie lief auf eine Sandbank auf und zerbrach bald darauf in zwei Teile. Was von dem einstigen Passagierschiff übrig blieb, war einige Jahre das Ziel zahlreicher Ausflügler.

Die Geschichte des Luxusliners hatte glorios begonnen. Einen Tag vor dem Ausbruch des Ersten Weltkriegs war das Schiff von Eleanor Roosevelt in Newport auf den Namen »S. S. America« getauft worden. Während des Kriegs übernahm es als »West Point« Truppentransporte und versah nach 1946 viele Jahre lang einen Liniendienst zwischen Bremerhaven und New York. Damals galt es als besonders chic, mit dem eleganten Passagierdampfer in die Neue Welt zu reisen. Je mehr jedoch das Flugzeug zum bequemen und schnellen Transportmittel wurde, desto mehr verblasste der Ruhm der »America«. 1964 wurde sie an eine griechische Reederei verkauft, ihr neuer Heimathafen war Piräus. Von hier aus startete sie zu Kreuzfahrten zwischen Europa und Australien. Ein erneuter Besitzerwechsel erfolgte Anfang der Neunzigerjahre. Der Käufer wollte die »America« zu einem noblen Hotelschiff ausbauen, das in Phuket/Thailand vor Anker liegen sollte.

Die letzte Reise

Im Schlepptau eines ukrainischen Frachters trat die »**»American Star«**«, wie sie nun hieß, im Dezember 1993 ihre letzte Reise nach Thailand an. Beide Schiffe gerieten Mitte Januar vor den Kanarischen Inseln in einen orkanartigen Sturm. In den frühen

Morgenstunden des 17. Januar 1994 riss das Schlepptau zwischen beiden Schiffen. Kurz darauf lief die »American Star« vor Fuerteventuras Küste, an der Playa de Garcey, auf Grund. Einen Tag hielt der Luxusliner der donnernden Brandung stand. Dann brach das Schiff auseinander. Innerhalb weniger Stunden spülten die Wellen ungeheure Sandmassen in den offenen Schiffsrumpf. Jeder spätere Bergungsversuch war dadurch zum Scheitern verurteilt.

Schiffstrophäen

Die Majoreros zögerten nicht lange. Sie enterten das Schiffswrack und nahmen mit, was möglich war. Möbel, Geschirr, Rettungsringe, Bullaugen, Türen und Wasserhähne. Selbst die Klaviere in den Salons wurden mit improvisierten Seilzugkonstruktionen aus dem Wrack herausgehievt. Fast die gesamte Einrichtung der **Cafeteria Naufragio** (Schiffsbruch) in Puerto del Rosario stammt von dem Unglücksschiff. Auch in vielen Privathaushalten werden bis heute Trophäen aus dem gestrandeten Schiff aufbewahrt.

Gefährliches Ausflugsziel

Heizöl hatte die »American Star« nicht an Bord gehabt. Umweltbelastungen waren also auszuschließen. So beschloss die kanarische Regierung, auf eine Sprengung des Schiffswracks zu verzichten und den einstigen Luxusliner Wind und Wellen zu überlassen. Die karge Wüsteninsel hatte einige Zeit ein Ausflugsziel mehr: Allerdings war es ein lebensgefährliches Abenteuer, zum Wrack hinauszuschwimmen oder zu surfen. Mehr als 20 Menschen, darunter erfahrene Surfer, verloren dabei ihr Leben. Heute ist fast nichts mehr zu sehen, und es ist nur noch eine Frage der Zeit, bis auch der letzte Rest des Schiffs im Wasser versunken ist.

kommen Einheimische – einige besitzen hier Feriendomizile –, um in der Kiesbucht zu baden oder in den Strandkneipen fangfrischen Fisch zu speisen.

Umgebung von Pozo Negro

✶ Ruinas La Atalayita

Von der Stichstraße, die nach Pozo Negro führt, zweigt nach ca. 3 km rechts eine gut 1 km lange Piste zur einstigen **Guanchensiedlung** La Atalayita ab. Sie endet bei einem nie ganz fertiggestellten, in den Erdboden hineingebauten Besucherzentrum. Ca. 100 m von dem Besucherzentrum entfernt erkennt man **rekonstruierte Wohnhütten** aus mörtellos zusammengefügten Steinen. In einem anderen runden Gebäude wurden Ziegen gehalten, weitere flache, teilweise in den Boden hineingebaute Lavahütten dienten vermutlich zur Aufbewahrung von Lebensmitteln. Man fand bei den Hütten große Haufen mit Muscheln und Schalen von Napfschnecken (concheras), sie waren ein wichtiger Ernährungsbestandteil der altkanarischen Bevölkerung. Angesichts der sehr spärlichen Überreste fällt es schwer sich vorzustellen, wie die Inselbevölkerung in vorspanischer Zeit hier lebte, andererseits gibt es auf den östlichen Kanareninseln keine vergleichbare, leicht zugängliche Ausgrabungsstätte und das macht die besondere Bedeutung der Guanchensiedlung La Atalayita – benannt nach dem Vulkankegel Lomo de Atalayita – aus.

Finca experimental del Cabildo Insular

Nahe der Kreuzung, an der die nach Pozo Negro führende Stichstraße auf die Verbindungsstraße Gran Tarajal – Puerto del Rosario trifft, liegen die Gebäude des staatlichen Versuchsguts der Inselregierung. Hier beschäftigt man sich mit verschiedenen Methoden der Wiederaufforstung ebenso wie mit Viehzucht. Neben Ziegen, Schafen und Schweinen werden auch Dromedare gehalten. Auf kleinen Feldern erprobt man Möglichkeiten zur Intensivierung des Anbaus von Tomaten und Kartoffeln.

Landwirtschaftsmesse

Auf dem Gelände der »Finca experimental« wird alljährlich Ende April bzw. Anfang Mai eine gut besuchte Landwirtschaftsmesse abgehalten. Neben dem Verkauf und der Präsentation von Vieh, landwirtschaftlichen Produkten und Geräten für die einheimischen Bauern gibt es ein auch für Touristen interessantes Rahmenprogramm mit Folkloredarbietungen.

Malpaís Grande

Bei der Weiterfahrt Richtung Gran Tarajal durchquert man ein als Malpaís Grande bezeichnetes Gebiet. Es handelt sich um ein ausgedehntes **Lavaschollenfeld**, das bei einem der jüngeren Vulkanausbrüche auf Fuerteventura, vermutlich vor etwa 10 000 Jahren, entstand. Der Lavastrom ist noch kaum verwittert, nur verschiedene Flechtenarten überziehen das Gestein. Bei Km 33 wurde ein Parkplatz angelegt. Von hier aus kann man das Gelände ein Stück zu Fuß erkunden.

Puerto del Rosario

F 2/3

Für Touristen bietet die Hauptstadt von Fuerteventura wenig Interessantes, für die Majoreros ist sie das unumstrittene Handels- und Verwaltungszentrum der Insel.

Inselhauptstadt

In den letzten zwanzig Jahren verdreifachte sich die Einwohnerzahl von Puerto del Rosario. Heute sind hier knapp 29 000 Menschen gemeldet, im gesamten Gemeindegebiet leben ca. 35 000 Personen. Um dem Status als Inselhauptstadt gerecht werden zu können, versucht man seit einigen Jahren die Attraktivität von Puerto del Rosario zu erhöhen. Zahlreiche ältere Gebäude wurden restauriert, Straßen begrünt und das Kulturangebot erhöht. Im Kulturzentrum (Casa de Cultura) finden regelmäßig viel beachtete Aufführungen und Kunstausstellungen statt. Und das Unamuno-Museum lockt auch Touristen in die Inselmetropole.

Bereits auf einer italienischen Seekarte von 1426 ist das heutige Puerto del Rosario verzeichnet. Immer wieder ankerten Handelsschiffe in der Bucht, zu einer dauerhaften Besiedlung kam es über Jahrhunderte hinaus jedoch noch nicht. Gegründet wurde Puerto del Rosario erst 1795 unter dem Namen »**Puerto de Cabras**« (= Ziegenhafen). Die Bezeichnung rührte von einer nahe gelegenen Ziegentränke her. Mitte des 20. Jh.s fand man, dass diese Bezeichnung dem Inselhauptort nicht gerecht werden könne, aus Puerto de Cabras wurde 1957 das sehr viel besser klingende »Puerto del Rosario« (= Hafen der Rosenkranzmadonna). Weitere wichtige Jahreszahlen in der Stadtgeschichte sind 1835, als Puerto de Cabras zur selbstständigen Gemeinde erklärt wurde, und 1860, als es Inselhauptstadt wurde. Den Aufstieg im 19. Jh. verdankte der »Ziegenhafen« in erster Linie englischen Geschäftsleuten, die von hier Kalk, Soda und den Farbstoff der Cochenille-Laus exportierten. Alle diese Produkte verloren gegen Ende des 19. Jh.s auf dem Weltmarkt an Bedeutung, dementsprechend war die Blütezeit von Puerto de Cabras um die Jahrhundertwende bereits beendet.
Von 1975 bis 1995 war Puerto del Rosario Sitz einer Einheit der spanischen **Fremdenlegion** (bzw. seit 1984 Sitz der Legion), eine Tatsache, die von der Bevölkerung mit unterschiedlicher Begeisterung

! *Baedeker* TIPP

Besuch der Inselmetropole

Für den Besuch von Puerto del Rosario wählt man am besten den Vormittag oder die späteren Stunden am Nachmittag. Unter Mittag sind die wenigen Geschäftsstraßen und die Promenade am Hafen geradezu ausgestorben.
Wer mit dem Auto kommt, muss für die meisten Parkplätze im Zentrum (blaue Zone) einen Parkzettel ziehen. Die Parkdauer beträgt höchstens zwei Stunden. Da die Entfernungen in Puerto del Rosario jedoch gering sind, kann man sein Fahrzeug gut auch etwas weiter außerhalb bzw. in Hafennähe abstellen.

aufgenommen wurde. Die Kriminalitätsrate auf Fuerteventura stieg damals dramatisch an. Drei Legionäre waren sogar in einen Mordfall vewickelt, andere an Entführungen eines Flugzeugs bzw. einer Fähre beteiligt. Mit den Jahren arrangierte man sich jedoch mit den Legionären, und als die Einheit im Dezember 1995 nach Almería (Südspanien) verlegt wurde, bedauerten nicht nur die Wirte im Amüsierviertel den Abzug.

Stadtbild Als Ausgangspunkt für einen Rundgang durch Puerto del Rosario bietet sich die von prächtigen Indischen Lorbeerbäumen bestandene **Plaza de España** am Hafen an. In einer kleinen Markthalle etwas oberhalb werden in den Vormittagsstunden frischer Fisch, Obst und

Puerto del Rosario Orientierung

Übernachten
① Fuerteventura Playa Blanca
② JM Puerto del Rosario
③ Pensión Tamasite

Essen
① La Terraza del Muelle
② Tinguaro V
③ Cafeteria Naufragio
④ Kiss

PUERTO DEL ROSARIO ERLEBEN

AUSKUNFT

Patronato de Turismo
Calle ALmirante Lallermand 1
Tel. 928 53 08 44, Fax 928 85 16 95
www.fuerteventuraturismo.com

EINKAUFEN

Las Rotondas in der Calle Francisco Pi Y Arsuaga ist Fuerteventuras größter Konsumtempel. In dem viergeschossigen Einkaufszentrum gibt es rund 100 verschiedene Geschäfte, darunter der am besten sortierte Supermarkt der Insel.

ESSEN

▶ Erschwinglich

① ***La Terraza del Muelle***
Ctra. Los Pozos 12
Tel. 928 86 16 35
Das Lokal an der Uferstraße gegenüber von einem kleinen Strand (Playa Chica) bietet gute Fischküche.

▶ Preiswert

② ***Tinguaro V***
oberhalb der Plaza de España
Tel. 928 85 10 86
Beliebter Treffpunkt für einen Kaffee oder einen Snack. Vom Restaurant schaut man hinab zur Markthalle und zum Hafen oder man nimmt auf der schattigen Terrasse Platz.

③ ***Cafeteria Naufragio***
Calle Prim. de Mayo/Jesús y Maria
Ein Teil der originellen Einrichtung stammt aus dem gestrandeten Schiff »American Star«.

④ ***Kiss***
Calle Primero Mayo 55
Im Kiss hat man die Qual der Wahl zwischen mehr als 20 verschiedenen hausgemachten Eissorten. Geöffnet: Mo.–Sa. 10.00–22.00 Uhr.

NACHTLEBEN

Zumindest am Samstagabend ist einiges los in Puerto del Rosario. Man könnte den Abend im »Calle 54« beginnen, der angenehmsten Kneipe der Stadt. Später wechselt man ins »Mama Rumba« (Calle San Roque 17), wo heiße lateinamerikanische Rhythmen auch Nichttänzer begeistern. Alternativen sind die Discos »Camelot« (Calle León y Castillo 12) oder »Mafasca« (Calle La Cruz). Ein junges Publikum trifft sich im »Templo« (Calle Teniente Durán 16). Die meisten Discos öffnen um 22.00 Uhr, ab Mitternacht sind sie gut besucht.

ÜBERNACHTEN

▶ Komfortabel

① ***Fuerteventura Playa Blanca***
3 km südlich, Richtung Flughafen
Tel. 928 85 11 50
http://gestion.cabildofuer.es/PARADOR
Das an eine Karawanserei erinnernde Gebäude entstand 1966 als Parador. Inzwischen ist das Dreisternehaus in Privatbesitz, gilt aber dennoch als beste Adresse der Stadt.

▶ Günstig

② ***Hotel JM Puerto del Rosario***
Avenida Ruperto González Negrín 9
Tel. 928 85 94 64
www.jmhoteles.com
Modernes, zehnstöckiges Mittelklassehotel mit 88 Zimmern an der Promenade von Puerto del Rosario.

③ ***Pensión Tamasite***
Calle León y Castillo 9
Tel. 928 85 02 80
Fax 928 85 03 00
Nette Pension mit 16 Zimmern in zentraler Lage, von denen einige mit einem Balkon ausgestattet sind.

Gemüse verkauft. Von hier sollte man es nicht versäumen, auf der **Hafenpromenade**, der Avenida de los Reyes de España, entlangzuschlendern. Sie präsentiert sich heute als hübsche Flaniermeile mit Bänken und Palmen. Einen guten Überblick bekommt man von der bereits im 19. Jh. angelegten Außenmole. Über die Hauptgeschäftsstraße León y Castillo gelangt man dann zur Iglesia Nuestra Señora del Rosario und zum Unamuno-Museum.

Sehenswertes in Puerto del Rosario

Iglesia Nuestra Señora del Rosario

Mit dem Bau dieser der Rosenkranzmadonna geweihten Kirche war bereits 1824 begonnen worden, fertiggestellt wurde sie jedoch erst in den Dreißigerjahren des 20. Jahrhunderts. Im Innern beeindruckt vor allem die kunstvolle Mudéjar-Decke.

Parque de la Ciudad ►

Westlich der Kirche erstreckt sich der Parque de la Ciudad, eine Grünfläche mit Bänken, Bäumen, Kinderspielplatz und Café.

Casa Museo Unamuno

Dem spanischen Dichter, Schriftsteller und Philosophen **Miguel de Unamuno y Jugo** (► Berühmte Persönlichkeiten) wurde 1995 in der Calle Rosario 11 (direkt gegenüber der Kirche) ein Museum gewidmet (► Abb. S. 50). Eingerichtet wurde es im einstigen Hotel Fuerteventura, in dem sich Unamuno und sein Leidensgenosse, der Abgeordnete und Journalist Rodrigo Soriano, auf der Insel einquartiert hatten. Während seines viermonatigen Exils 1924 habe sich Unamuno auf der Dachterrasse des Hotels »nackt gesonnt und dabei geschrieben«, wie in seinem Werk »De Fuerteventura a Paris« zu lesen

Casa Museo Unamuno: Hier arbeitete der Dichter während seiner Verbannung.

ist. In den von ihm bewohnten Räumen sind sein Schreibtisch und weitere Möbelstücke ausgestellt. Ergänzt wird die Sammlung durch Fotografien und Dokumente (geöffnet: Mo. – Fr. 9.00 – 14.00 Uhr).

Hafen

Während in den beiden anderen Häfen Corralejo und Morro Jable ausschließlich Fährschiffe an- und ablegen, machen in Puerto del Rosario auch Tanker und größere Containerschiffe fest. 2008 wurde eine neue Anlegemole für Kreuzfahrtschiffe eingeweiht und als erster Luxusliner machte die »Aida Bella« fest. Ob die Kreuzfahrer Puerto del Rosario auch zukünftig im Programm haben werden, bleibt abzuwarten, die Stadtväter und -mütter jedenfalls schauen dem für sie neuen Tourismuszweig erwartungsvoll entgegen.

Skulpturenpark

An der Hafenpromenade, an dem kleinen Stadtstrand westlich davon und in der Calle León y Castillo sorgen moderne Plastiken für Aufmerksamkeit. Sie entstanden im Rahmen eines seit 2001 veranstalteten Bildhauersymposiums. Direkt an der Promenade finden sich vier Muschelskulpturen von Juan Bordes, vor dem Unamuno-Museum zeigt eine Bronzeskulptur von Emiliano Hernández den unfreiwilligen Inselgast in Lebensgröße. Das Touristenbüro hält einen Stadtplan bereit, in dem eine Auswahl der Plastiken eingetragen ist.

Centro de Arte Juan Ismael

Noch mehr Kunst gibt es in der nach dem aus La Oliva stammenden surrealistischen Maler Juan Ismael (1907 – 1981) benannten neuen **Kunsthalle** in der Calle Almirante Lallermand 30 östlich vom Hafen. In zwei Sälen werden Wechselausstellungen und eine Sammlung kanarischer Gegenwartskunst gezeigt (geöffnet: Di. – Sa. 10.00 – 13.30, 17.00 – 21.00 Uhr, Eintritt frei).

Umgebung von Puerto del Rosario

Playa Blanca

Etwa 4 km südlich von Puerto del Rosario erstreckt sich die vorwiegend von Einheimischen besuchte Playa Blanca. Mit ständigem Verkehrslärm durch den nahen Flughafen ist hier zu rechnen. Mit seinem ummauerten Hofbezirk wirkt das Hotel Fuerteventura Playa Blanca wie eine nordafrikanische Karawanserei.

Parque Holandés

Eine Küstenstraße verbindet Puerto del Rosario mit dem Touristenzentrum Corralejo an der Nordspitze der Insel. Auf dieser Straße passiert man nach ca. 13 km die Siedlung Parque Holandés. Ursprünglich als Ferienhaussiedlung mit 20 000 Gästebetten geplant, wurde nur ein Bruchteil fertiggestellt. Heute leben hier etwa 1000 Einheimische. Das Zentrum des **Holländischen Parks**, bildet eine von einem niederländischen Architekten entworfene weitläufige Ferienanlage mit architektonisch interessanten Bungalows. Dazu gehört eine von Arkaden umgebene Plaza mit Bars, Restaurants und Läden. Als deutlicher Nachteil erweist sich die Tatsache, dass der nächste schöne Sandstrand, die Playa de Corralejo, ca. 10 km entfernt ist.

Tarajalejo

E 4

Im Süden von Fuerteventura liegt nahe dem Istmo de la Pared der Küstenort Tarajalejo. Das Hinterland bildet ein vergleichsweise grünes Tal. Schon wiederholt hat man versucht, Anteil am »Touristenkuchen« zu bekommen – mit mäßigem Erfolg.

Neben dem kleinen Fischerort mit engen Gassen, einigen einfachen Restaurants und Bars entstand am dunklen Sand- und Kiesstrand (das Aufschütten einiger Lasterladungen mit hellem Sand hat nichts geändert) eine Ferienanlage. Ein Aparthotel bietet diverse Sportmöglichkeiten; die angeschlossene Reitschule (Centro Hipico) steht nicht nur Hausgästen zur Verfügung. Die ehemalige Hauptstraße wurde zur Promenade umfunktioniert und mit Palmen bepflanzt.
Wer vom Flughafen kommt, den weist ein Schild gleich am Ortsanfang nach rechts zum Aquarium. Der Zugang erfolgt durch das Restaurant El Brasero (s. unen). In den (recht trüben) Becken werden vornehmlich in den kanarischen Gewässern vorkommende Fische gehalten, der Besuch lohnt eher nicht (unregelmäßig geöffnet).

Umgebung von Tarajalejo

Giniginámar Zumindest die Woche über ist das östlich von Tarajalejo gelegene Giniginámar ein abgeschiedener Flecken, obgleich auch hier bereits die ersten Appartementhäuser entstanden sind. Man fährt von Taraja-

TARAJALEJO ERLEBEN

ESSEN

► Erschwinglich

Don Carlos
Avenida Las Palmas 2
Giniginámar
Tel. 928 34 49 31
In einer Villa wird österreichisch-international gekocht und in elegantem Ambiente serviert (außerhalb der Saison nur abends geöffnet).

► Preiswert

La Barraca
Calle Isidro Díaz 14
Tarajalejo
Tel. 928 16 13 16
Einfaches Lokal direkt am Strand mit einer schönen Terrasse.

El Brasero
an der Hauptstraße nach Gran Tarajal
Tarajalejo
Tel. 928 16 11 82
Auch auf Reisegruppen eingestelltes Ausflugslokal mit Pool.

ÜBERNACHTEN

► Komfortabel

Bahía Playa
Tarajalejo
Tel. 928 16 10 01
www.r2hotels.com
Das Viersternehotel (früher Hotel Tofio), nur durch die Uferpromenade vom Strand getrennt bietet 172 komfortable Doppelzimmer, einen Spa-Bereich und einen Fitnessraum.

lejo zunächst auf der Hauptstraße Richtung Gran Tarajal, nach 7 km biegt dann eine Straße nach Giniginámar ab. Am Wochenende teilen sich die Fischer den flachen Kiesstrand mit einheimischen Ausflüglern.

! *Baedeker* TIPP

Wanderung mit Meerblick

Die ca. 6 km lange Strecke von Giniginámar nach Tarajalejo ist kein harmloser Spaziergang, sondern verlangt an einigen Stellen Trittsicherheit und Schwindelfreiheit. Der Weg beginnt am Strand, westlich des Ortskerns, führt die Küstenböschung hinauf zur Punta del Morrete und weiter in westlicher Richtung, durchschneidet die Punta del Caracol und trifft kurz danach wieder an den Strand. Im letzten Wegstück vor Tarajalejo ist der Pfad kaum mehr begehbar, hier wechselt man zeitweilig auf eine ebenfalls in Küstennähe verlaufende Piste.

Wer Fuerteventura wirklich abseits der Touristenpfade erkunden will, sollte von Tarajalejo aus eine Fahrt ins Inselinnere nach **Tesejerague** unternehmen. Die neue Straße (sie zweigt ca. 3 km nördlich von Tarajalejo bei der Tankstelle von der Straße nach Gran Tarajal ab) erschließt eine karge Landschaft mit einsamen Gehöften und Dörfern. Ab und an setzen Tomatenfelder Akzente in der kahlen, braunen Einöde. Einige Häuser, die sich in ihren gelblich-braunen Farbtönen ganz der Umgebung anpassen, sind heute verlassen und verfallen allmählich.

Tefía

F 2

Das im Inselzentrum, etwa auf halber Strecke zwischen Casillas del Ángel und La Oliva gelegene, von Bergen umgebene Tefía ist ein schlichtes, weit auseinander gezogenes Dorf mit einem interessanten Freilichtmuseum!

Früher wurde in dieser Inselregion intensiv Landwirtschaft betrieben, heute sind viele der Bauernhäuser verlassen. Ihre ehemaligen Bewohner haben sie aufgegeben, um andernorts nach profitträchtigeren Erwerbsmöglichkeiten zu suchen. Auch zahlreiche in mehr oder minder gutem Zustand erhaltene Windmühlen, mit deren Hilfe einst das Grundwasser an die Erdoberfläche gepumpt wurde, zeugen davon, dass in Tefía früher intensiv Landwirtschaft betrieben wurde.

Sehenswertes in Tefía

Ermita de San Agustín

Etwas abseits der Hauptstraße steht die Ermita de San Agustín. Die 1713 errichtete, später vergrößerte Kapelle ist von einer weißen, von Zinnen gekrönten Mauer umgeben. Auf dem Sportplatz neben der Kirche werden gelegentlich kanarische Ringkämpfe (lucha canaria) ausgetragen.

Tefía: Bauernhäuser wurden in ein schmuckes Freilichtmuseum verwandelt.

✶✶ Ecomuseo de la Alcogida

Am südlichen Ortsausgang lädt an der Hauptstraße das Ecomuseo de la Alcogida zum Besuch ein. Das sehr lohnenswerte **Freilichtmuseum** umfasst eine Mühle und sieben im traditionellen Stil errichtete Bauerngehöfte, die mit EU-Geldern restauriert wurden und nun – komplett eingerichtet – einen guten Einblick in das ländliche Leben vergangener Tage geben.

Wie ehedem wird in einem der Gehöfte Vieh gehalten. Man kann zuschauen, wie Getreide gemahlen, Brot gebacken und Käse hergestellt wird. Auch das traditionelle Kunsthandwerk wird dokumentiert: Ein Töpfer hat seine Werkstatt in dem Freilichtmuseum, in anderen Räumen wird genäht und gestickt. Im angeschlossenen **Museumsshop** werden die Erzeugnisse verkauft. Beim Lösen des Eintrittstickets erhält man einen Übersichtsplan über das Freilichtmuseum (geöffnet: Di. – Sa. 10.00 – 18.00 Uhr).

Umgebung von Tefía

Puertito de los Molinos

Am südlichen Ortsausgang von Tefía zweigt ein Sträßchen in westlicher Richtung nach Las Parcelas und Puertito de los Molinos ab. Die Fahrt dorthin ist ein angenehmes Erlebnis. Die Straße führt nah an den **Barranco de los Molinos** mit seinen steil abfallenden Basaltwänden heran. Da der Barranco meist etwas Wasser führt, grünt und blüht es hier. Nach 10 km endet die Straße an der Mündung des Barrancos. Hier stellt man das Fahrzeug ab, überquert auf einer kleinen, wackligen Brücke den Barranco, ignoriert den gelegentlich vorhandenen Unrat und gelangt zu den Häusern des »kleinen Mühlenhafens«, die heute fast ausschließlich als Feriendomizile genutzt werden und daher oft verlassen wirken. Die Figur auf dem Dorfplatz stellt die hl. Carmen dar, die Schutzpatronin der Fischer und der Seeleute. Vom Südende der Bucht führt ein gepflasterter Weg aufwärts. Er endet nach ca. 50 m bei einem schönen Aussichtspunkt.

! *Baedeker* TIPP

Die Aussicht ist herrlich

Idyllisch kann man die Restaurants »Casa Pon« und »La Terrazza« in Puertito de los Molinos wohl nicht (mehr) nennen, aber von dort aus hat man einen herrlichen Meerblick. Das Speiseangebot ist begrenzt. Geöffnet sind die Restaurants meist nur bis 18.00 oder 19.00 Uhr.

Nur zu Fuß oder mit dem Jeep erreicht man den **Embalse Los Molinos**. Die Anfahrt erfolgt zunächst auf der Straße nach Puertito de los Molinos. Gleich beim ersten Haus von Las Parcelas zweigt links eine Piste zum Embalse de los Molinos ab. Man erreicht den **Stausee** nach weiteren 3 km. Er hat ein Fassungsvermögen von 1 Mio. m^3 und wurde in den Vierzigerjahren des 20. Jh.s angelegt. Eine salzhaltige Quelle am Grund des Stausees sorgte allerdings dafür, dass das Wasser des Sees nie zur Bewässerung genutzt werden konnte. Ohnehin ist das Becken, das eine 100 m lange und gut 40 m hohe Staumauer abgrenzt, fast immer leer. Nur nach dem sogenannten Jahrhundertregen von 1991 war es für kurze Zeit nahezu randvoll. Am sumpfigen Seeufer wachsen Tamarisken.

Tetir

F2

Tetir, 10 km nordwestlich von Puerto del Rosario, liegt inmitten eines relativ fruchtbaren Tals. In der Umgebung werden vorrangig Getreide und Opuntien angebaut, doch werden viele Felder heute nicht mehr bestellt. Kaum vorstellbar, dass die kleine Ortschaft Puerto del Rosario einst an Bedeutung übertraf: Bis 1930 war Tetir Verwaltungssitz einer eigenständigen Gemeinde, zu der bis 1835 auch die heutige Inselhauptstadt gehörte.

Schmucke Häuser und eine ansehnliche Palmenallee verweisen auf relativen Wohlstand. Seit 1777 ist die 1745 geweihte **Iglesia de Santo Domingo de Guzmán** Pfarrkirche, der Turm wurde 1883 fertiggestellt. Der teilweise vergoldete Barockaltar stammt aus dem 18. Jahrhundert.

Umgebung von Tetir

Temejereque Eine schöne Sicht auf Tetir bietet sich vom nördlich aufragenden Temejereque (511 m ü. d. M.). Zur Sendestation auf dem Gipfel führt eine 3,5 km lange asphaltierte Straße hinauf.

La Matilla Verlässt man Tetir in nordwestlicher Richtung, so erreicht man nach 4 km die Nachbarortschaft La Matilla, unterhalb des höchsten Berges im Inselnorden gelegen, des 689 m hohen Muda. Ihre Kirche Nuestra Señora del Socorro stammt aus dem 18. Jahrhundert. Obgleich Archäologen auf dem Gipfel des Muda 1986 Kultstätten der Altkanarier freilegten, wurde hier 1991 – trotz Protesten – eine Radaranlage eingerichtet.

Chupadero-Quellen Am westlichen Ortsrand macht an einer Parkausbuchtung eine Tafel auf den von der Inselregierung angelegten Wanderweg aufmerksam. Der Weg führt hangaufwärts zu den Chupadero-Quellen. Oberhalb von den Quellen steigt der Pfad zu einem zur **Montaña de la Muda** gehörenden Bergrücken auf, der eine wunderbare Aussicht in den Norden der Insel bietet.

El Time Südöstlich von Tetir zweigt von der Straße nach Puerto del Rosario die Zufahrt zum Weiler El Time ab. Der Name – »Time« bedeutet in der Sprache der Altkanarier »Felsklippe« – bezieht sich auf die Lage: Die Ortschaft liegt am Rand eines tief eingeschnittenen Barrancos. Die Kapelle Nuestra Señora de la Merced wurde Anfang des 18. Jahrhunderts erbaut.

Tindaya

F 2

Tindaya ist eine winzige Streusiedlung im Norden Fuerteventuras, wenige Kilometer südwestlich von La Oliva, am Fuße des gleichnamigen Bergs. In die Schlagzeilen geriet sie in den 1990er-Jahren, weil der spanische Bildhauer Eduardo Chillida den Tindaya aushöhlen und zu einem Kunstprojekt machen wollte.

Ihren Lebensunterhalt erwirtschaften die Einwohner von Tindaya überwiegend mit Landwirtschaft, vor allem mit Tomatenanbau.

Ortsbild Die Häuser von Tindaya liegen verstreut zwischen Gärten und Feldern. Den Mittelpunkt bildet der kleine Platz bei der Kirche. Die **Ermita Nuestra Señora de la Caridad** birgt zwei Kunstschätze: Die Gemälde »Josephs Traum« und die »Unbefleckte Empfängnis« werden dem Meister zugeschrieben, der die Wandbilder in der Kapelle von La Ampuyenta geschaffen hat. Die Gemälde, die dringend der Restaurierung bedürfen, werden derzeit in der Sakristei aufbewahrt.

Montaña Tindaya

Altkanarische Zeichnung auf dem Tindaya

Die Montaña Tindaya ist eine steil ansteigende, äußerst markante Erhebung (397 m ü. d. M.) nördlich der Ortschaft. Den Altkanariern war der aus harten, der Erosion trotzenden Ergussgesteinen aufgebaute Berg heilig. Sie kamen auf dem Gipfel offenbar zu rituellen Handlungen zusammen, denn man fand neben Tonscherben mehr als 100 in den Fels gehauene, schematisierte Darstellungen von Füßen. Für viele Besucher ist das ebenso wie der grandiose Ausblick vom Gipfel Grund genug, den Tindaya zu erklimmen. Um die **prähistorischen Gravuren** zu schützen, wird die Besteigung des Tindaya mittlerweile jedoch strikt reglementiert. Man benötigt eine kostenlos erhältliche Genehmigung der Umweltbehörde von Fuerteventura (Medio Ambiente, Calle Lucha Canaria 112, Puerto del Rosario, Tel. 928 85 21 06; geöffnet: Mo. – Fr. 9.00 – 14.00 Uhr). Dem Wachpersonal am Berg muss diese Genehmigung vorgelegt werden.

Der Aufstieg auf den Tindaya beginnt an der durch den Ort führenden Hauptstraße, westlich der Kirche. Von hier geht es zunächst auf einer Piste, dann auf einem steilen Pfad stetig aufwärts. Ein Spaziergang ist der Aufstieg im Übrigen nicht! Teilweise müssen glatte Felsplatten passiert werden und stellenweise geht es sehr steil bergauf, Trittsicherheit ist also gefordert.

Monument der Toleranz, Leere und Bescheidenheit

Für internationales Aufsehen sorgte 1997 ein Kunstprojekt des spanischen Bildhauers **Eduardo Chillida** (1924 – 2002). Er wollte den erloschenen Vulkan Tindaya aushöhlen, ein 50 mal 50 m großer Hohlraum sollte begehbar werden. Licht sollte durch zwei Röhren in dieses »Monument der Toleranz, Leere und Bescheidenheit« einfallen. Als Zugang war ein 60 m langer und 15 m hoher Tunnel geplant. Die Regionalregierung der Kanaren unterstützte das Kunstprojekt, bei Umweltschützern stieß es jedoch auf erhebliche Ablehnung. Ihrer Meinung nach würde damit lediglich der 1991 begonnene und später wieder eingestellte Trachyt-Abbau in dem Naturschutzgebiet offiziell legitimiert. Auch nach dem Tod von Eduardo Chillida wurde das gigantische Projekt, bei dem nach Vorstellung Chillidas Mensch und Erde im Kunstwerk wieder zusammenfinden, nicht aufgegeben. Die Inselregierung investierte Millionen für Untersuchungen über die technische Durchführbarkeit und kam inzwischen zum Ergebnis, das Projekt sei machbar und weiterhin wünschenswert. Der Beginn der Arbeiten steht aber noch in den Sternen.

Weitere Ziele in der Umgebung

Ca. 2 km südlich der Ortschaft erhebt sich bei der Montaña Quemada (294 m ü. d. M.) das **Denkmal** für den spanischen Philosophen und Schriftsteller **Miguel de Unamuno** (► Berühmte Persönlichkeiten), der 1924 für einige Monate nach Fuerteventura verbannt worden war. Man erreicht das weithin sichtbare Monument über eine Piste, die ca. 4 km südlich von Tindaya von der nach Tefía führenden Straße abzweigt. Auf einem Sockel steht die Statue von Unamuno, den Hintergrund bildet eine strahlend weiße Mauer. Das Denkmal wurde bereits 1970 errichtet, offiziell eingeweiht werden durfte es jedoch erst nach Beendigung der Franco-Diktatur.

Playa de Janubio

Am Ende einer 10 km langen Schotterpiste, die 3 km südlich von Tindaya von der nach Tefía führenden Straße abzweigt, liegt eine hübsche hellgelbe Sandbucht. Im Sommer trifft man hier mitunter einige Spanier, die am Strand zelten. Sonst hat man den schönsten Strand an der Westküste, die Playa de Janubio, meist für sich allein (wegen der hohen Brandung und gefährlicher Strömungen sollte man jedoch nur im Flachwasserbereich baden!).

Vallebrón

Ins 6 km östlich von Tindaya gelegene Vallebrón kommen nur wenige Touristen. So empfängt den Besucher eine ländliche Idylle: Zu den grünen Terrassenfeldern bilden die lehmfarbenen Gehöfte einen reizvollen Kontrast. Mit einem durchschnittlichen Jahresniederschlag von 200 bis 300 mm gehört diese Gegend zu den niederschlagsreichsten der Insel. Dadurch ist der Grundwasserspiegel hier noch nicht so gesunken wie andernorts. Maulbeer-, Feigen- und Johannisbrotbäume können bisher noch überleben und säumen die kleinen Felder. Die Pfarrkirche aus dem 18. Jh. ist Johannes dem Täufer geweiht. Das Innere beherrscht ein farbenfroher Barockaltar.

Tuineje

E 4

Der kleine Gemeindesitz (900 Einw.; ganzer Bezirk 13 500 Einw.) zehrt von seiner bewegten Geschichte, als die tapfere Bevölkerung im 18. Jahrhundert erfolgreich einen Piratenangriff abwehren konnte. Der Ort hatte in den letzten Jahrzehnten arg mit der Landflucht zu kämpfen, doch werde heute wieder viele Häuser restauriert. Anlaufpunkt für Besucher ist vor allem die stolze Pfarrkirche.

Längst hat das zu diesem Bezirk gehörende Gran Tarajal den Verwaltungshauptort wirtschaftlich an Bedeutung übertroffen. Das Gebiet um Tuineje ist relativ fruchtbar und wird intensiv landwirtschaftlich genutzt. Vor allem Tomaten werden im Umland angebaut (viele Plantagen wurden jedoch in den letzten Jahren aufgegeben).

Nur noch wenige Menschen leben heute von der Landwirtschaft ...

Im 18. Jh. war Tuineje mehrfach Ziel von Seeräubern. Gegen englische Piraten konnten sich die Dorfbewohner 1740 erfolgreich verteidigen, ein Ereignis, das in die Annalen als »**Schlacht von Tamacite**« eingegangen ist. In der Absicht, sich der Insel zu bemächtigen, war am 12. Oktober 1740 ein Trupp bei Gran Tarajal an Land gegangen und stieß von dort Richtung Tuineje vor. Eiligst rief der Inselkommandant wehrfähige Bauern zusammen, die 2 km vor Tuineje an der Montaña de Tamacite auf die gut ausgerüsteten Briten trafen. Dennoch gelang es, die Eindringlinge ohne nennenswerte eigene Verluste zu besiegen. Als hilfreich erwiesen sich dabei Dromedare, die die mit nur fünf Gewehren bewaffneten Majoreros mit sich führten; in ihrem Schutz konnten sie vordringen und die militärisch überlegenen Engländer schließlich überwältigen. Sie erbeuteten dabei zwei Kanonen, die am Eingang des Heimatmuseums in ► Betancuria aufgestellt sind. Der Sieg ist noch heute der Anlass, alljährlich in der Woche um den 13. Oktober die **Fiesta de San Miguel** zu feiern.

! Baedeker TIPP

Historienspektakel

In Erinnerung an die »Schlacht von Tamacite« wird seit 1974 alljährlich die Fiesta de San Miguel gefeiert. Höhepunkt des mehrtägigen Festes um den 13. Oktober herum ist die Aufführung des Historienspektakels, in dem die Schlacht nachgestellt wird. In historische Kostüme gewandet, feiern die Bewohner von Tuineje ihren eindrucksvollen Sieg.

Iglesia de San Miguel Arcángel

Die zweischiffige Pfarrkirche von Tuineje ist dem Erzengel Michael geweiht. Sie wurde 1790 vollendet. In der zentralen Nische des

Hauptaltars steht die Figur des Erzengels. Historisch interessant ist das Gemälde am Altarsockel. Es zeigt die oben erwähnte **Schlacht von Tamacite**. Auffallend ist, dass damals noch sehr viel mehr Bäume rund um Tuineje standen. Die Pfarrkirche umgab im 18. Jahrhundert – wie das noch heute in anderen Ortschaften von Fuerteventura (z. B. in ►La Ampuyenta) der Fall ist – eine Wehrmauer.

Umgebung von Tuineje

Tiscamanita

Das Dorf Tiscamanita, 4 km nördlich von Tuineje, zeichnet sich wie ►Tefía, ►Antigua oder ►La Oliva durch einige schöne Mühlen aus. Die Inselregierung hat diese Ortschaften durch eine »**Ruta de los Molinos**« miteinander verbunden.

Centro de Interpretación Los Molinos ►

In Tiscamanita wurde in einer restaurierten Mühle sowie im Haus des Müllers ein **Besucherzentrum** eingerichtet, das Centro de Interpretación Los Molinos (geöffnet: Di. – Sa. 10.00 – 18.00 Uhr). Man erhält hier Hintergrundinformationen über Konstruktion und Funktion der unterschiedlichen Mühlentypen, kann zuschauen, wie Weizen gemahlen wird, und testen, wie das daraus hergestellte Gofio schmeckt. Die im ausgehenden 17. Jh. errichtete Kirche von Tiscamanita ist dem hl. Markus geweiht. Die Fassade erhielt ihr heutiges Aussehen im Jahr 1750.

Ermita de Guadalupe von Agua de Bueyes

Malpaís Grande

Östlich von Tuineje und Tiscamanita erstreckt sich ein als »Malpaís Grande« bezeichnetes **Lavafeld**. Dieses »schlechte Land« entstand bei den jüngsten vulkanischen Aktivitäten auf Fuerteventura vor ca. 10 000 Jahren. Die erkaltende Lava hat bizarre Formen geschaffen, die sich deutlich von älteren Gesteinsschichten abheben. Für einen Überblick über das Malpaís Grande verlässt man Tiscamanita bei der Bushaltestelle in östlicher Richtung. Man folgt einer Piste ca. 3 km, hält sich 400 m hinter der Hochspannungsleitung rechts und folgt dem Weg noch ca. 200 m. Vom Rand der **Caldera de la Laguna**, der die Lavamassen entströmten, schweift der Blick über das Lavafeld und den Inselsüden. An der Caldera de la Laguna wird Vulkanasche abgebaut, die unentbehrliche Nährstoffe für Pflanzen liefert.

Agua de Bueyes

An die Häuser von Tiscamanita grenzt nach Norden hin die Ortschaft Agua de Bueyes, was übersetzt »Ochsenwasser« bedeutet. Beachtenswert im Ort ist die Ende des 17. Jh.s erstmals erwähnte **Ermita de Guadalupe**. Sie birgt die mexikanische Skulptur der Virgen de Guadalupe, die 1759 auf die Insel kam. Heute ist sie allerdings als Virgen de la Lluvia bekannt, als Regenmadonna. Diesen Ehrentitel verdankt sie einem Ereignis Ende des 18. Jh.s. Nach monatelanger extremer Trockenheit holten die Bewohner der Region eines Tages »ihre Jungfrau« aus der Kirche, trugen sie in einer Prozession auf die Felder und baten inständig um Regen. Das Wunder geschah: Schon auf dem Rückweg begann es heftig zu regnen. Diese gute Tat hat man der Regenmadonna nie vergessen: Alljährlich um den 28. Februar begeht man mit diversen Feierlichkeiten die **Fiesta del Agua**.

Valle de Santa Inés

E3

Die Fahrt in das nur wenige Kilometer nördlich von Betancuria inmitten eines relativ breiten fruchtbaren Tals gelegene Valle de Santa Inés lohnt sich nur für denjenigen, der das abgeschiedene ländliche Fuerteventura kennenlernen will.

VALLE DE SANTA INÉS ERLEBEN

ESSEN

► Erschwinglich

Abuelo Alfredo
Hauptstraße in Valle de Santa Inés
Tel. 928 87 87 64
Großes, nur über den Mittag geöffnetes Restaurant, in dem typisch kanarische Küche serviert wird.

Valle de Santa Inés Eine kleine Kapelle, eine schön restaurierten Mühle am nördlichen Ortsrand und eine besuchenswerte **Töpferwerkstatt** (Taller de Artesanía Cerámica) sind die wesentlichen Attraktionen des Orts. Auf einsamen Pfaden kann man zur Westküste wandern, z. B. zur Punta de Caletones.

Ermita de San Bartolomé Die Ortschaft soll ihren Namen einer Stiftung verdanken. Zu Ehren ihrer Namenspatronin ließ nämlich Inés Peraza hier 1589 eine Kapelle errichten – der Name der Gönnerin wurde dann auf den gesamten Ort übertragen. In ihrer heutigen Form stammt die Ermita de San Bartolomé aus dem 17. Jahrhundert. Sie besitzt ein holzgeschnitztes Portal, das der aus Antigua stammende José Melián Martín 1968 kunstvoll verzierte.

Umgebung von Valle de Santa Inés

Llanos de la Concepción Im nördlichen Nachbarort Llanos de la Concepción beeindrucken eine schön restaurierte Windmühle sowie eine sogenannte Noría, ein Wasserschöpfrad.

Aguas Verdes In Llanos de la Concepción zweigt eine asphaltierte Straße in Richtung Westküste ab. Sie führt zur **Ferienanlage** Aguas Verdes und endet nach 13 km an der Küste.

★ Vega de Río de las Palmas

E3

Vega de Río de las Palmas oder kurz Vega de Río Palma ist mit seinen inmitten von winzigen Terrassenfeldern stehenden weißen und braunen Häuschen eine malerische Ortschaft. Auf der kleinen Plaza vor der Kirche – sie birgt das größte Heiligtum der Insel – scheint die Zeit stehen geblieben zu sein.

Die Ortschaft liegt etwa 5 km südwestlich von Betancuria, im **Barranco de las Peñitas**, einem der landschaftlich reizvollsten Gebiete Fuerteventuras. Zwar führt der Barranco heute nur noch in Ausnahmefällen Wasser, doch ist ausreichend Grundwasser vorhanden, damit einige Palmen gedeihen, Tomaten und andere Gemüsearten angebaut werden können. Es bedarf heute einiger Fantasie, sich vorzustellen, dass das Tal noch im 16. Jahrhundert von einem ganzjährig Wasser führenden Gebirgsbach durchzogen wurde. Die Inseleroberer Jean de Béthencourt und Gadifer de la Salle mussten sich durch den reißenden Bach und durch dichtes Gestrüpp in das Inselinnere vorkämpfen.

Fuerteventuras wohl schönste Palmenoase: Vega de Río de las Palmas →

Sehenswertes in Vega de Río de las Palmas

Ermita de la Virgen de la Peña

Die im 17./18. Jh. errichtete einschiffige Kirche von Vega de Río de las Palmas birgt die kleine Alabasterstatue der **Virgen de la Peña**. Die nur 23 cm große spätgotische Marienfigur in der Zentralnische des Hauptaltars hat vermutlich bereits Jean de Béthencourt mit nach Fuerteventura gebracht. Der Virgen de la Peña wurde die erste Kirche der Insel in Betancuria geweiht. Bei dem Piratenangriff 1593, dem zahlreiche Gebäude in der Inselhauptstadt zum Opfer fielen, konnte sie rechtzeitig in Sicherheit gebracht werden. Das Versteck im Barranco de las Peñitas war so gut, dass man die kleine Statue erst Jahre später wiederfand (an dieser Stelle steht heute eine Kapelle). Die Marienfigur verblieb fortan in der Kapelle von Vega de Río de las Palmas. Seit 1675 ist die »Felsjungfrau« die offizielle **Inselschutzheilige**. Alljährlich am dritten Samstag im September finden ihr zu Ehren eine große Prozession und im Anschluss daran eine ausgelassene Fiesta statt. Geöffnet ist die Kirche Di. – So. 11.00 – 13.00 und 17.00 – 19.00 Uhr.

Auf dem Weg zum Peñitas-Stausee

Umgebung von Vega de Río de las Palmas

★ **Wanderung in den Barranco de las Peñitas**

Vega de Río de las Palmas ist Ausgangspunkt für eine der schönsten Wanderungen, die man auf Fuerteventura unternehmen kann. Nahe dem südlichen Ortsausgang biegt von der Hauptdurchgangsstraße die Zufahrt zum **Embalse de las Peñitas** ab. Man folgt der Straße bis zum Ortsausgang, hält sich dann rechts und geht im meist ausgetrockneten Barranco in westlicher Richtung zum **Stausee**. Nach einer Gehzeit von ca. 15 Min. (nach Verlassen der Straße) steigt man auf deutlich erkennbarem Pfad nach rechts aufwärts. Der Weg verläuft oberhalb der Staumauer des 1942 angelegten, heute weitgehend versandeten Embalse de las Peñitas. Doch ist genügend Wasser vorhanden, um hier allmählich ein idyllisches Feuchtbiotop zu schaffen. Das dichte Gebüsch und Schilf wird von zahlreichen Vogelarten bevolkert.

Hinter dem Stausee geht es weiter auf einem befestigten Pfad. Schon nach wenigen Minuten nähert man sich der winzigen **Ermita de la Peña**. Die Kapelle steht an der Stelle, an der man im 17. Jh. die zuvor erwähnte Alabasterstatue der Virgen de la Peña wiedergefunden hat. Der Rückweg nach Vega de Río de las Palmas erfolgt auf derselben Strecke; für die insgesamt 6 km lange Tour muss man ca. 1,5 Std. einplanen.

! *Baedeker* TIPP

Kulinarischer Genuss

Falls man auf der Wanderung Appetit bekommen hat: Auf dem zentralen Platz von Vega de Río de las Palmas, wenige Schritte von der Kirche entfernt, findet man das Restaurant »Don Antonio« (Tel. 928 87 87 57) und kann hier in hübschem Ambiente feine deutsch-kanarische Küche genießen. Wer nur einen Kaffee trinken möchte, nimmt am besten gleich an einem der Tische auf der Plaza Platz. Geöffnet: Di. – So. 11.00 – 17.00, Fr. und Sa. bis 22.00 Uhr.

REGISTER

VERZEICHNIS DER KARTEN & GRAFISCHEN DARSTELLUNGEN

BILDNACHWEIS

AKG S. 52 (oben)
Baedeker Archiv S. 96, 98, 99, 100, 101, 114 (Mitte), 127 (unten)
Bilderberg/Allstills S. 4 (rechts), 111 (unten), 147
Bilderberg/Ellerbrock S. 11 (unten), 12 (unten), 69, 203
Bilderberg/Grames S. 10, 93, 134, U4 (links)
Bilderberg/Peterschröder S. 84
Bilderberg/Schmitz S. 48
Borowski S. 1, 30, 34 (2 x), 38, 39, 46, 64, 76, 82, 86, 109, 110, 111 (Mitte), 114 (oben und unten links), 117 (Mitte rechts und unten rechts), 120 (oben links und unten links), 123, 127, 129, 136, 144, 149, 150, 158, 186, 198
dpa S. 54
dpa/picture alliance S. 52 (unten)
DuMont Bildarchiv/Lumma S. 7 (unten), 91, 117 (Mitte links), 139, 157, 160, 163 (oben, Mitte und unten rechts), 165 (2 x), 166, 167, 173, 202
DuMont Bildarchiv/Widmann S. 7 (oben), 19, 26, 32, 41, 56/57, 73, 78, 108/109, 117 (oben rechts), 201, U4 (rechts)
DuMont Bildarchiv/Zaglitsch S. 4 (links), 5 (rechts), 61, 67, 80, 88, 117 (oben links), 131, 163 (unten links), 169, 171, 183, 194, 205
Friedrichsmeier/Widmann S. 44, 118, 125, 178, 207
IFA Bilderteam S. 29
laif/Kristensen S. 12 (Mitte), 23
laif/Neumann S. 3, 6, 105, 111 (oben), 122/123, 141, 187
laif/Tophoven S. 11 (oben), 176
Look/Frei S. 13, 14, 21, 47, 50, 114 (unten rechts), 152, 189, 208
Look/Limberger S. 11 (Mitte), 184, U2
Look/Richter S. 8/9, 12 (oben), 57, 145, 155, 204
Missler S. 9, 120 (oben rechts)
Wrba: S. 5 (links), 97, 120 (unten rechts)

Titelbild: Jürgen Richter / LOOK-foto
Hintere Umschlagseite (Klappe): Look/Frei

IMPRESSUM

Ausstattung:
137 Abbildungen, 16 Karten und grafische Darstellungen, eine große Reisekarte

Text:
Birgit Borowski, Achim Bourmer, Rolf Goetz

Bearbeitung:
Baedeker Redaktion (Dieter Luippold)

Kartografie:
Christoph Gallus, Hohberg;
MAIRDUMONT/Falk Verlag, Ostfildern (Reisekarte)

Gestalterisches Konzept:
independent Medien-Design, München (Kathrin Schemel)

Chefredaktion:
Rainer Eisenschmid, Baedeker Ostfildern

8. Auflage 2011

Urheberschaft:
Karl Baedeker Verlag, Ostfildern

Nutzungsrecht:
MAIRDUMONT GmbH & Co KG; Ostfildern
Der Name Baedeker ist als Warenzeichen geschützt. Alle Rechte im In- und Ausland sind vorbehalten. Jegliche – auch auszugsweise – Verwertung, Wiedergabe, Vervielfältigung, Übersetzung, Adaption, Mikroverfilmung, Einspeicherung oder Verarbeitung in EDV-Systemen ausnahmslos aller Teile des Werkes bedarf der ausdrücklichen Genehmigung durch den Verlag Karl Baedeker.

Anzeigenvermarktung:
MAIRDUMONT MEDIA
Tel. 0049 711 4502 333
Fax 0049 711 4502 1012
media@mairdumont.com
http://media.mairdumont.com

Printed in China

i atmosfair

Reisen bereichert und verbindet Menschen und Kulturen. Jedoch wer reist, erzeugt auch CO_2. Dabei trägt der Flugverkehr mit bis zu 10% zur globalen Erwärmung bei. Wer das Klima schützen will, sollte sich somit nach Möglichkeit für die schonendere Reiseform entscheiden (wie z. B. die Bahn). Wenn keine Alternative zum Fliegen besteht, kann man mit atmosfair handeln und klimafördernde Projekte unterstützen.
atmosfair ist eine gemeinnützige Klimaschutzorganisation unter der Schirmherrschaft von Klaus Töpfer. Die Idee: Flugpassagiere spenden einen kilometerabhängigen Beitrag für die von ihnen verursachten Emissionen und finanzieren damit Projekte in Entwicklungsländern, die dort den Ausstoß von Klimagasen verringern helfen. Dazu berechnet man mit dem Emissionsrechner auf **www.atmosfair.de** wieviel CO_2 der Flug produziert und was es kostet, eine vergleichbare Menge Klimagase einzusparen (z.B. Berlin – London – Berlin 13 Euro). atmosfair garantiert die sorgfältige Verwendung Ihres Beitrags. Auch der Karl Baedeker Verlag fliegt mit *atmosfair*. Unterstützen auch Sie unser Klima. Alle Informationen dazu auf www.atmosfair.de.

nachdenken • klimabewusst reisen
atmosfair

BAEDEKER VERLAGSPROGRAMM

- Ägypten
- Algarve
- Allgäu
- Amsterdam
- Andalusien
- Argentinien
- Athen
- Australien
- Australien • Osten
- Bali
- Baltikum
- Barcelona
- Bayerischer Wald
- Belgien
- Berlin • Potsdam
- Bodensee
- Brasilien
- Bretagne
- Brüssel
- Budapest
- Bulgarien
- Burgund
- Chicago • Große Seen
- China
- Costa Blanca
- Costa Brava
- Dänemark
- Deutsche Nordseeküste
- Deutschland
- Deutschland • Osten
- Djerba • Südtunesien
- Dominik. Republik
- Dresden
- Dubai • VAE
- Elba
- Elsass • Vogesen
- Finnland
- Florenz
- Florida
- Franken
- Frankfurt am Main
- Frankreich
- Frankreich • Norden
- Fuerteventura
- Gardasee
- Golf von Neapel
- Gomera
- Gran Canaria
- Griechenland
- Griechische Inseln
- Großbritannien
- Hamburg
- Harz
- Hongkong • Macao
- Indien
- Irland
- Island
- Israel
- Istanbul
- Istrien • Kvarner Bucht
- Italien
- Italien • Norden
- Italien • Süden
- Italienische Adria
- Italienische Riviera
- Japan
- Jordanien
- Kalifornien
- Kanada • Osten
- Kanada • Westen
- Kanalinseln
- Kapstadt • Garden Route
- Kenia
- Köln
- Kopenhagen
- Korfu • Ionische Inseln
- Korsika
- Kos
- Kreta
- Kroatische Adriaküste • Dalmatien
- Kuba
- La Palma
- Lanzarote
- Leipzig • Halle
- Lissabon
- Loire
- London
- Madeira
- Madrid
- Malediven
- Mallorca
- Malta • Gozo • Comino
- Marokko
- Mecklenburg-Vorpommern
- Menorca
- Mexiko
- Moskau
- München

- Namibia
- Neuseeland
- New York
- Niederlande
- Norwegen
- Oberbayern
- Oberital. Seen • Lombardei • Mailand
- Österreich
- Paris
- Peking
- Piemont
- Polen
- Polnische Ostseeküste • Danzig • Masuren
- Portugal
- Prag
- Provence • Côte d'Azur
- Rhodos
- Rom
- Rügen • Hiddensee
- Ruhrgebiet
- Rumänien
- Russland (Europäischer Teil)
- Sachsen
- Salzburger Land
- St. Petersburg
- Sardinien
- Schottland
- Schwäbische Alb
- Schwarzwald
- Schweden
- Schweiz
- Sizilien
- Skandinavien
- Slowenien
- Spanien
- Spanien • Norden • Jakobsweg
- Sri Lanka
- Stuttgart
- Südafrika
- Südengland
- Südschweden • Stockholm
- Südtirol
- Sylt
- Teneriffa
- Tessin
- Thailand
- Thüringen
- Toskana
- Tschechien
- Tunesien
- Türkei
- Türkische Mittelmeerküste
- Umbrien
- Ungarn
- USA
- USA • Nordosten
- USA • Nordwesten
- USA • Südwesten
- Usedom
- Venedig
- Vietnam
- Weimar
- Wien
- Zürich
- Zypern

BAEDEKER ENGLISH

- Andalusia
- Austria
- Bali
- Barcelona
- Berlin
- Brazil
- Budapest
- Cape Town • Garden Route
- China
- Cologne
- Dresden
- Dubai
- Egypt
- Florence
- Florida
- France
- Gran Canaria
- Greece
- Iceland
- India
- Ireland
- Italy
- Japan
- London
- Mexico
- Morocco
- New York
- Norway
- Paris
- Portugal
- Prague
- Rome
- South Africa
- Spain
- Thailand
- Tuscany
- Venice
- Vienna
- Vietnam

LIEBE LESERINNEN, LIEBE LESER,

ein herzliches Dankeschön, dass Sie sich für einen Baedeker Allianz Reiseführer entschieden haben. Er wird Sie zuverlässig auf Ihrer Reise begleiten und Sie nicht im Stich lassen.
Natürlich beschreibt er die wichtigen Sehenswürdigkeiten, aber er empfiehlt auch die nettesten Kneipen und Bars, dazu Hotels für den großen und kleinen Geldbeutel, gibt Tipps für Restaurants, Shopping und für vieles mehr, was eine Reise zum Erlebnis macht. Dafür haben Birgit Borowski und Rolf Goetz Sorge getragen. Sie sind für Sie regelmäßig nach Fuerteventura gereist und haben all ihre Erfahrungen und Kenntnisse in diesen Reiseführer gepackt.

Trotzdem: Die Erfahrung zeigt, dass Fehler und Änderungen nach Drucklegung, für die der Verlag keine Haftung übernehmen kann, nicht ausgeschlossen werden können. Für Kritik, Berichtigungen und Verbesserungsvorschläge sind wir Ihnen außerordentlich dankbar. Schreiben Sie uns, mailen Sie uns oder rufen Sie an:

▶ **Verlag Karl Baedeker GmbH**
Redaktion
Postfach 3162
D-73751 Ostfildern
Tel. (0711) 4502-262, Fax -343
E-Mail: info@baedeker.com

Besuchen Sie uns auch im Internet unter www. baedeker.com. Hier finden Sie jeden Monat den aktuellen Reisetipp der Redaktion und das gesamte Verlagsprogramm. Hier können Sie auch lesen, wer Karl Baedeker war und wie er seinen ersten Reiseführer geschrieben hat. Mit seinen über 180 Jahren ist der Karl Baedeker Verlag der älteste Reiseführer-Verlag der Welt.

www.baedeker.com

ZU GEWINNEN: STADTREISE NACH LONDON

Unter allen Einsendungen verlost der Verlag am Jahresende – unter Ausschluss des Rechtswegs – eine Städtekurzreise für zwei Personen nach London.
Freuen Sie sich auf ein spannendes Wochenende in London. Natürlich ist ein Baedeker Allianz Reiseführer London auch dabei!